*machismo,
feminismo,
homosexualismo*

RIUS

*machismo,
feminismo,
homosexualismo*

grijalbo

MACHISMO, FEMINISMO, HOMOSEXUALISMO

© 2000, Eduardo del Río García (Rius)

3a. reimpresión, 2005

D.R. 2005, Random House Mondadori, S.A. de C.V.
    Av. Homero núm. 544, Col. Chapultepec Morales,
    Del. Miguel Hidalgo, C.P. 11570, México, D.F.

www. randomhousemondadori.com.mx

Queda rigurosamente prohibida, sin autorización escrita de los titulares
del *copyright*, bajo las sanciones establecidas por las leyes, la reproducción
total o parcial de esta obra por cualquier medio o procedimiento, comprendidos
a reprografía, el tratamiento informático, así como la distribución de ejemplares
de la misma mediante alquiler o préstamo público.

ISBN 970-05-1232-0

Impreso en México / *Printed in Mexico*

PROLOGUILLO INTRODUCTORIO

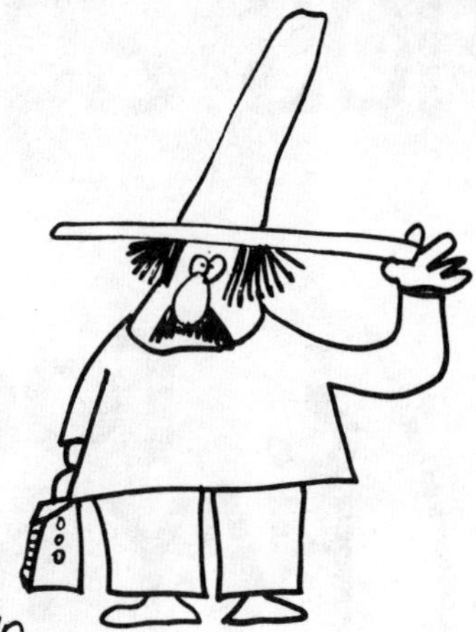

LOS AGACHADOS fue el primer medio masivo de comunicación mexicano que se ocupó del problema del machismo -y su contraparte del feminismo- y no se diga del temido homosexualismo.

Ya en 1970 LOS AGACHADOS se ocupó de la defensa de las mujeres y creemos con ello haber contribuido a la aclaración en muchas cabecitas burras de estos problemones que, todavía en pleno 2000, siguen dando qué hablar...

GRIJALBO ha querido re-actualizar estos y otros temas con la reimpresión de la historieta que -modestamente- hizo historia y roncha de 1968 a 1980 en nuestro país y en muchos países de nuestra América.

Un saludo a los "nuevos" lectores:

6

los agachados

de RIUS

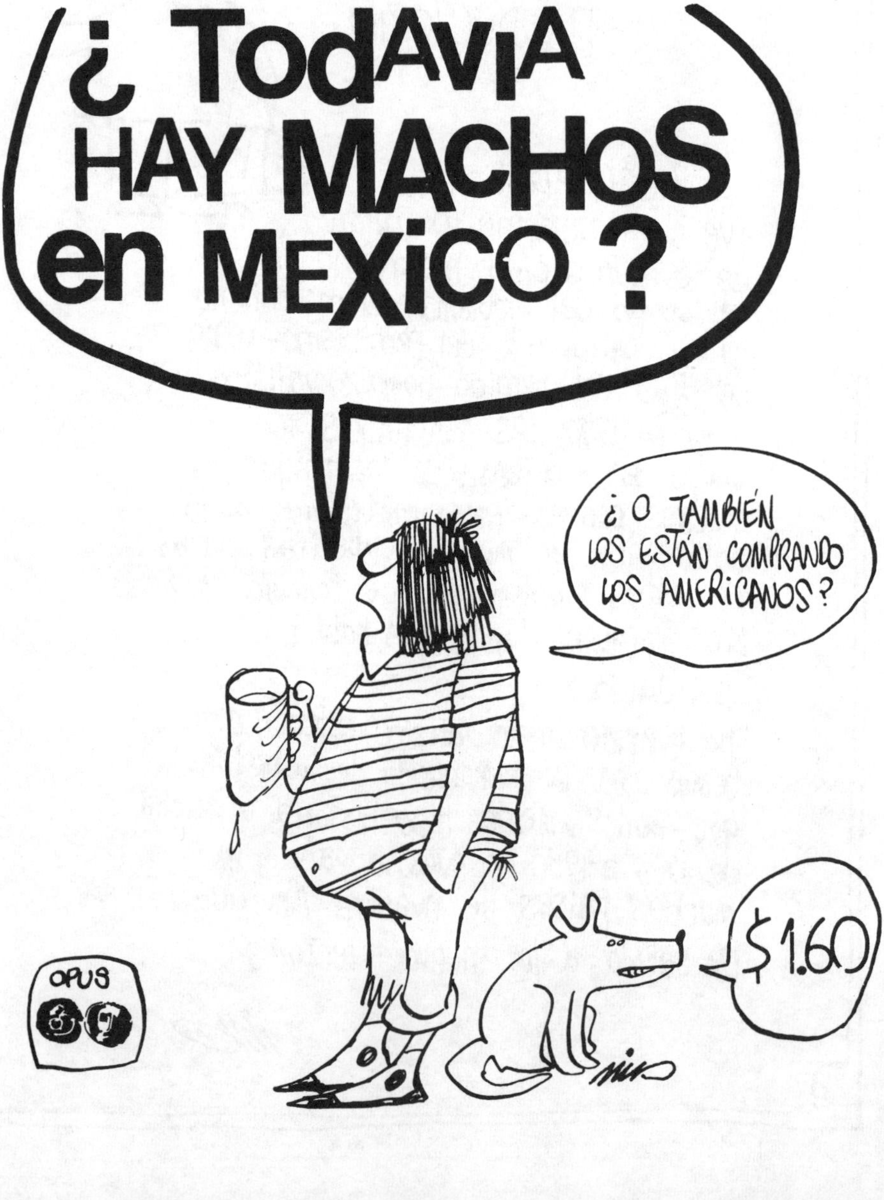
¿ TODAVIA HAY MACHOS en MEXICO ?
¿ O TAMBIÉN LOS ESTÁN COMPRANDO LOS AMERICANOS?
$1.60
OPUS

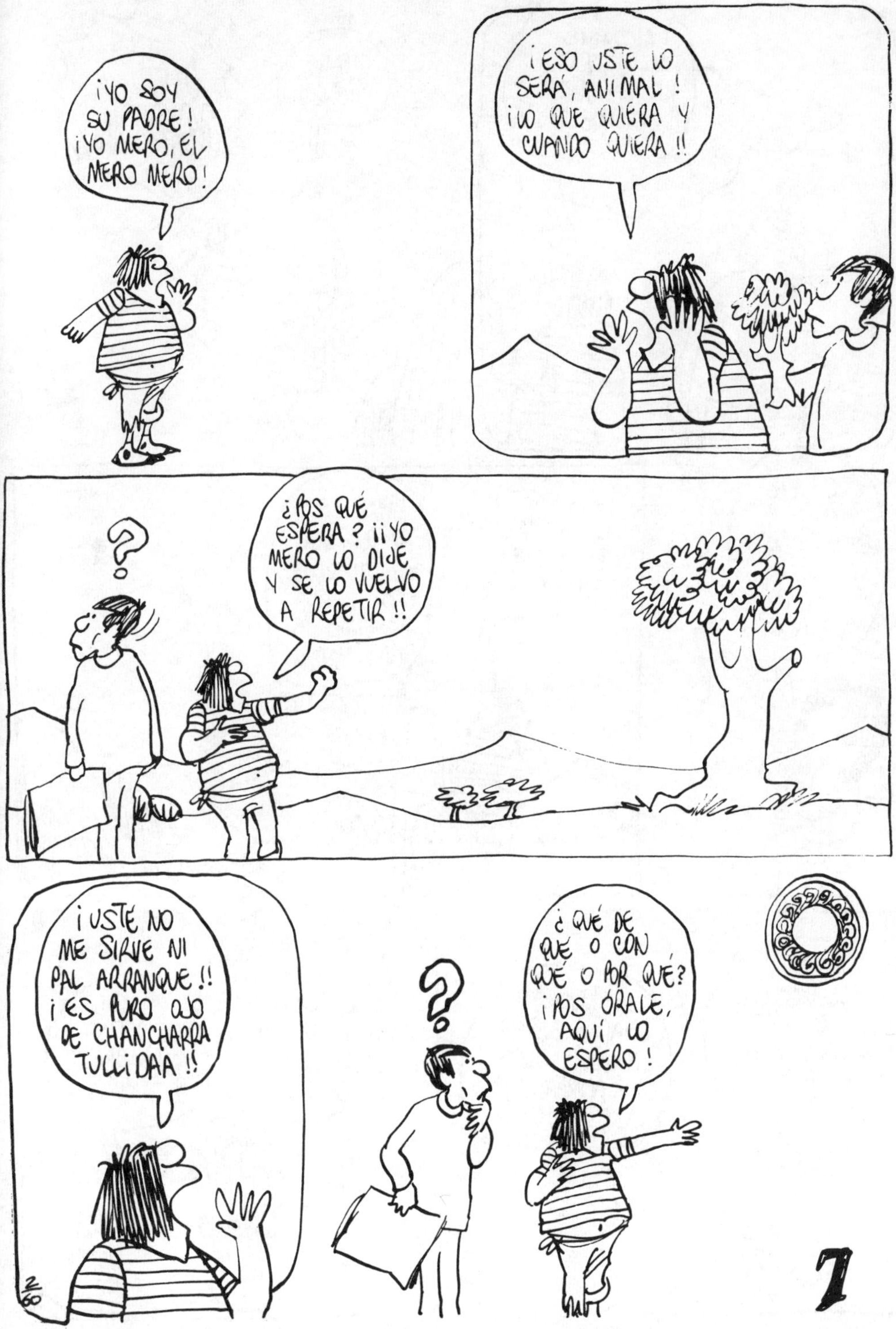
¡YO SOY SU PADRE! ¡YO MERO, EL MERO MERO!
¡ESO USTE LO SERÁ, ANIMAL! ¡LO QUE QUIERA Y CUANDO QUIERA!!
?
¿POS QUÉ ESPERA? ¡¡YO MERO LO DIJE Y SE LO VUELVO A REPETIR!!
¡USTE NO ME SIRVE NI PAL ARRANQUE!! ¡ES PURO OJO DE CHANCHARRA TULLIDAA!!
?
¿QUÉ DE QUÉ O CON QUÉ O POR QUÉ? ¡POS ÓRALE, AQUÍ LO ESPERO!
2/60

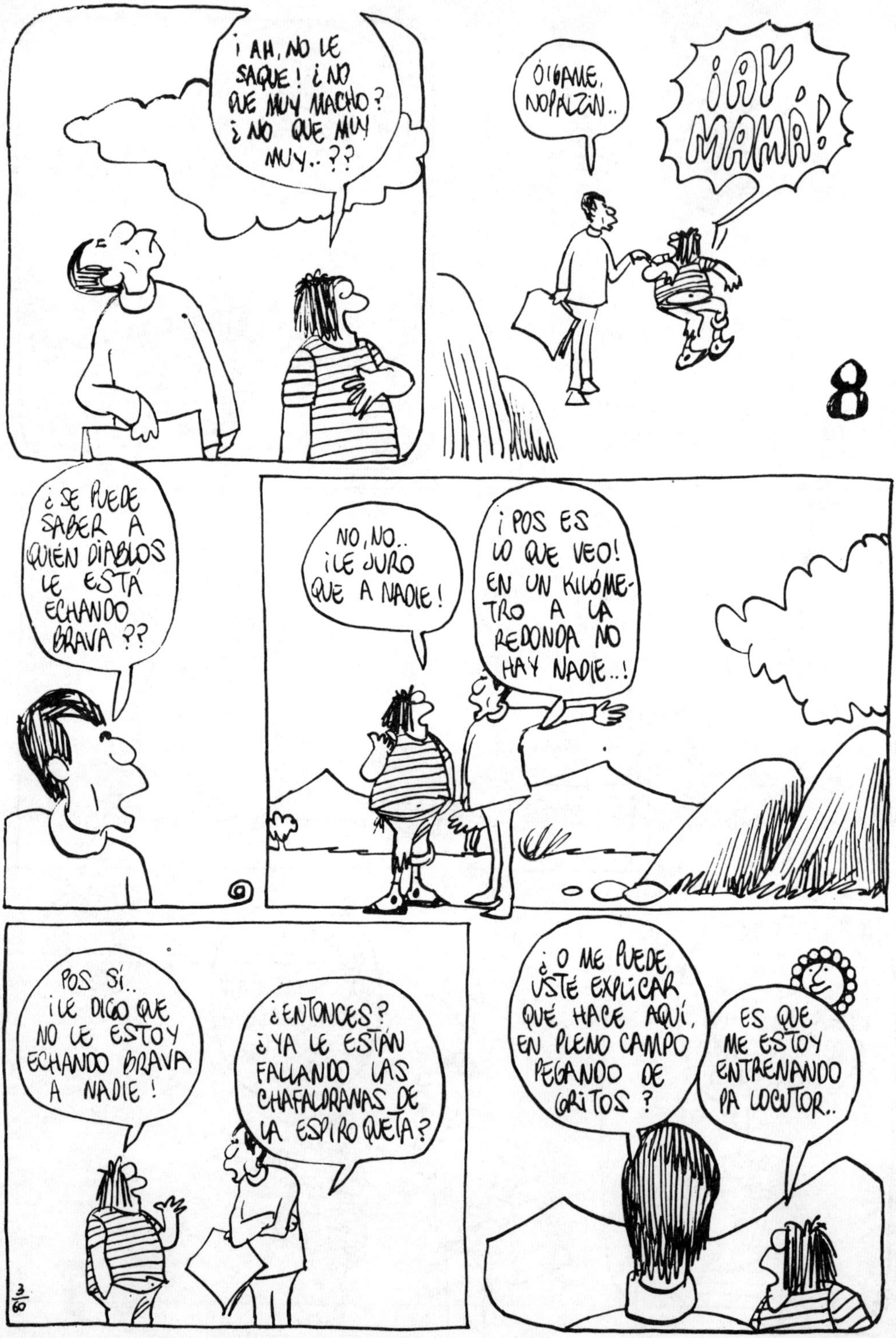
¡AH, NO LE SAQUE! ¿NO QUE MUY MACHO? ¿NO QUE MUY MUY..??
ÓIGAME, NOPALZIN..
¡AY, MAMÁ!
8
¿SE PUEDE SABER A QUIÉN DIABLOS LE ESTÁ ECHANDO BRAVA??
NO, NO.. ¡LE JURO QUE A NADIE!
¡POS ES LO QUE VEO! EN UN KILÓMETRO A LA REDONDA NO HAY NADIE..!
POS SÍ.. ¡LE DIGO QUE NO LE ESTOY ECHANDO BRAVA A NADIE!
¿ENTONCES? ¿YA LE ESTÁN FALLANDO LAS CHAFALDRANAS DE LA ESPIROQUETA?
¿O ME PUEDE USTÉ EXPLICAR QUÉ HACE AQUÍ, EN PLENO CAMPO PEGANDO DE GRITOS?
ES QUE ME ESTOY ENTRENANDO PA LOCUTOR..
3/60

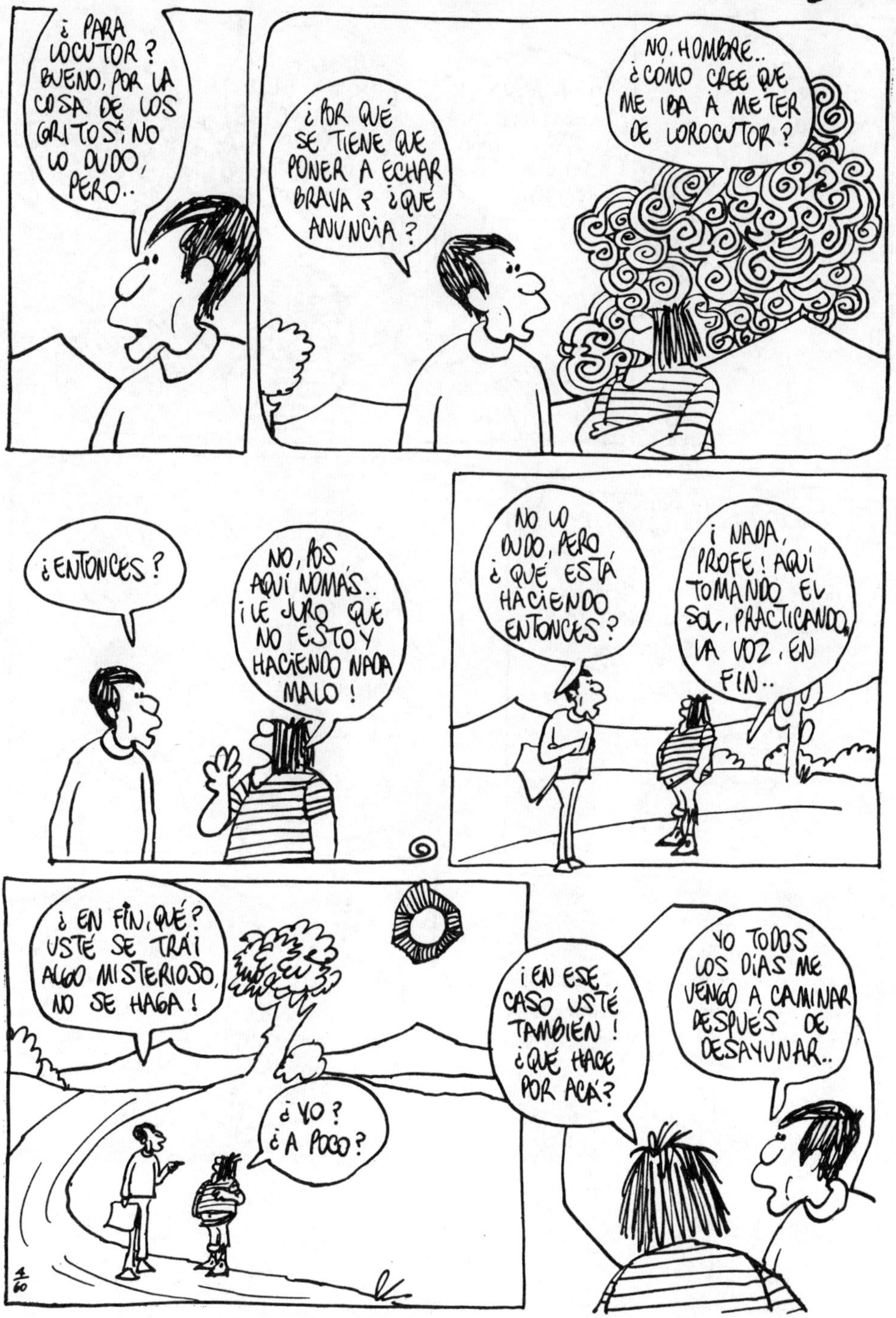
¿PARA LOCUTOR? BUENO, POR LA COSA DE LOS GRITOS, NO LO DUDO, PERO..
¿POR QUÉ SE TIENE QUE PONER A ECHAR BRAVA? ¿QUÉ ANUNCIA?
NO, HOMBRE.. ¿CÓMO CREE QUE ME IBA A METER DE LOROCUTOR?
¿ENTONCES?
NO, POS AQUÍ NOMÁS.. ¡LE JURO QUE NO ESTOY HACIENDO NADA MALO!
NO LO DUDO, PERO ¿QUÉ ESTÁ HACIENDO ENTONCES?
¡NADA, PROFE! AQUÍ TOMANDO EL SOL, PRACTICANDO LA VOZ, EN FIN..
¿EN FIN, QUÉ? USTÉ SE TRÁI ALGO MISTERIOSO, NO SE HAGA!
¿YO? ¿A POCO?
¡EN ESE CASO USTÉ TAMBIÉN! ¿QUÉ HACE POR ACÁ?
YO TODOS LOS DÍAS ME VENGO A CAMINAR DESPUÉS DE DESAYUNAR..

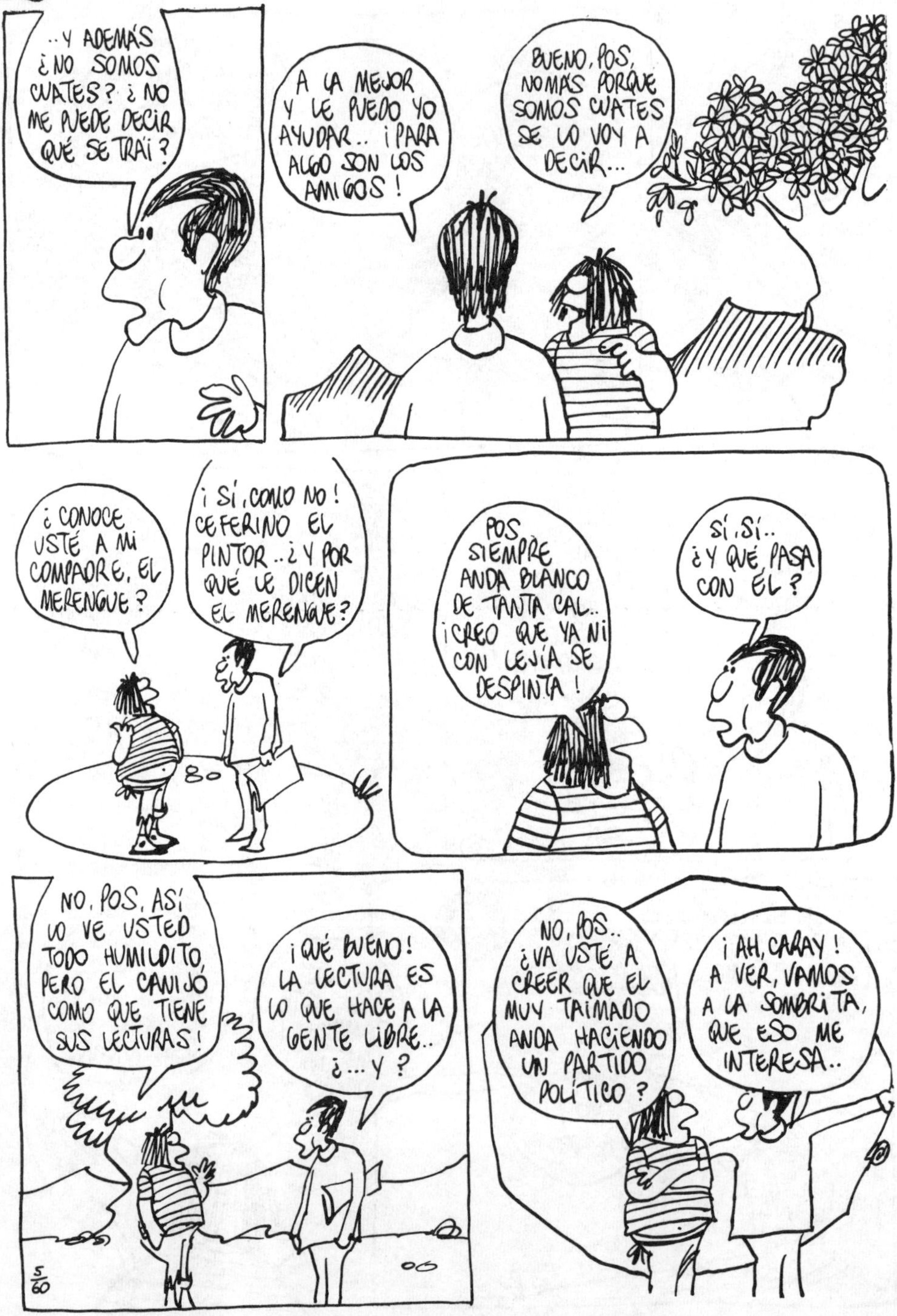
..Y ADEMÁS ¿NO SOMOS CUATES? ¿NO ME PUEDE DECIR QUÉ SE TRAÍ?
A LA MEJOR Y LE PUEDO YO AYUDAR.. ¡PARA ALGO SON LOS AMIGOS!
BUENO, POS, NOMÁS PORQUE SOMOS CUATES SE LO VOY A DECIR...
¿CONOCE USTÉ A MI COMPADRE, EL MERENGUE?
¡SÍ, COMO NO! CEFERINO EL PINTOR..¿Y POR QUÉ LE DICEN EL MERENGUE?
POS SIEMPRE ANDA BLANCO DE TANTA CAL.. ¡CREO QUE YA NI CON LEJÍA SE DESPINTA!
SÍ, SÍ.. ¿Y QUÉ PASA CON ÉL?
NO, POS, ASÍ LO VE USTED TODO HUMILDITO, PERO EL CANIJÓ COMO QUE TIENE SUS LECTURAS!
¡QUÉ BUENO! LA LECTURA ES LO QUE HACE A LA GENTE LIBRE.. ¿...Y?
NO, POS.. ¿VA USTÉ A CREER QUE EL MUY TAIMADO ANDA HACIENDO UN PARTIDO POLÍTICO?
¡AH, CARAY! A VER, VAMOS A LA SOMBRITA, QUE ESO ME INTERESA..
5/60

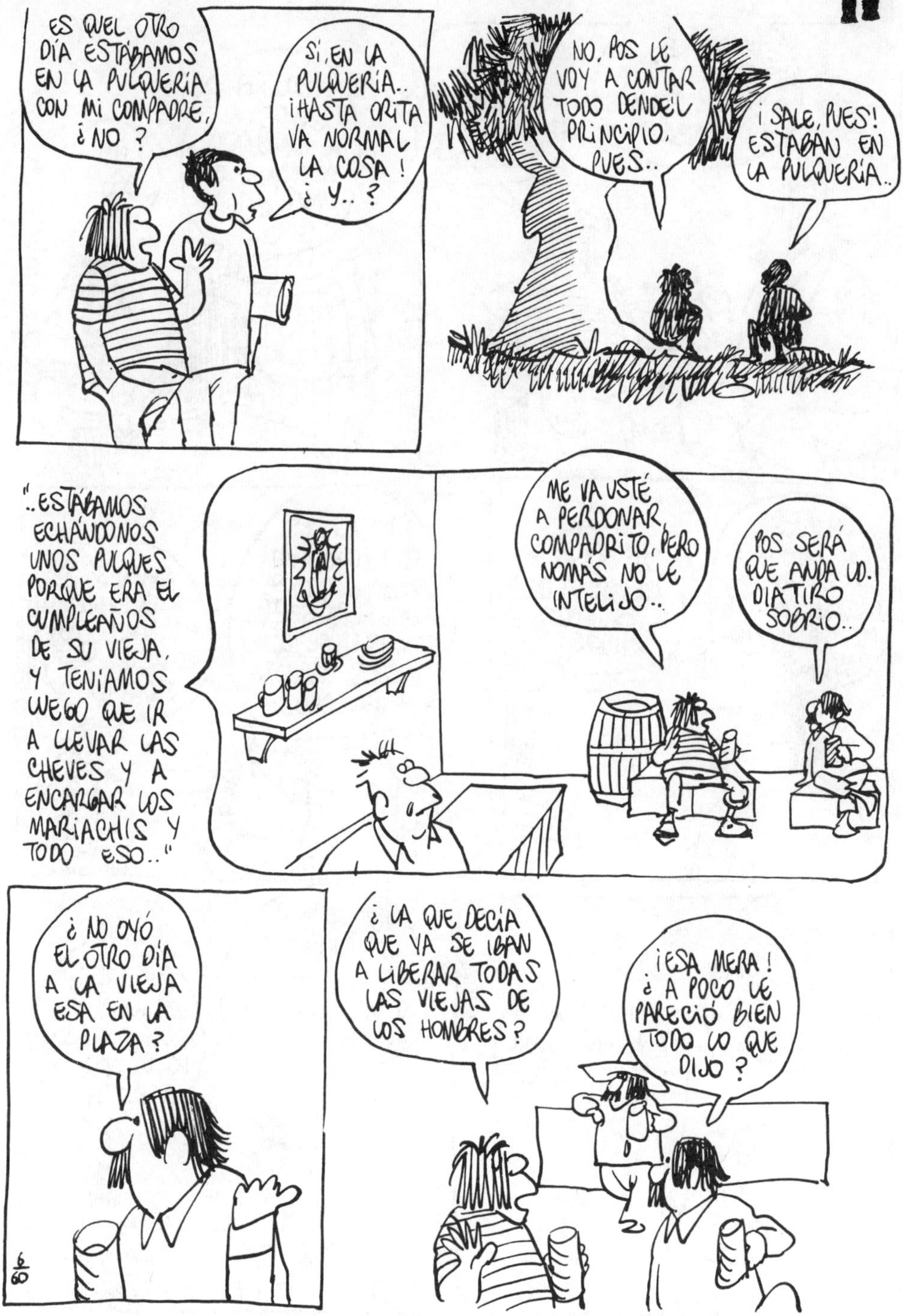
ES QUEL OTRO DÍA ESTÁBAMOS EN LA PULQUERÍA CON MI COMPADRE, ¿NO?
SÍ, EN LA PULQUERÍA.. ¡HASTA ORITA VA NORMAL LA COSA! ¿Y..?
NO, POS LE VOY A CONTAR TODO DENDE'L PRINCIPIO, PUES..
¡SALE, PUES! ESTABAN EN LA PULQUERÍA..
"..ESTÁBAMOS ECHÁNDONOS UNOS PULQUES PORQUE ERA EL CUMPLEAÑOS DE SU VIEJA, Y TENIAMOS LUEGO QUE IR A LLEVAR LAS CHEVES Y A ENCARGAR LOS MARIACHIS Y TODO ESO.."
ME VA USTÉ A PERDONAR, COMPADRITO, PERO NOMÁS NO LE INTELIJO..
POS SERÁ QUE ANDA UD. DIATIRO SOBRIO..
¿NO OYÓ EL OTRO DÍA A LA VIEJA ESA EN LA PLAZA?
¿LA QUE DECÍA QUE YA SE IBAN A LIBERAR TODAS LAS VIEJAS DE LOS HOMBRES?
¡ESA MERA! ¿A POCO LE PARECIÓ BIEN TODO LO QUE DIJO?

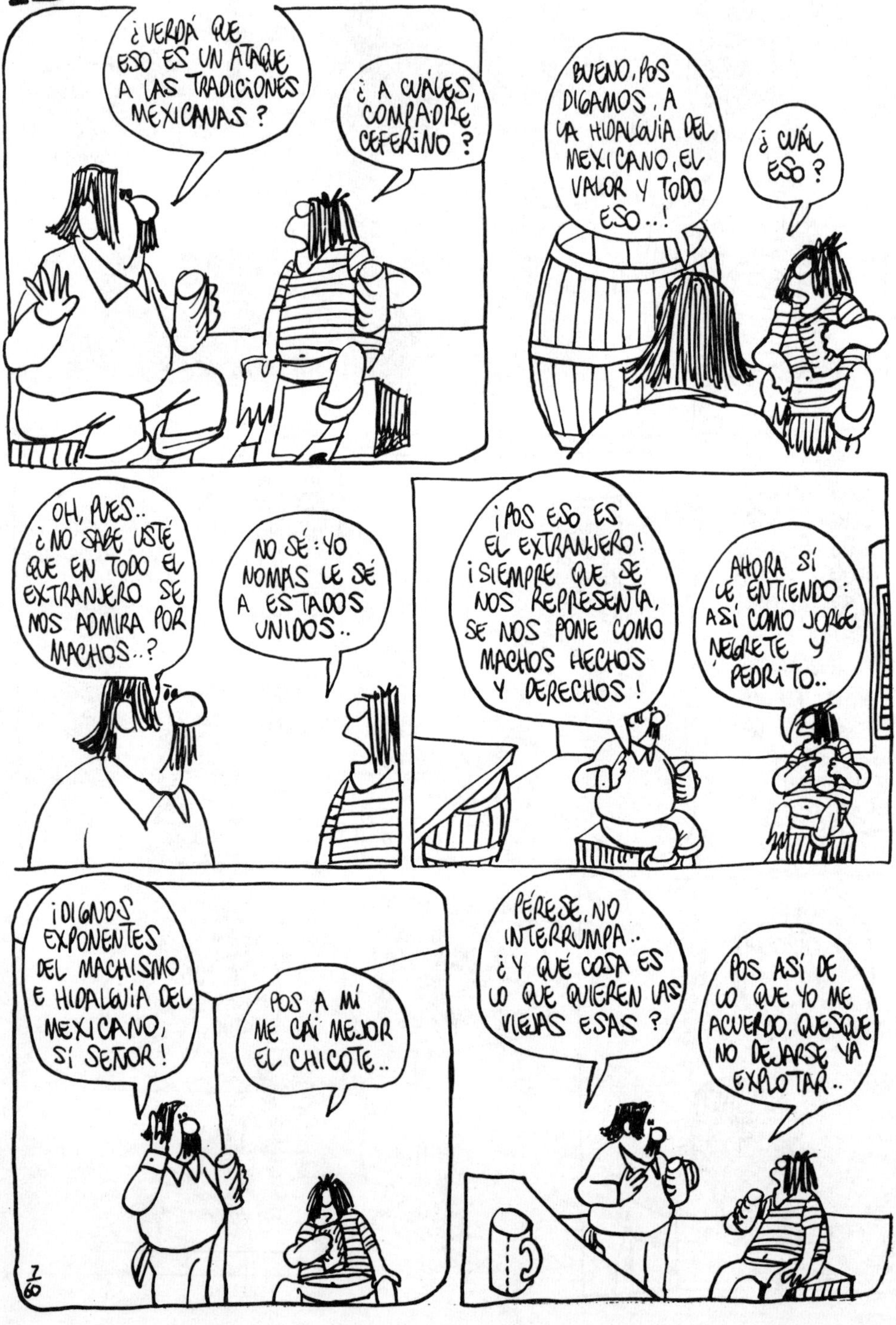
¿VERDÁ QUE ESO ES UN ATAQUE A LAS TRADICIONES MEXICANAS?
¿A CUÁLES, COMPADRE CEFERINO?
BUENO, POS DIGAMOS, A LA HIDALGUÍA DEL MEXICANO, EL VALOR Y TODO ESO..!
¿CUÁL ESO?
OH, PUES.. ¿NO SABE USTÉ QUE EN TODO EL EXTRANJERO SE NOS ADMIRA POR MACHOS..?
NO SÉ: YO NOMÁS LE SÉ A ESTADOS UNIDOS..
¡POS ESO ES EL EXTRANJERO! ¡SIEMPRE QUE SE NOS REPRESENTA, SE NOS PONE COMO MACHOS HECHOS Y DERECHOS!
AHORA SÍ LE ENTIENDO: ASÍ COMO JORGE NEGRETE Y PEDRITO..
¡DIGNOS EXPONENTES DEL MACHISMO E HIDALGUÍA DEL MEXICANO, SÍ SEÑOR!
POS A MÍ ME CAÍ MEJOR EL CHICOTE..
PÉRESE, NO INTERRUMPA.. ¿Y QUÉ COSA ES LO QUE QUIEREN LAS VIEJAS ESAS?
POS ASÍ DE LO QUE YO ME ACUERDO, QUESQUE NO DEJARSE YA EXPLOTAR..

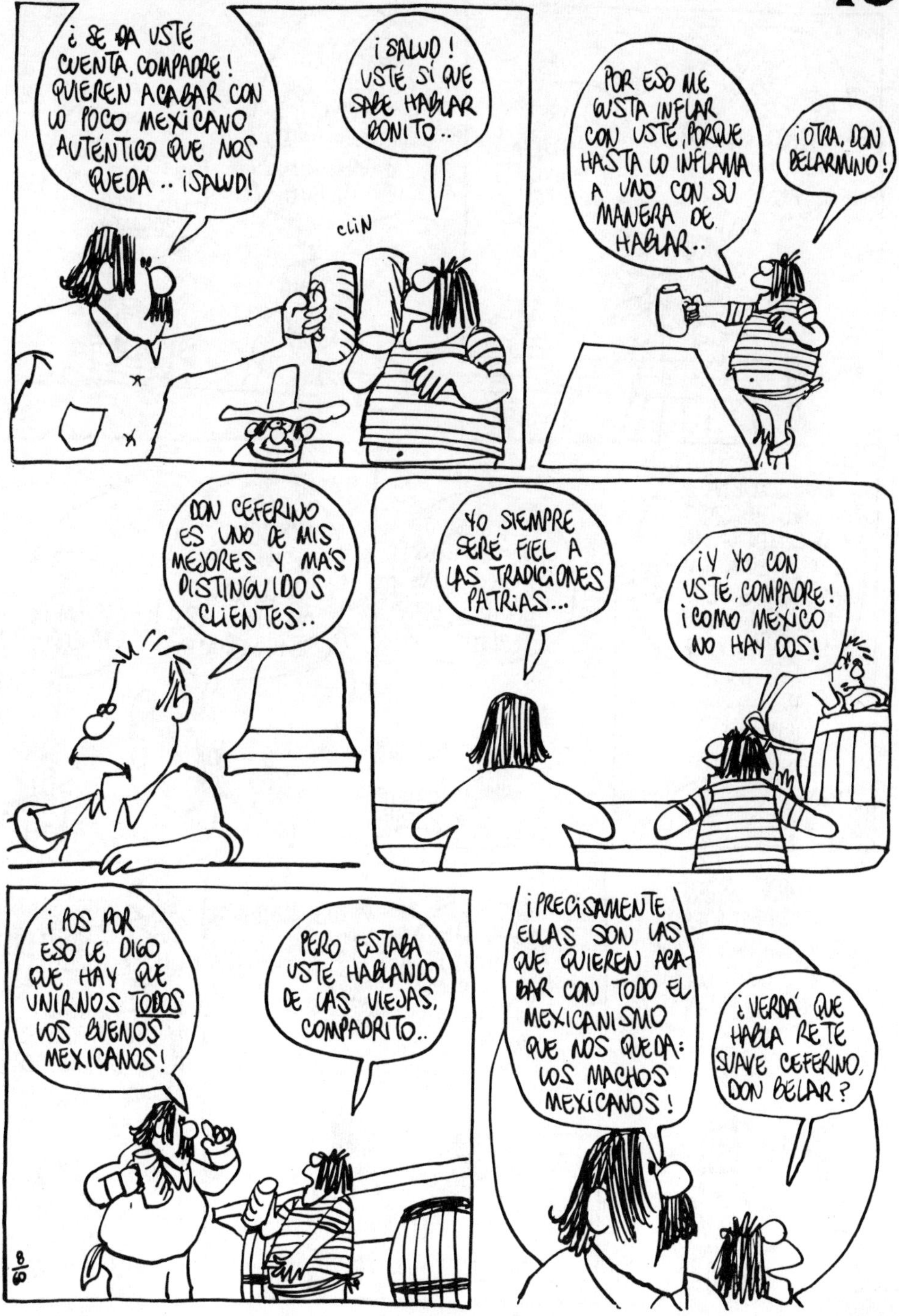
¿SE DA USTÉ CUENTA, COMPADRE! QUIEREN ACABAR CON LO POCO MEXICANO AUTÉNTICO QUE NOS QUEDA.. ¡SALUD!
¡SALUD! USTÉ SÍ QUE SABE HABLAR BONITO..
CLIN
POR ESO ME GUSTA INFLAR CON USTÉ, PORQUE HASTA LO INFLAMA A UNO CON SU MANERA DE HABLAR..
¡OTRA, DON BELARMINO!
DON CEFERINO ES UNO DE MIS MEJORES Y MÁS DISTINGUIDOS CLIENTES..
YO SIEMPRE SERÉ FIEL A LAS TRADICIONES PATRIAS...
¡Y YO CON USTÉ, COMPADRE! ¡COMO MÉXICO NO HAY DOS!
¡POS POR ESO LE DIGO QUE HAY QUE UNIRNOS TODOS LOS BUENOS MEXICANOS!
PERO ESTABA USTE HABLANDO DE LAS VIEJAS, COMPADRITO..
¡PRECISAMENTE ELLAS SON LAS QUE QUIEREN ACABAR CON TODO EL MEXICANISMO QUE NOS QUEDA: LOS MACHOS MEXICANOS!
¿VERDÁ QUE HABLA RETE SUAVE CEFERINO, DON BELAR?

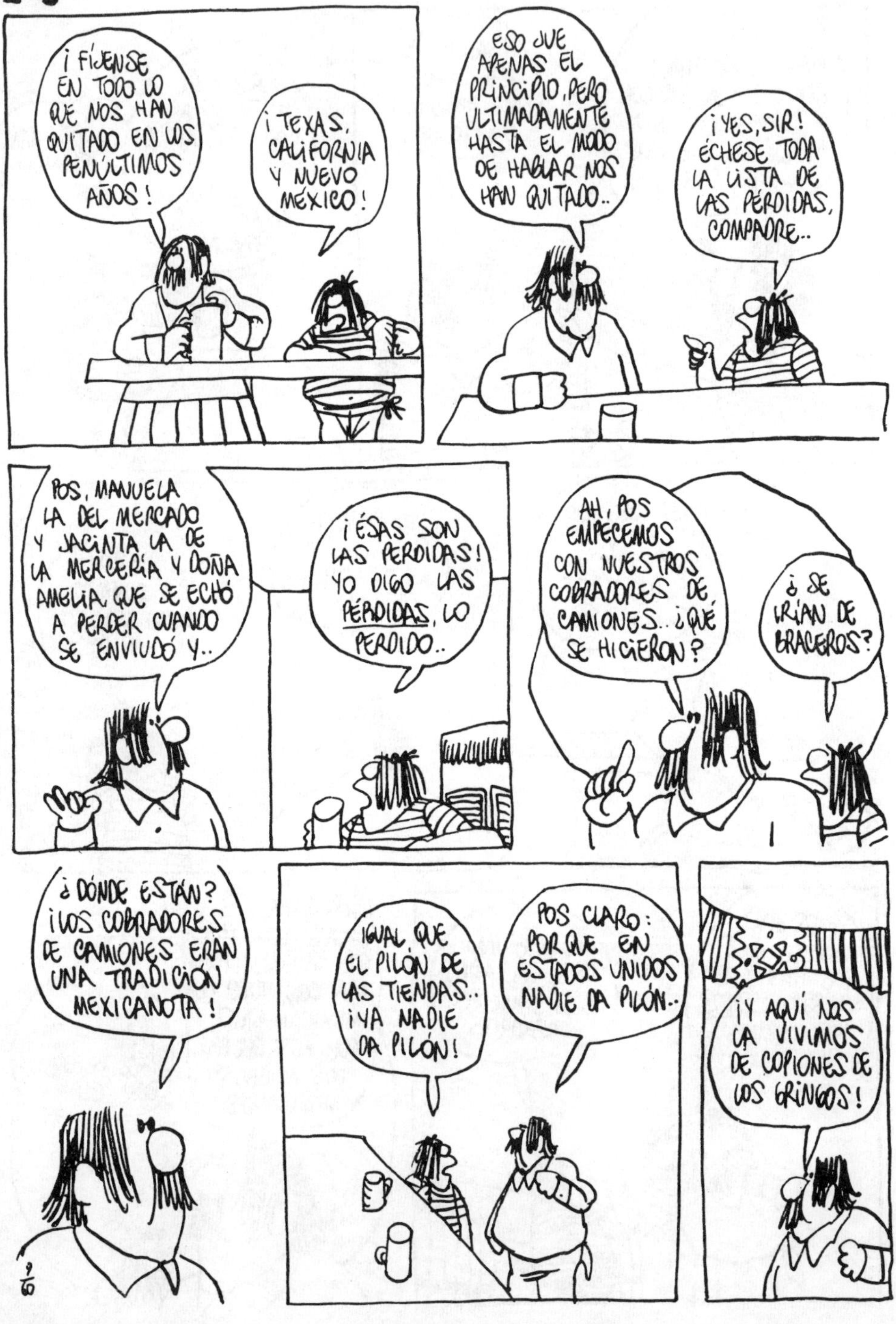
¡FÍJENSE EN TODO LO QUE NOS HAN QUITADO EN LOS PENÚLTIMOS AÑOS!
¡TEXAS, CALIFORNIA Y NUEVO MÉXICO!
ESO JUE APENAS EL PRINCIPIO, PERO ULTIMADAMENTE HASTA EL MODO DE HABLAR NOS HAN QUITADO..
¡YES, SIR! ÉCHESE TODA LA LISTA DE LAS PÉRDIDAS, COMPADRE...
POS, MANUELA LA DEL MERCADO Y JACINTA LA DE LA MERCERÍA Y DOÑA AMELIA, QUE SE ECHÓ A PERDER CUANDO SE ENVIUDÓ Y..
¡ÉSAS SON LAS PERDIDAS! YO DIGO LAS PÉRDIDAS, LO PERDIDO..
AH, POS EMPECEMOS CON NUESTROS COBRADORES DE CAMIONES.. ¿QUÉ SE HICIERON?
¿SE IRÍAN DE BRACEROS?
¿DÓNDE ESTÁN? ¡LOS COBRADORES DE CAMIONES ERAN UNA TRADICIÓN MEXICANOTA!
IGUAL QUE EL PILÓN DE LAS TIENDAS.. ¡YA NADIE DA PILÓN!
POS CLARO: PORQUE EN ESTADOS UNIDOS NADIE DA PILÓN..
¡Y AQUÍ NOS LA VIVIMOS DE COPIONES DE LOS GRINGOS!

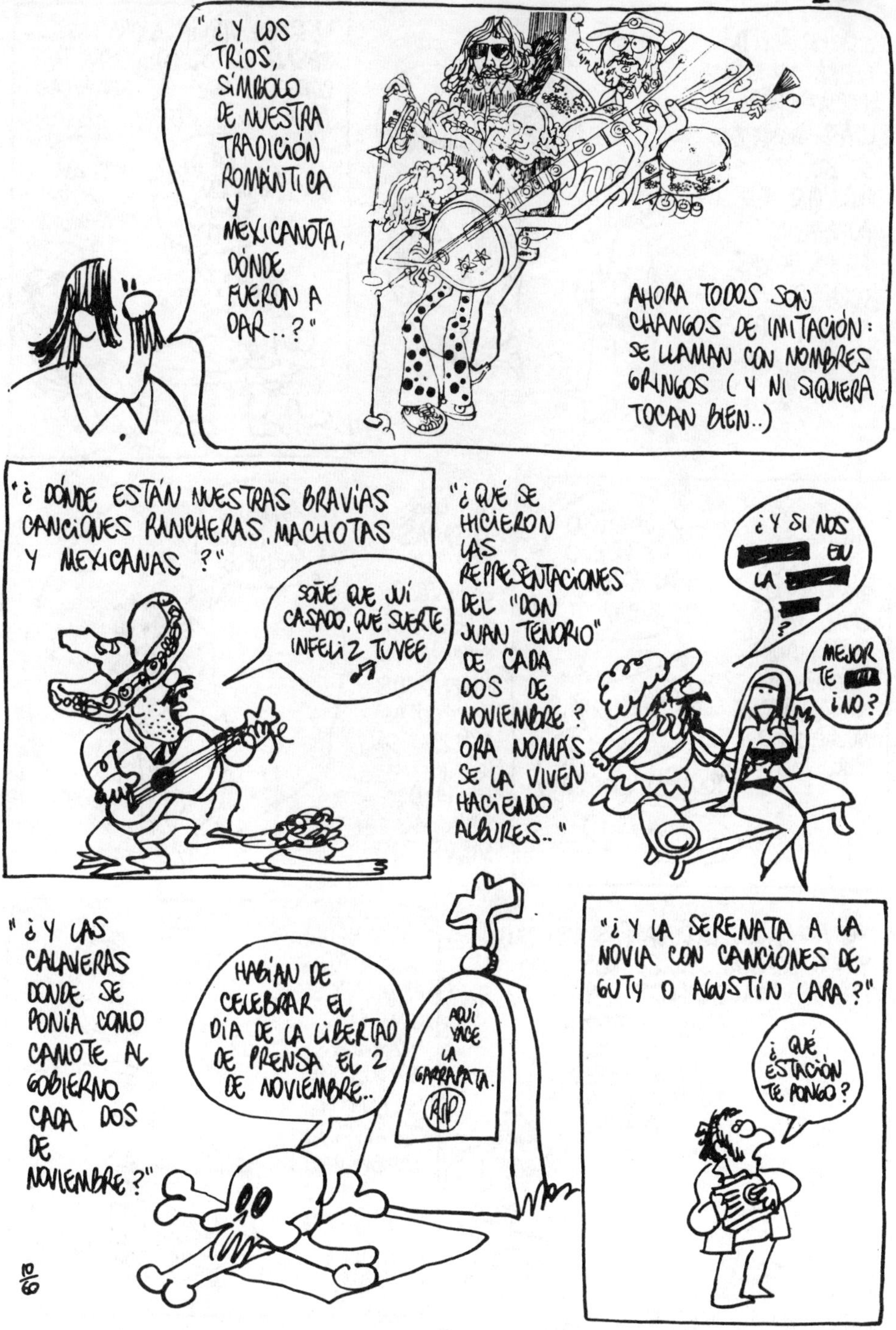
"¿Y LOS TRÍOS, SÍMBOLO DE NUESTRA TRADICIÓN ROMÁNTICA Y MEXICANOTA, DÓNDE FUERON A DAR..?"
AHORA TODOS SON CHANGOS DE IMITACIÓN: SE LLAMAN CON NOMBRES GRINGOS (Y NI SIQUIERA TOCAN BIEN..)
"¿DÓNDE ESTÁN NUESTRAS BRAVÍAS CANCIONES RANCHERAS, MACHOTAS Y MEXICANAS?"
SOÑÉ QUE JUÍ CASADO, QUÉ SUERTE INFELIZ TUVEE
"¿QUÉ SE HICIERON LAS REPRESENTACIONES DEL "DON JUAN TENORIO" DE CADA DOS DE NOVIEMBRE? ORA NOMÁS SE LA VIVEN HACIENDO ALBURES.."
¿Y SI NOS [redacted] EN LA [redacted]?
MEJOR TE [redacted] ¿NO?
"¿Y LAS CALAVERAS DONDE SE PONÍA COMO CAMOTE AL GOBIERNO CADA DOS DE NOVIEMBRE?"
HABÍAN DE CELEBRAR EL DÍA DE LA LIBERTAD DE PRENSA EL 2 DE NOVIEMBRE..
AQUÍ YACE LA GARRAPATA.
RIP
"¿Y LA SERENATA A LA NOVIA CON CANCIONES DE GUTY O AGUSTÍN LARA?"
¿QUÉ ESTACIÓN TE PONGO?

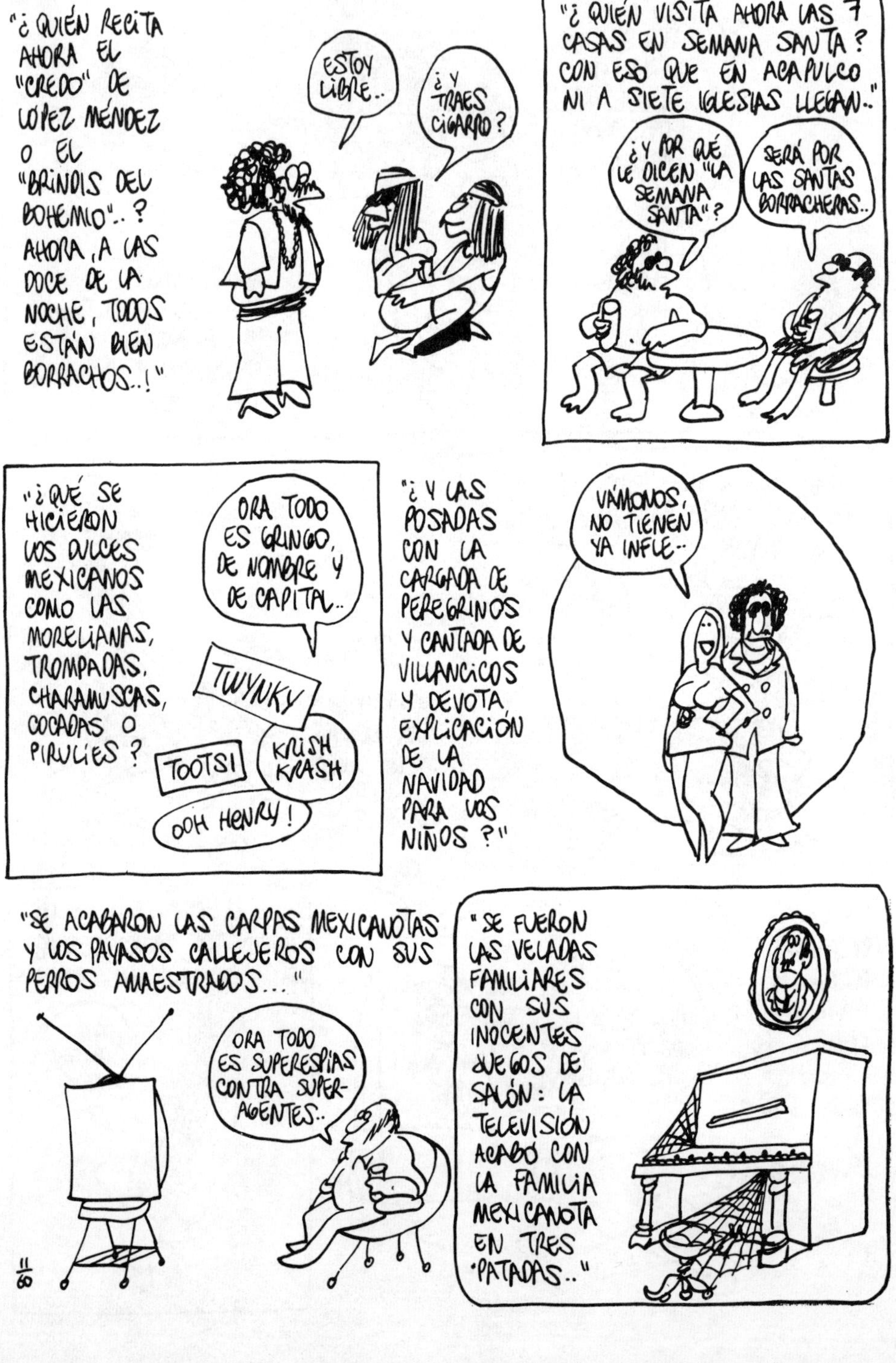
"¿QUIÉN RECITA AHORA EL "CREDO" DE LÓPEZ MÉNDEZ O EL "BRINDIS DEL BOHEMIO".. ? AHORA, A LAS DOCE DE LA NOCHE, TODOS ESTÁN BIEN BORRACHOS..!"
ESTOY LIBRE..
¿Y TRAES CIGARRO?
"¿QUIÉN VISITA AHORA LAS 7 CASAS EN SEMANA SANTA? CON ESO QUE EN ACAPULCO NI A SIETE IGLESIAS LLEGAN.."
¿Y POR QUÉ LE DICEN "LA SEMANA SANTA"?
SERÁ POR LAS SANTAS BORRACHERAS..
"¿QUÉ SE HICIERON LOS DULCES MEXICANOS COMO LAS MORELIANAS, TROMPADAS, CHARAMUSCAS, COCADAS O PIRULíES?
ORA TODO ES GRINGO, DE NOMBRE Y DE CAPITAL..
TWYNKY
KRISH KRASH
TOOTSI
OOH HENRY!
"¿Y LAS POSADAS CON LA CARGADA DE PEREGRINOS Y CANTADA DE VILLANCICOS Y DEVOTA EXPLICACIÓN DE LA NAVIDAD PARA LOS NIÑOS?"
VÁMONOS, NO TIENEN YA INFLE..
"SE ACABARON LAS CARPAS MEXICANOTAS Y LOS PAYASOS CALLEJEROS CON SUS PERROS AMAESTRADOS..."
ORA TODO ES SUPERESPÍAS CONTRA SUPER-AGENTES..
"SE FUERON LAS VELADAS FAMILIARES CON SUS INOCENTES JUEGOS DE SALÓN: LA TELEVISIÓN ACABÓ CON LA FAMILIA MEXICANOTA EN TRES PATADAS.."

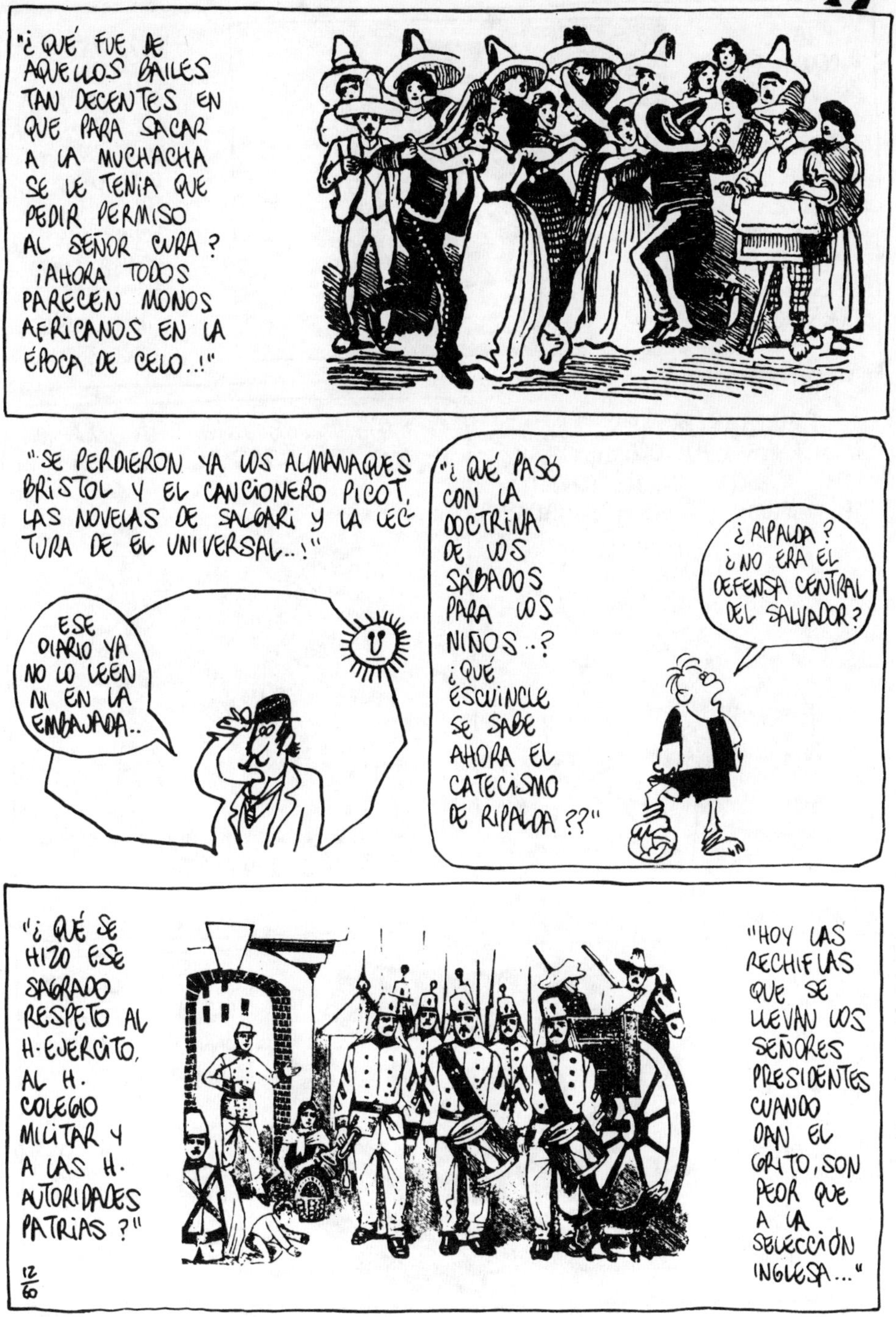
"¿QUÉ FUE DE AQUELLOS BAILES TAN DECENTES EN QUE PARA SACAR A LA MUCHACHA SE LE TENIA QUE PEDIR PERMISO AL SEÑOR CURA? ¡AHORA TODOS PARECEN MONOS AFRICANOS EN LA ÉPOCA DE CELO..!"
"SE PERDIERON YA LOS ALMANAQUES BRISTOL Y EL CANCIONERO PICOT, LAS NOVELAS DE SALGARI Y LA LECTURA DE EL UNIVERSAL..!"
ESE DIARIO YA NO LO LEEN NI EN LA EMBAJADA..
"¿QUÉ PASÓ CON LA DOCTRINA DE LOS SÁBADOS PARA LOS NIÑOS..? ¿QUÉ ESCUINCLE SE SABE AHORA EL CATECISMO DE RIPALDA??"
¿RIPALDA? ¿NO ERA EL DEFENSA CENTRAL DEL SALVADOR?
"¿QUÉ SE HIZO ESE SAGRADO RESPETO AL H. EJÉRCITO, AL H. COLEGIO MILITAR Y A LAS H. AUTORIDADES PATRIAS?"
12/60
"HOY LAS RECHIFLAS QUE SE LLEVAN LOS SEÑORES PRESIDENTES CUANDO DAN EL GRITO, SON PEOR QUE A LA SELECCIÓN INGLESA..."

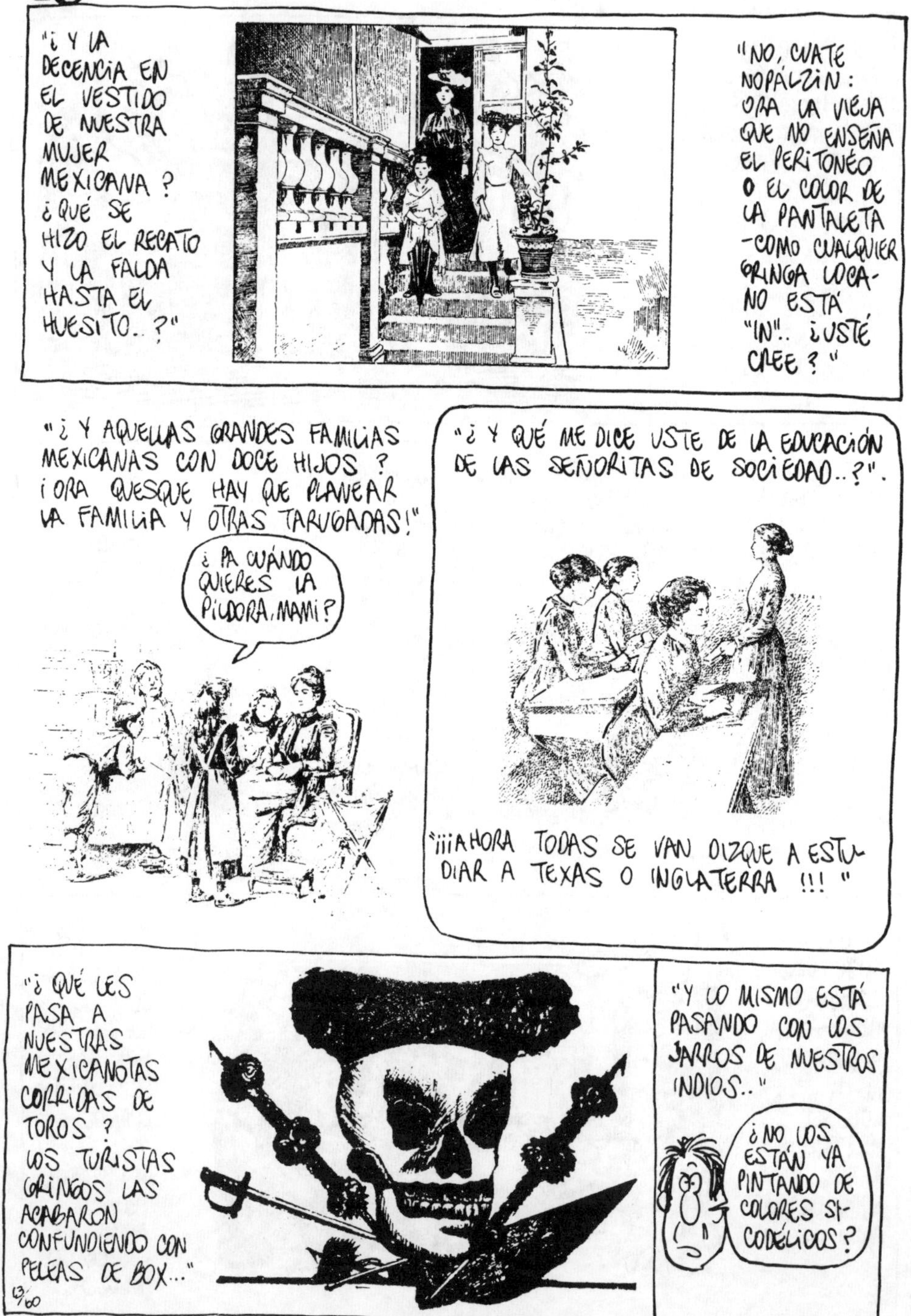
"¿Y LA DECENCIA EN EL VESTIDO DE NUESTRA MUJER MEXICANA? ¿QUÉ SE HIZO EL RECATO Y LA FALDA HASTA EL HUESITO..?"
"NO, CUATE NOPALZIN: ORA LA VIEJA QUE NO ENSEÑA EL PERITONÉO O EL COLOR DE LA PANTALETA -COMO CUALQUIER GRINGA LOCA- NO ESTÁ "IN".. ¿USTÉ CREE?"
"¿Y AQUELLAS GRANDES FAMILIAS MEXICANAS CON DOCE HIJOS? ¡ORA QUESQUE HAY QUE PLANEAR LA FAMILIA Y OTRAS TARUGADAS!"
¿PA CUÁNDO QUIERES LA PÍLDORA, MAMI?
"¿Y QUÉ ME DICE USTE DE LA EDUCACIÓN DE LAS SEÑORITAS DE SOCIEDAD..?".
"¡¡¡AHORA TODAS SE VAN DIZQUE A ESTUDIAR A TEXAS O INGLATERRA!!!"
"¿QUÉ LES PASA A NUESTRAS MEXICANOTAS CORRIDAS DE TOROS? LOS TURISTAS GRINGOS LAS ACABARON CONFUNDIENDO CON PELEAS DE BOX..."
13/60
"Y LO MISMO ESTÁ PASANDO CON LOS JARROS DE NUESTROS INDIOS.."
¿NO LOS ESTÁN YA PINTANDO DE COLORES SICODÉLICOS?

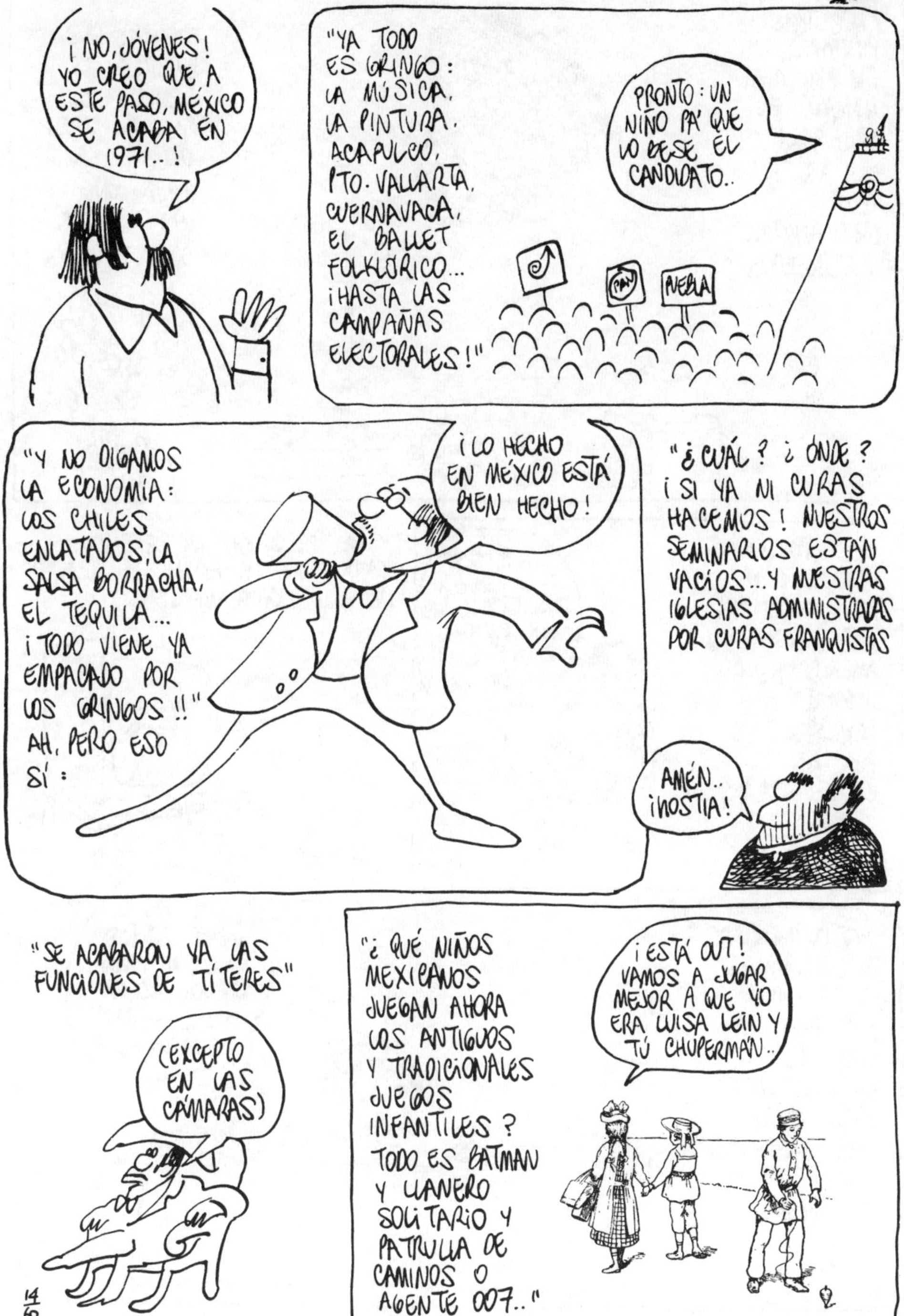
¡NO, JÓVENES! YO CREO QUE A ESTE PASO, MÉXICO SE ACABA EN 1971..!
"YA TODO ES GRINGO: LA MÚSICA, LA PINTURA, ACAPULCO, PTO. VALLARTA, CUERNAVACA, EL BALLET FOLKLÓRICO... ¡HASTA LAS CAMPAÑAS ELECTORALES!"
PRONTO: UN NIÑO PA' QUE LO BESE EL CANDIDATO..
PAN
PUEBLA
"Y NO DIGAMOS LA ECONOMÍA: LOS CHILES ENLATADOS, LA SALSA BORRACHA, EL TEQUILA... ¡TODO VIENE YA EMPACADO POR LOS GRINGOS!!" AH, PERO ESO SÍ:
¡LO HECHO EN MÉXICO ESTÁ BIEN HECHO!
"¿CUÁL? ¿ONDE? ¡SI YA NI CURAS HACEMOS! NUESTROS SEMINARIOS ESTÁN VACÍOS...Y NUESTRAS IGLESIAS ADMINISTRADAS POR CURAS FRANQUISTAS
AMÉN.. ¡HOSTIA!
"SE ACABARON YA LAS FUNCIONES DE TÍTERES"
(EXCEPTO EN LAS CÁMARAS)
"¿QUÉ NIÑOS MEXICANOS JUEGAN AHORA LOS ANTIGUOS Y TRADICIONALES JUEGOS INFANTILES? TODO ES BATMAN Y LLANERO SOLITARIO Y PATRULLA DE CAMINOS O AGENTE 007.."
¡ESTÁ OUT! VAMOS A JUGAR MEJOR A QUE YO ERA LUISA LEIN Y TÚ CHUPERMAN..

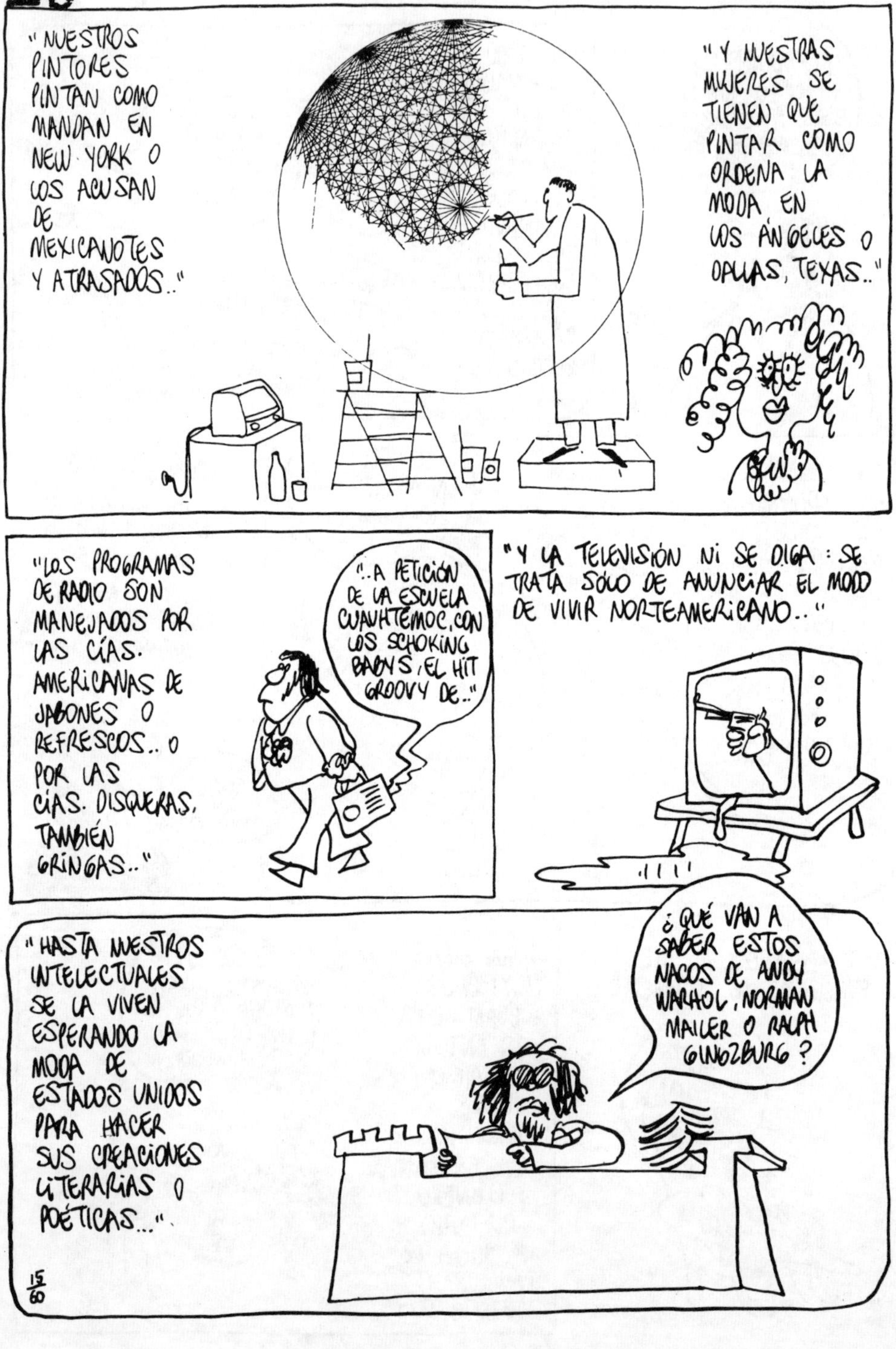
"NUESTROS PINTORES PINTAN COMO MANDAN EN NEW YORK O LOS ACUSAN DE MEXICANOTES Y ATRASADOS.."
"Y NUESTRAS MUJERES SE TIENEN QUE PINTAR COMO ORDENA LA MODA EN LOS ÁNGELES O DALLAS, TEXAS.."
"LOS PROGRAMAS DE RADIO SON MANEJADOS POR LAS CÍAS. AMERICANAS DE JABONES O REFRESCOS.. O POR LAS CÍAS. DISQUERAS, TAMBIÉN GRINGAS.."
"..A PETICIÓN DE LA ESCUELA CUAUHTÉMOC, CON LOS SCHOKING BABYS, EL HIT GROOVY DE.."
"Y LA TELEVISIÓN NI SE DIGA: SE TRATA SÓLO DE ANUNCIAR EL MODO DE VIVIR NORTEAMERICANO.."
"HASTA NUESTROS INTELECTUALES SE LA VIVEN ESPERANDO LA MODA DE ESTADOS UNIDOS PARA HACER SUS CREACIONES LITERARIAS O POÉTICAS..."
¿QUÉ VAN A SABER ESTOS NACOS DE ANDY WARHOL, NORMAN MAILER O RALPH GINGZBURG?
15/60

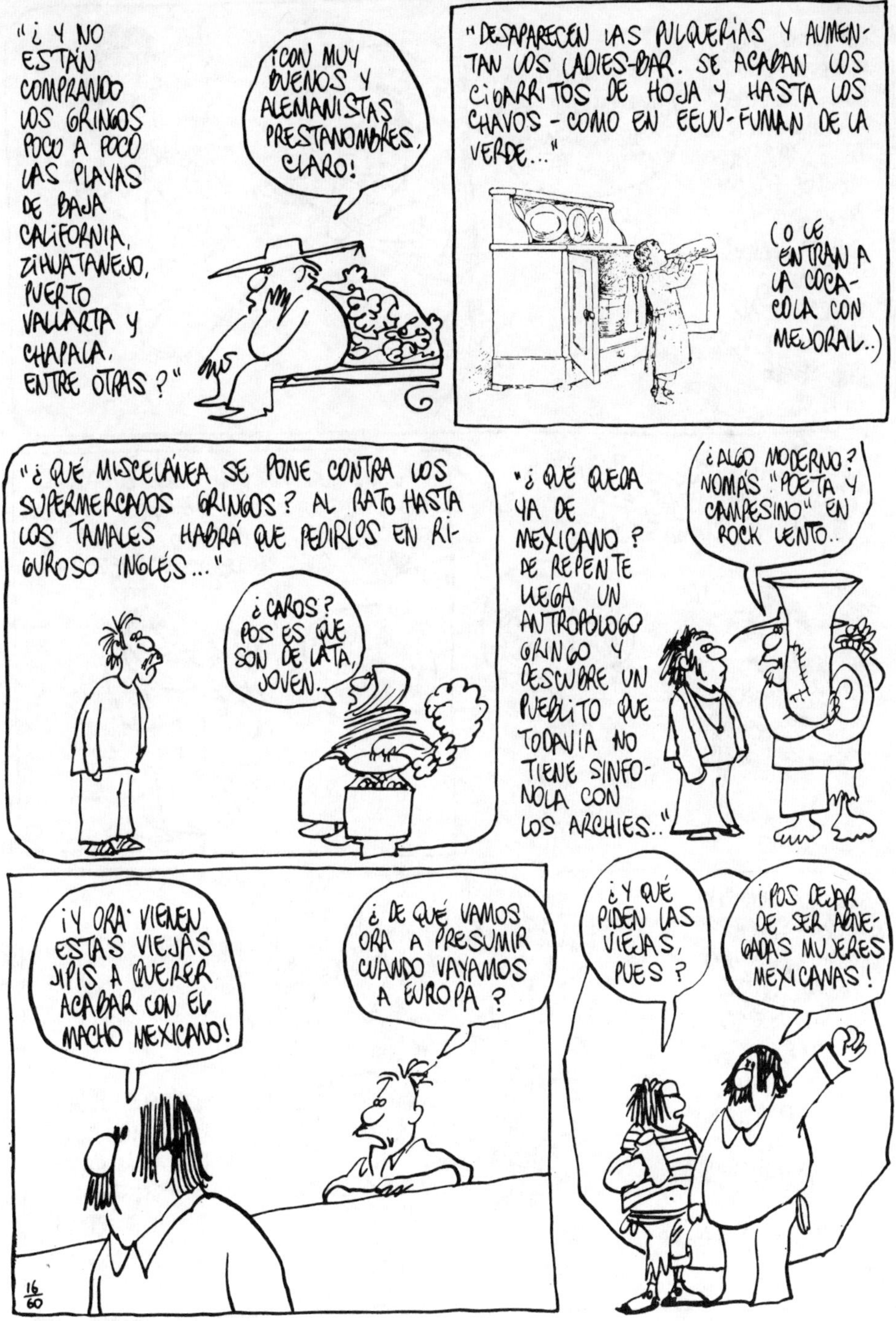
"¿Y NO ESTÁN COMPRANDO LOS GRINGOS POCO A POCO LAS PLAYAS DE BAJA CALIFORNIA, ZIHUATANEJO, PUERTO VALLARTA Y CHAPALA, ENTRE OTRAS?"
¡CON MUY BUENOS Y ALEMANISTAS PRESTANOMBRES, CLARO!
"DESAPARECEN LAS PULQUERÍAS Y AUMENTAN LOS LADIES-BAR. SE ACABAN LOS CIGARRITOS DE HOJA Y HASTA LOS CHAVOS - COMO EN EEUU - FUMAN DE LA VERDE..."
(O LE ENTRAN A LA COCA-COLA CON MEJORAL..)
"¿QUÉ MISCELÁNEA SE PONE CONTRA LOS SUPERMERCADOS GRINGOS? AL RATO HASTA LOS TAMALES HABRÁ QUE PEDIRLOS EN RIGUROSO INGLÉS..."
¿CAROS? POS ES QUE SON DE LATA, JOVEN.
"¿QUÉ QUEDA YA DE MEXICANO? DE REPENTE LLEGA UN ANTROPÓLOGO GRINGO Y DESCUBRE UN PUEBLITO QUE TODAVÍA NO TIENE SINFONOLA CON LOS ARCHIES.."
¿ALGO MODERNO? NOMÁS "POETA Y CAMPESINO" EN ROCK LENTO..
¡Y ORA VIENEN ESTAS VIEJAS JIPIS A QUERER ACABAR CON EL MACHO MEXICANO!
¿DE QUÉ VAMOS ORA A PRESUMIR CUANDO VAYAMOS A EUROPA?
¿Y QUÉ PIDEN LAS VIEJAS, PUES?
¡POS DEJAR DE SER ABNEGADAS MUJERES MEXICANAS!
16/60

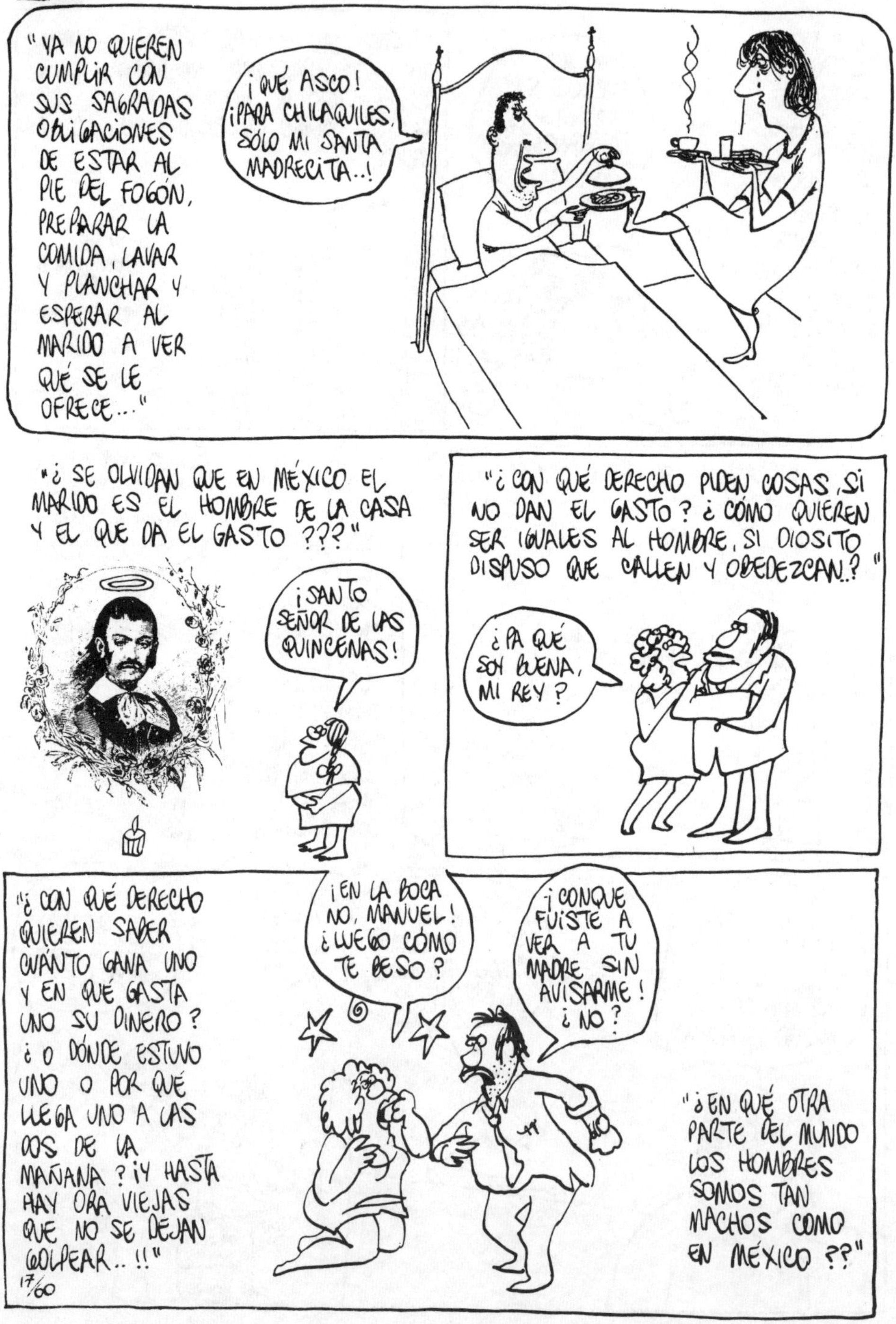
"YA NO QUIEREN CUMPLIR CON SUS SAGRADAS OBLIGACIONES DE ESTAR AL PIE DEL FOGÓN, PREPARAR LA COMIDA, LAVAR Y PLANCHAR Y ESPERAR AL MARIDO A VER QUÉ SE LE OFRECE..."
¡QUÉ ASCO! ¡PARA CHILAQUILES, SÓLO MI SANTA MADRECITA..!
"¿SE OLVIDAN QUE EN MÉXICO EL MARIDO ES EL HOMBRE DE LA CASA Y EL QUE DA EL GASTO ???"
¡SANTO SEÑOR DE LAS QUINCENAS!
"¿CON QUÉ DERECHO PIDEN COSAS, SI NO DAN EL GASTO? ¿CÓMO QUIEREN SER IGUALES AL HOMBRE, SI DIOSITO DISPUSO QUE CALLEN Y OBEDEZCAN..?"
¿PA QUÉ SOY BUENA, MI REY?
"¿CON QUÉ DERECHO QUIEREN SABER CUÁNTO GANA UNO Y EN QUÉ GASTA UNO SU DINERO? ¿O DÓNDE ESTUVO UNO O POR QUÉ LLEGA UNO A LAS DOS DE LA MAÑANA? ¡Y HASTA HAY ORA VIEJAS QUE NO SE DEJAN GOLPEAR..!!"
¡EN LA BOCA NO, MANUEL! ¿LUEGO CÓMO TE BESO?
¡CONQUE FUISTE A VER A TU MADRE SIN AVISARME! ¿NO?
"¿EN QUÉ OTRA PARTE DEL MUNDO LOS HOMBRES SOMOS TAN MACHOS COMO EN MÉXICO ??"
17/60

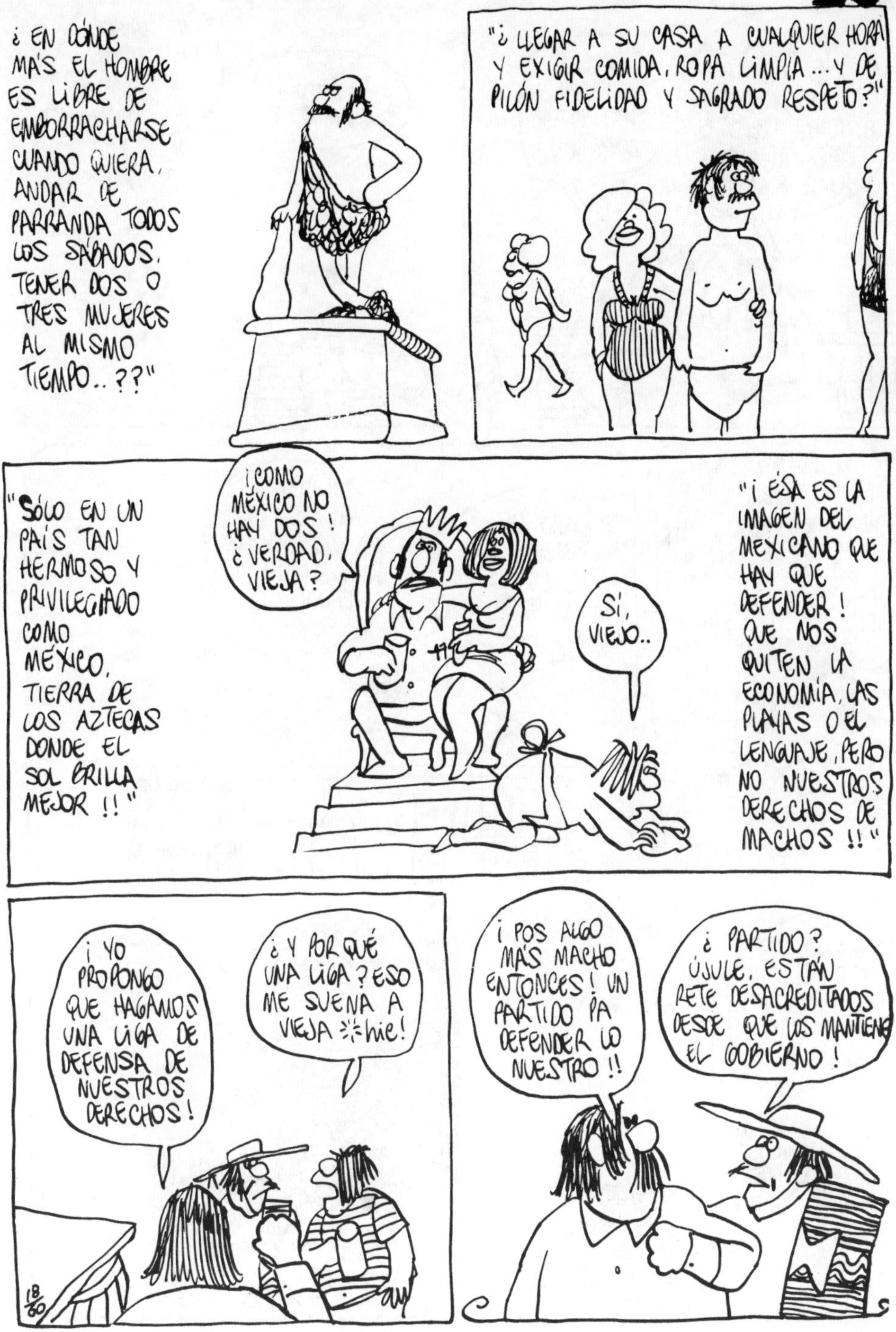
"¿ EN DÓNDE MÁS EL HOMBRE ES LIBRE DE EMBORRACHARSE CUANDO QUIERA, ANDAR DE PARRANDA TODOS LOS SÁBADOS, TENER DOS O TRES MUJERES AL MISMO TIEMPO.. ??"
"¿ LLEGAR A SU CASA A CUALQUIER HORA Y EXIGIR COMIDA, ROPA LIMPIA ... Y DE PILÓN FIDELIDAD Y SAGRADO RESPETO?"
"SÓLO EN UN PAÍS TAN HERMOSO Y PRIVILEGIADO COMO MÉXICO, TIERRA DE LOS AZTECAS DONDE EL SOL BRILLA MEJOR !!"
¡ COMO MÉXICO NO HAY DOS ! ¿ VERDAD, VIEJA ?
SÍ, VIEJO..
"¡ ÉSA ES LA IMAGEN DEL MEXICANO QUE HAY QUE DEFENDER ! QUE NOS QUITEN LA ECONOMÍA, LAS PLAYAS O EL LENGUAJE, PERO NO NUESTROS DERECHOS DE MACHOS !!"
¡ YO PROPONGO QUE HAGAMOS UNA LIGA DE DEFENSA DE NUESTROS DERECHOS !
¿ Y POR QUÉ UNA LIGA ? ESO ME SUENA A VIEJA *hic!
¡ POS ALGO MÁS MACHO ENTONCES ! UN PARTIDO PA DEFENDER LO NUESTRO !!
¿ PARTIDO ? ÚJULE, ESTÁN RETE DESACREDITADOS DESDE QUE LOS MANTIENE EL GOBIERNO !

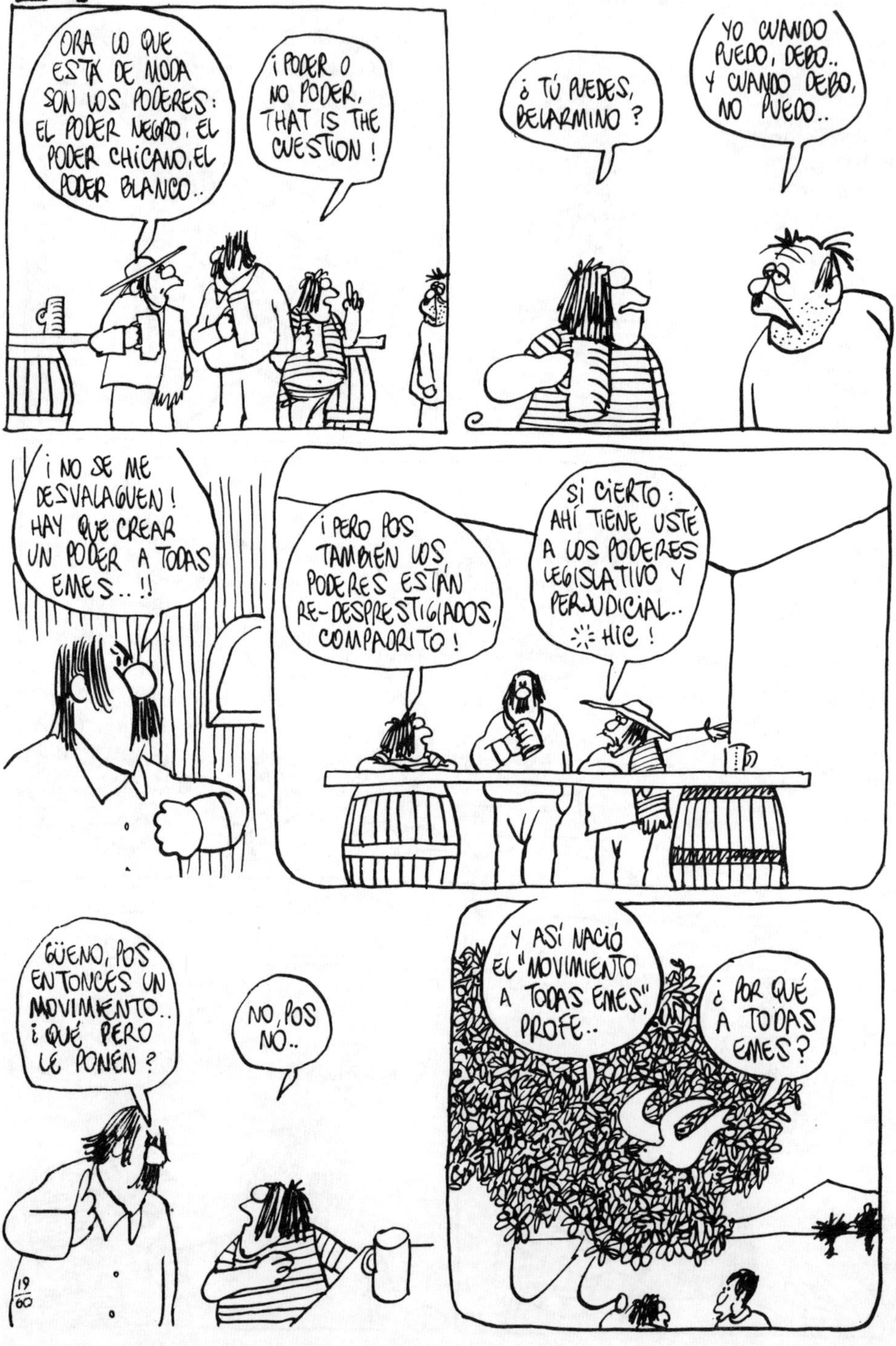
ORA LO QUE ESTÁ DE MODA SON LOS PODERES: EL PODER NEGRO, EL PODER CHICANO, EL PODER BLANCO..
¡PODER O NO PODER, THAT IS THE CUESTION!
¿TÚ PUEDES, BELARMINO?
YO CUANDO PUEDO, DEBO.. Y CUANDO DEBO, NO PUEDO..
¡NO SE ME DESVALAGUEN! HAY QUE CREAR UN PODER A TODAS EMES..!!
¡PERO POS TAMBIÉN LOS PODERES ESTÁN RE-DESPRESTIGIADOS, COMPADRITO!
SÍ CIERTO: AHÍ TIENE USTÉ A LOS PODERES LEGISLATIVO Y PERJUDICIAL.. HIC!
GÜENO, POS ENTONCES UN MOVIMIENTO.. ¿QUÉ PERO LE PONEN?
NO, POS NO..
Y ASÍ NACIÓ EL "MOVIMIENTO A TODAS EMES", PROFE..
¿POR QUÉ A TODAS EMES?

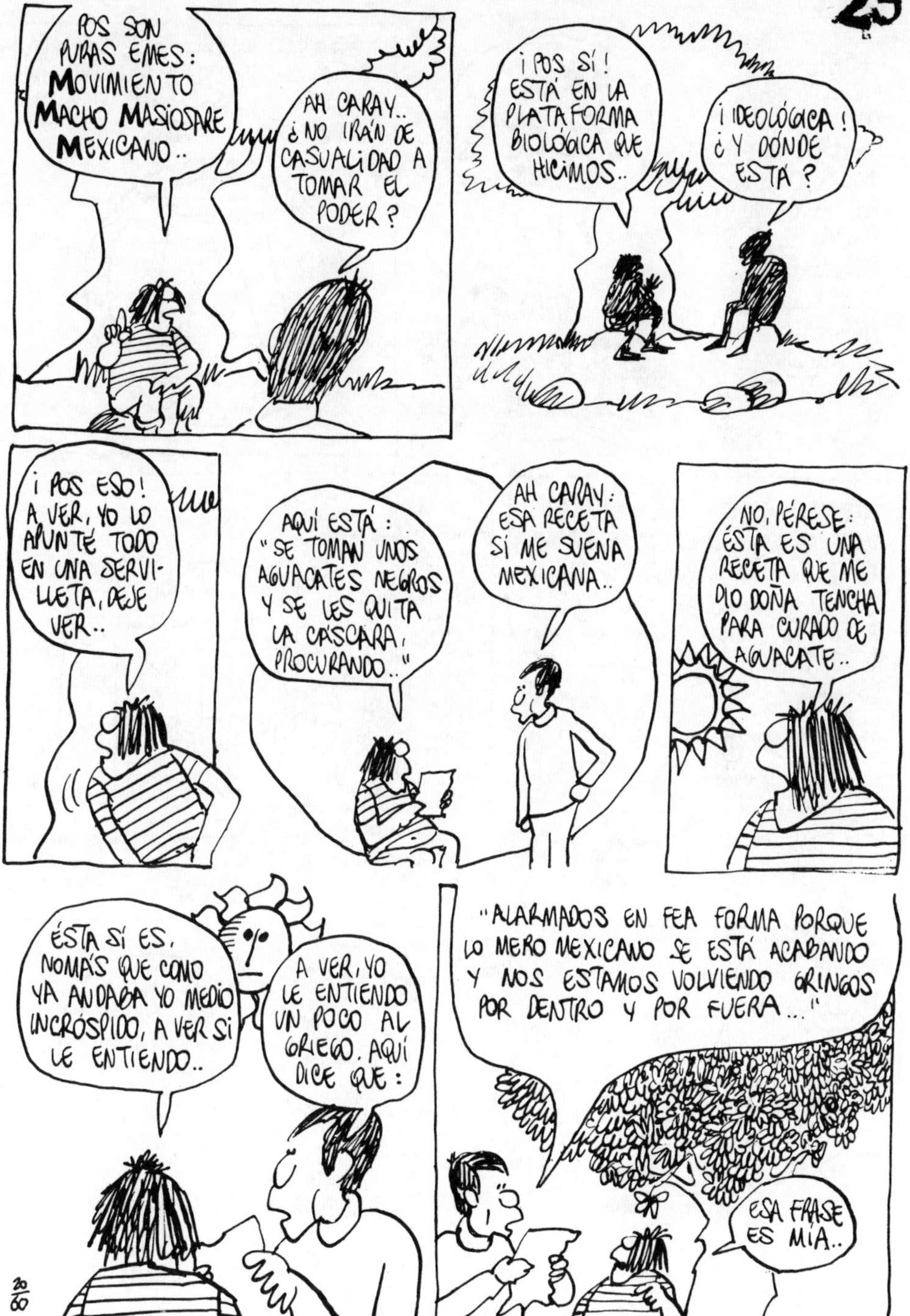
POS SON PURAS EMES: MOVIMIENTO MACHO MASIOSARE MEXICANO..
AH CARAY.. ¿NO IRÁN DE CASUALIDAD A TOMAR EL PODER?
¡POS SÍ! ESTÁ EN LA PLATAFORMA BIOLÓGICA QUE HICIMOS..
¡IDEOLÓGICA! ¿Y DÓNDE ESTÁ?
¡POS ESO! A VER, YO LO APUNTÉ TODO EN UNA SERVILLETA, DEJE VER..
AQUÍ ESTÁ: "SE TOMAN UNOS AGUACATES NEGROS Y SE LES QUITA LA CÁSCARA, PROCURANDO.."
AH CARAY: ESA RECETA SÍ ME SUENA MEXICANA..
NO, PÉRESE: ÉSTA ES UNA RECETA QUE ME DIO DOÑA TENCHA PARA CURADO DE AGUACATE..
ÉSTA SÍ ES, NOMÁS QUE COMO YA ANDABA YO MEDIO INCRÓSPIDO, A VER SI LE ENTIENDO..
A VER, YO LE ENTIENDO UN POCO AL GRIEGO. AQUÍ DICE QUE:
"ALARMADOS EN FEA FORMA PORQUE LO MERO MEXICANO SE ESTÁ ACABANDO Y NOS ESTAMOS VOLVIENDO GRINGOS POR DENTRO Y POR FUERA..."
ESA FRASE ES MÍA..

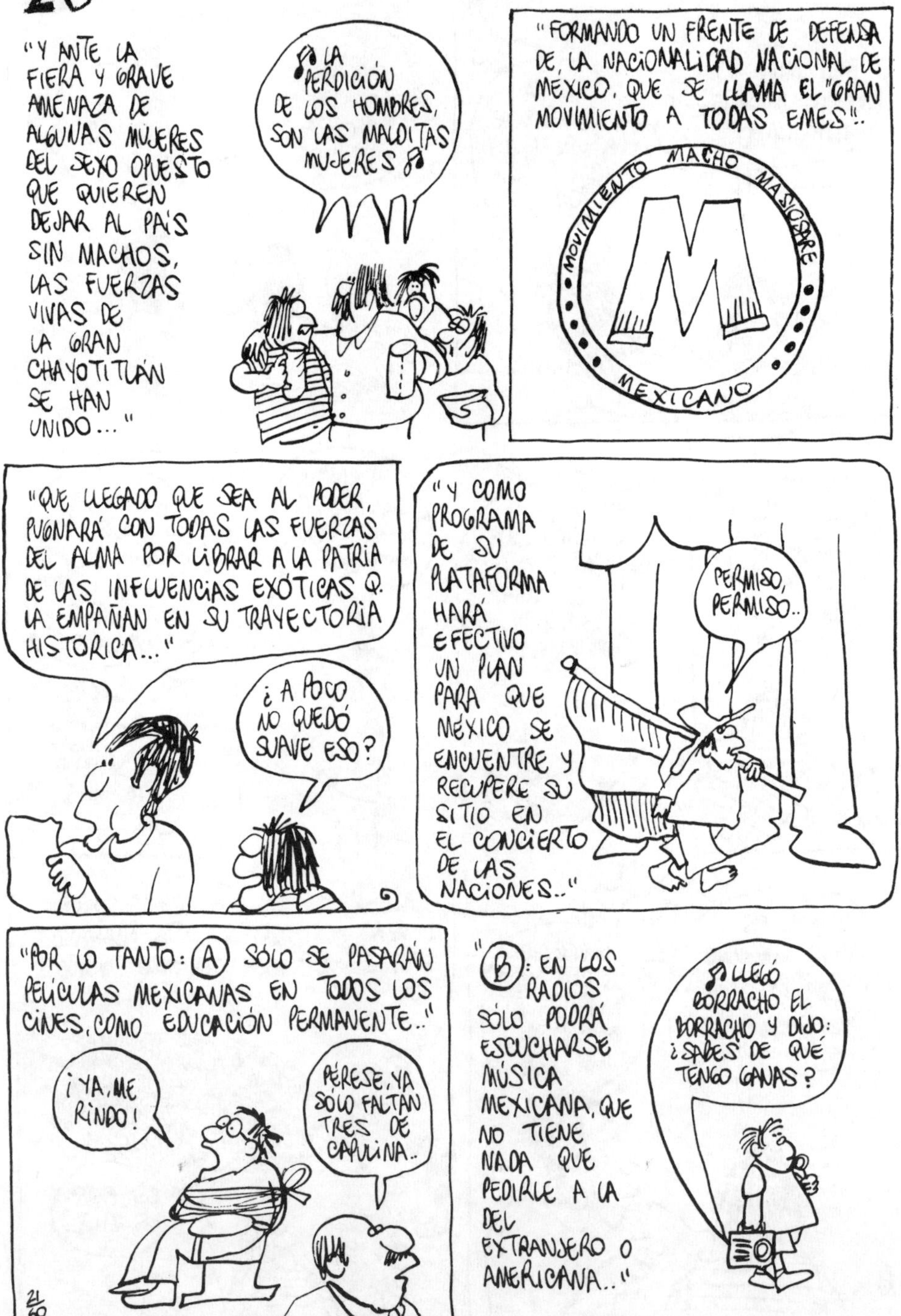
"Y ANTE LA FIERA Y GRAVE AMENAZA DE ALGUNAS MUJERES DEL SEXO OPUESTO QUE QUIEREN DEJAR AL PAÍS SIN MACHOS, LAS FUERZAS VIVAS DE LA GRAN CHAYOTITLÁN SE HAN UNIDO..."
♫ LA PERDICIÓN DE LOS HOMBRES, SON LAS MALDITAS MUJERES ♫
"FORMANDO UN FRENTE DE DEFENSA DE, LA NACIONALIDAD NACIONAL DE MÉXICO, QUE SE LLAMA EL "GRAN MOVIMIENTO A TODAS EMES"!..
MOVIMIENTO MACHO MASIOSARE MEXICANO
M
"QUE LLEGADO QUE SEA AL PODER, PUGNARÁ CON TODAS LAS FUERZAS DEL ALMA POR LIBRAR A LA PATRIA DE LAS INFLUENCIAS EXÓTICAS Q. LA EMPAÑAN EN SU TRAYECTORIA HISTÓRICA..."
¿A POCO NO QUEDÓ SUAVE ESO?
"Y COMO PROGRAMA DE SU PLATAFORMA HARÁ EFECTIVO UN PLAN PARA QUE MÉXICO SE ENCUENTRE Y RECUPERE SU SITIO EN EL CONCIERTO DE LAS NACIONES.."
PERMISO, PERMISO..
"POR LO TANTO: (A) SÓLO SE PASARÁN PELÍCULAS MEXICANAS EN TODOS LOS CINES, COMO EDUCACIÓN PERMANENTE.."
¡YA, ME RINDO!
PÉRESE, YA SÓLO FALTAN TRES DE CAPULINA..
21/60
"(B): EN LOS RADIOS SÓLO PODRÁ ESCUCHARSE MÚSICA MEXICANA, QUE NO TIENE NADA QUE PEDIRLE A LA DEL EXTRANJERO O AMERICANA.."
♫ LLEGÓ BORRACHO EL BORRACHO Y DIJO: ¿SABES DE QUÉ TENGO GANAS?

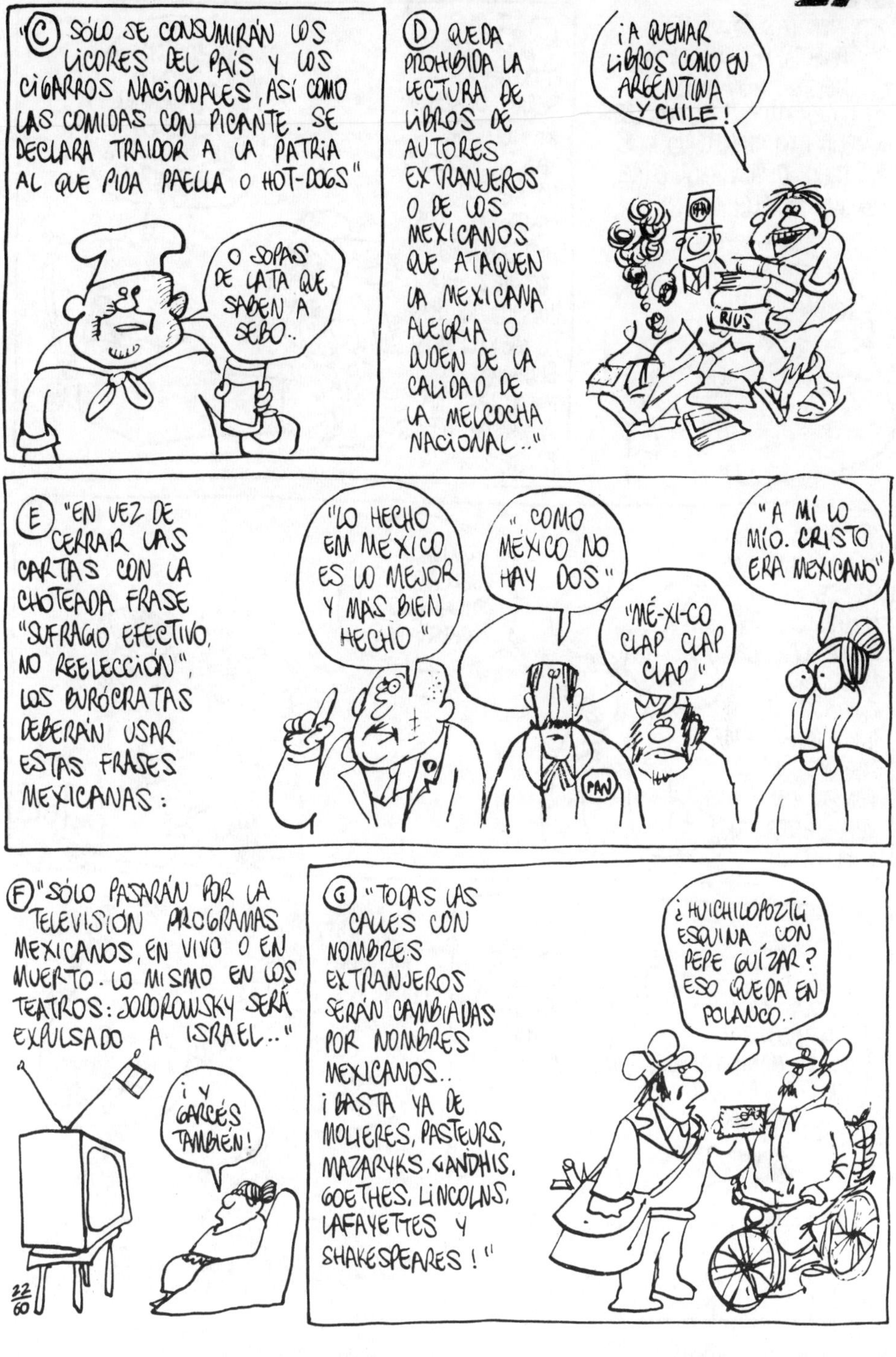
"© SÓLO SE CONSUMIRÁN LOS LICORES DEL PAÍS Y LOS CIGARROS NACIONALES, ASÍ COMO LAS COMIDAS CON PICANTE. SE DECLARA TRAIDOR A LA PATRIA AL QUE PIDA PAELLA O HOT-DOGS"
O SOPAS DE LATA QUE SABEN A SEBO..
(D) QUEDA PROHIBIDA LA LECTURA DE LIBROS DE AUTORES EXTRANJEROS O DE LOS MEXICANOS QUE ATAQUEN LA MEXICANA ALEGRÍA O DUDEN DE LA CALIDAD DE LA "MELCOCHA NACIONAL.."
¡A QUEMAR LIBROS COMO EN ARGENTINA Y CHILE!
PAN
RIUS
(E) "EN VEZ DE CERRAR LAS CARTAS CON LA CHOTEADA FRASE "SUFRAGIO EFECTIVO, NO REELECCIÓN", LOS BURÓCRATAS DEBERÁN USAR ESTAS FRASES MEXICANAS:
"LO HECHO EM MÉXICO ES LO MEJOR Y MÁS BIEN HECHO"
"COMO MÉXICO NO HAY DOS"
"MÉ-XI-CO CLAP CLAP CLAP"
"A MÍ LO MÍO. CRISTO ERA MEXICANO"
PAN
(F) "SÓLO PASARÁN POR LA TELEVISIÓN PROGRAMAS MEXICANOS, EN VIVO O EN MUERTO. LO MISMO EN LOS TEATROS: JODOROWSKY SERÁ EXPULSADO A ISRAEL.."
¡Y GARCÉS TAMBIÉN!
22/60
(G) "TODAS LAS CALLES CON NOMBRES EXTRANJEROS SERÁN CAMBIADAS POR NOMBRES MEXICANOS.. ¡BASTA YA DE MOLIERES, PASTEURS, MAZARYKS, GANDHIS, GOETHES, LINCOLNS, LAFAYETTES Y SHAKESPEARES!"
¿HUICHILOPOZTLI ESQUINA CON PEPE GUÍZAR? ESO QUEDA EN POLANCO..

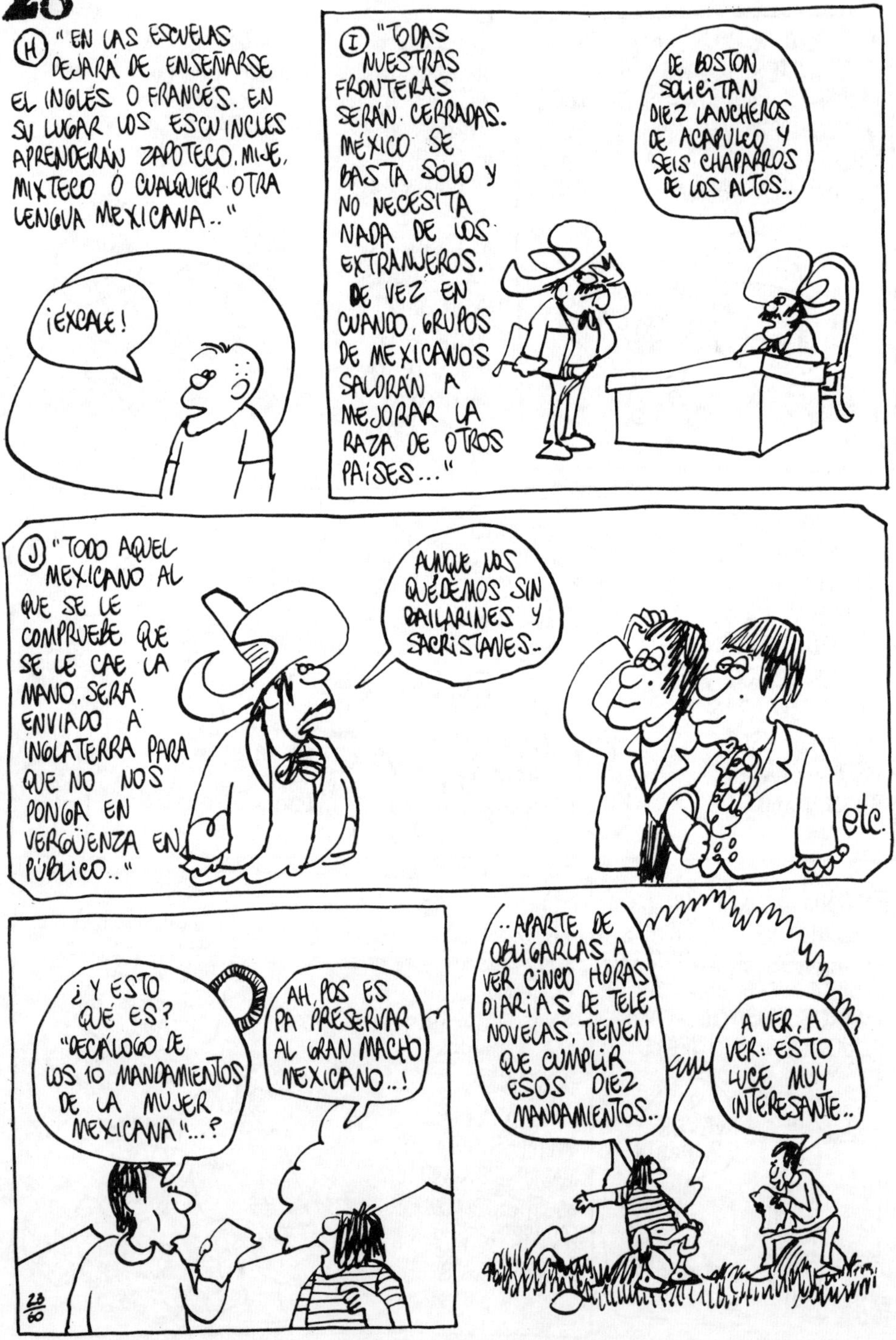
(H) "EN LAS ESCUELAS DEJARÁ DE ENSEÑARSE EL INGLÉS O FRANCÉS. EN SU LUGAR LOS ESCUINCLES APRENDERÁN ZAPOTECO, MIJE, MIXTECO O CUALQUIER OTRA LENGUA MEXICANA.."
¡ÉXCALE!
(I) "TODAS NUESTRAS FRONTERAS SERÁN CERRADAS. MÉXICO SE BASTA SOLO Y NO NECESITA NADA DE LOS EXTRANJEROS. DE VEZ EN CUANDO, GRUPOS DE MEXICANOS SALDRÁN A MEJORAR LA RAZA DE OTROS PAÍSES..."
DE BOSTON SOLICITAN DIEZ LANCHEROS DE ACAPULCO Y SEIS CHAPARROS DE LOS ALTOS..
(J) "TODO AQUEL MEXICANO AL QUE SE LE COMPRUEBE QUE SE LE CAE LA MANO, SERÁ ENVIADO A INGLATERRA PARA QUE NO NOS PONGA EN VERGÜENZA EN PÚBLICO.."
AUNQUE NOS QUEDEMOS SIN BAILARINES Y SACRISTANES..
etc.
¿Y ESTO QUÉ ES? "DECÁLOGO DE LOS 10 MANDAMIENTOS DE LA MUJER MEXICANA"...?
AH, POS ES PA PRESERVAR AL GRAN MACHO MEXICANO..!
..APARTE DE OBLIGARLAS A VER CINCO HORAS DIARIAS DE TELENOVELAS, TIENEN QUE CUMPLIR ESOS DIEZ MANDAMIENTOS..
A VER, A VER: ESTO LUCE MUY INTERESANTE..
28/80

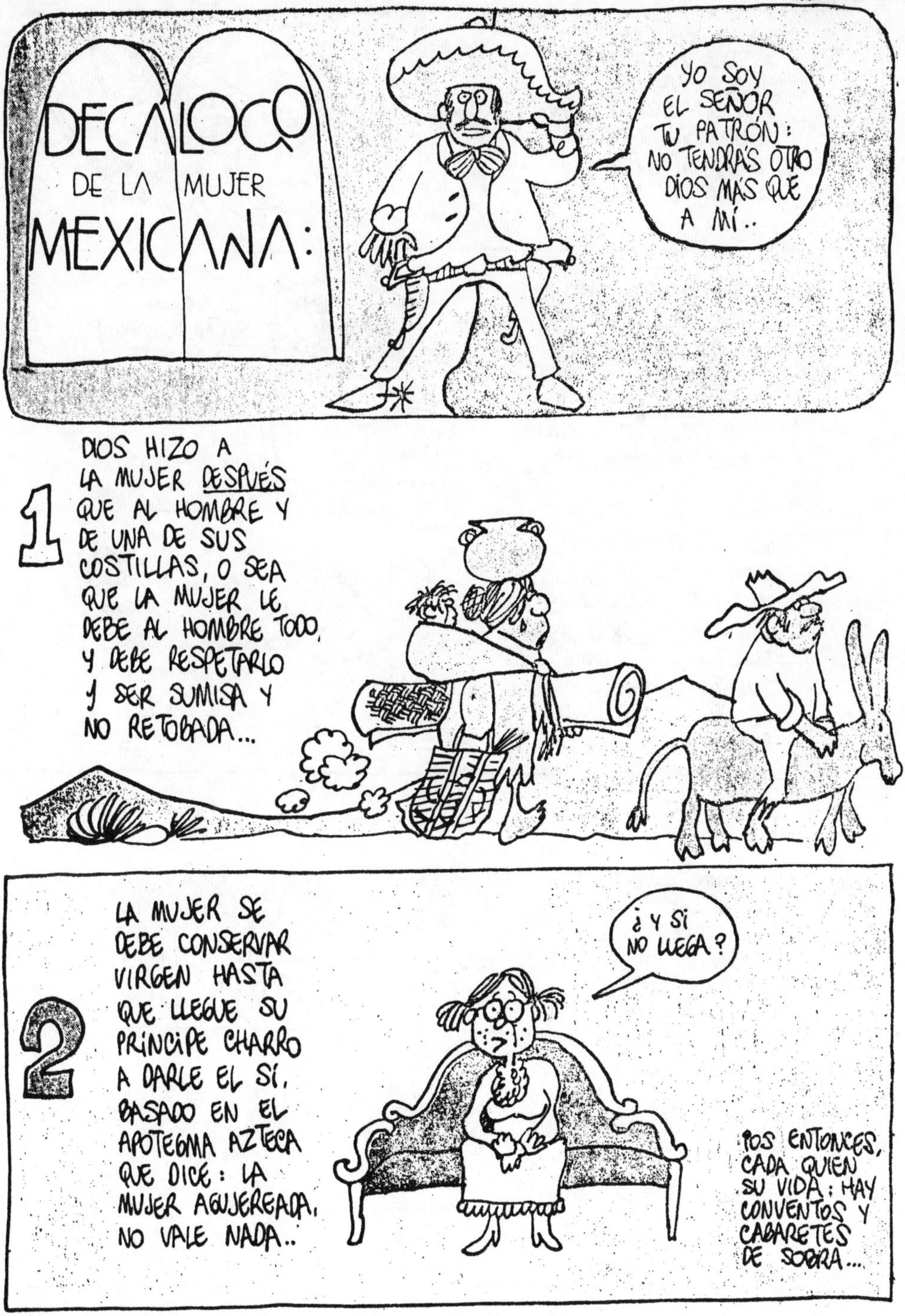
DECÁLOGO DE LA MUJER MEXICANA:
YO SOY EL SEÑOR TU PATRÓN: NO TENDRÁS OTRO DIOS MÁS QUE A MÍ..
1
DIOS HIZO A LA MUJER DESPUÉS QUE AL HOMBRE Y DE UNA DE SUS COSTILLAS, O SEA QUE LA MUJER LE DEBE AL HOMBRE TODO, Y DEBE RESPETARLO Y SER SUMISA Y NO RETOBADA...
2
LA MUJER SE DEBE CONSERVAR VIRGEN HASTA QUE LLEGUE SU PRÍNCIPE CHARRO A DARLE EL SÍ. BASADO EN EL APOTEGMA AZTECA QUE DICE: LA MUJER AGUJEREADA, NO VALE NADA..
¿Y SI NO LLEGA?
POS ENTONCES, CADA QUIEN SU VIDA: HAY CONVENTOS Y CABARETES DE SOBRA...

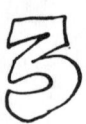

3 LA MUJER QUE SE AVENGA A CASARSE Y SER MANTENIDA POR UN HOMBRE, SERÁ ABNEGADA, SUFRIDA Y AGRADECIDA, POR SER ÉSA LA LEY NATURAL..

LOTERÍA: GANÓ EL ATLAS

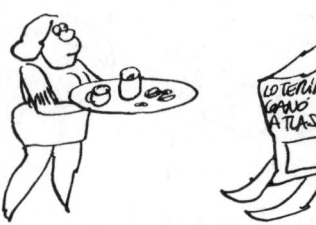

4 COMO PREMIO, LA MUJER PODRÁ HACER EL AMOR CON SU HOMBRE CUANDO ÉL LO DISPONGA, PERO PORTÁNDOSE MUJERCITA Y NO SALIENDO LUEGO LUEGO CON GANANCIA..

POS SI NO TE GUSTÓ, NI MODO..

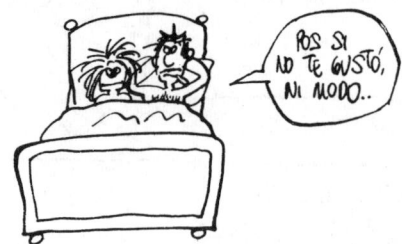

5 EL TIEMPO LIBRE DEL HOMBRE ES SAGRADO Y PUEDE DISPONER DE ÉL COMO LE DÉ LA GANA, CON AMIGOS O AMIGAS, SIN QUE LA MUJER ALCE LA VOZ Y SINTIÉNDOSE ORGULLOSA DEL PEGUE DE SU MARIDO...

TE MANDA SALUDAR ÚRSULA ANDRESS

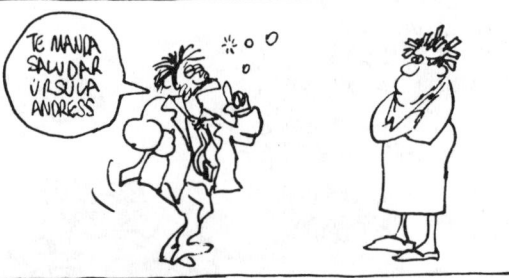

6 EL DINERO FUE HECHO REDONDO PARA QUE RUEDE Y LO GASTE EL HOMBRE. CUANDO LE FUERE DADO A LA MUJER, SE SABRÁ INGENIAR PARA DARLES DE COMER A TODOS, INCLUIDOS LOS AMIGOS DEL SEÑOR.

MIRA BARTOLA, AHÍ TE DEJO ESTOS DOS PESOS.. PAGAS LA RENTA, EL TELÉFONO Y LA LUZ..

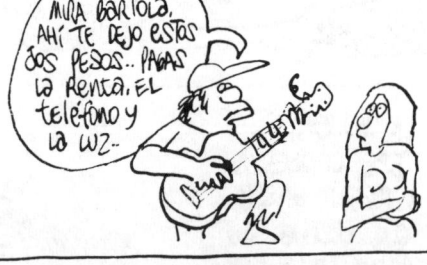

7 LA MUJER FUE HECHA PA ECHAR HIJOS AL MUNDO. EN CONSECUENCIA TENDRÁ LOS HIJOS QUE EL HOMBRE DISPONGA, DE PREFERENCIA VARONES Y NO VIEJAS..

25/80

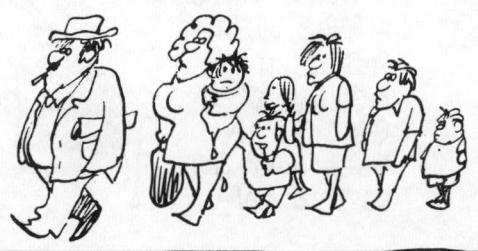

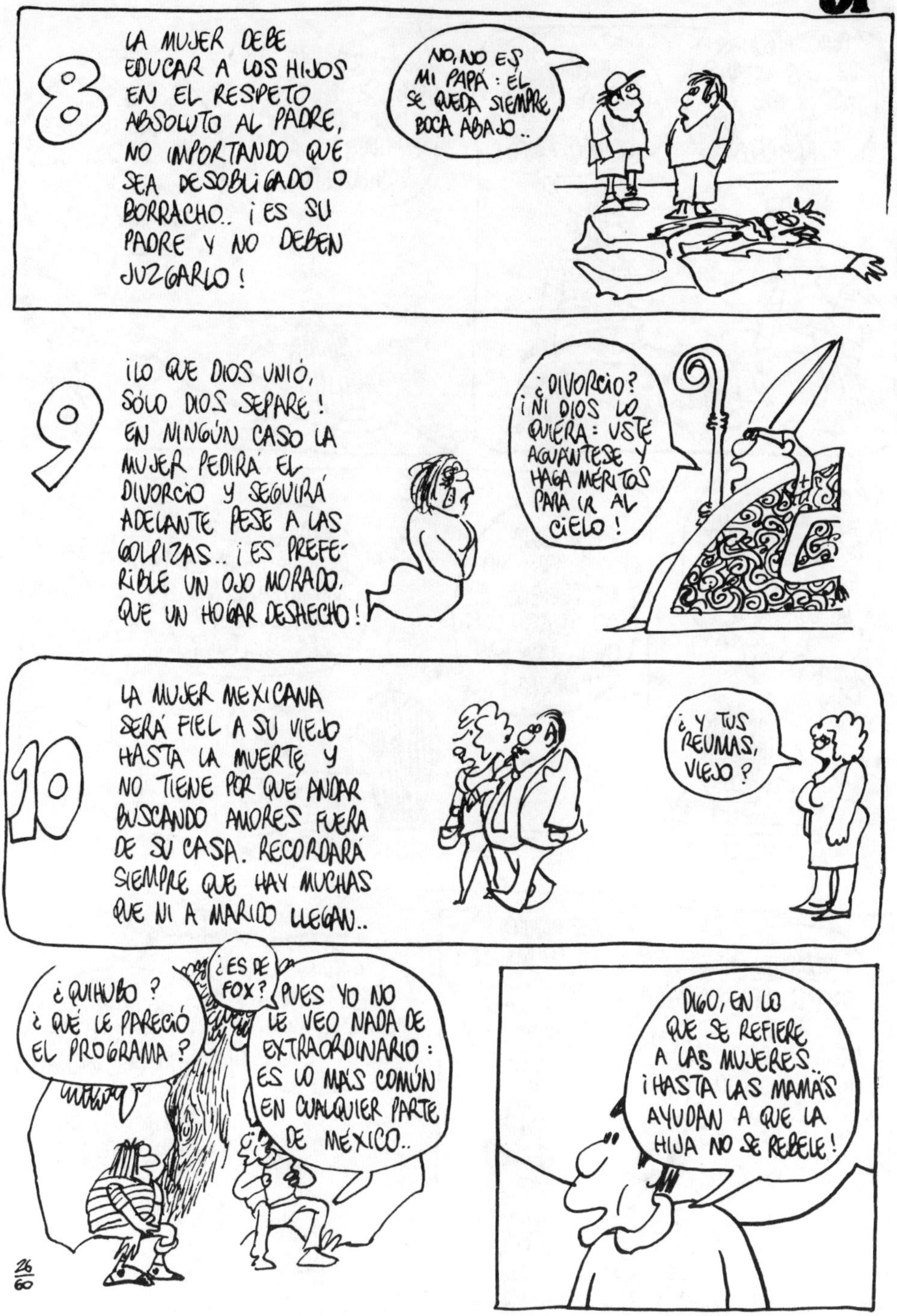
8
LA MUJER DEBE EDUCAR A LOS HIJOS EN EL RESPETO ABSOLUTO AL PADRE, NO IMPORTANDO QUE SEA DESOBLIGADO O BORRACHO.. ¡ES SU PADRE Y NO DEBEN JUZGARLO!
NO, NO ES MI PAPÁ: ÉL SE QUEDA SIEMPRE BOCA ABAJO..
9
¡LO QUE DIOS UNIÓ, SÓLO DIOS SEPARE! EN NINGÚN CASO LA MUJER PEDIRÁ EL DIVORCIO Y SEGUIRÁ ADELANTE PESE A LAS GOLPIZAS.. ¡ES PREFERIBLE UN OJO MORADO, QUE UN HOGAR DESHECHO!
¿DIVORCIO? ¡NI DIOS LO QUIERA: USTÉ AGUÁNTESE Y HAGA MÉRITOS PARA IR AL CIELO!
10
LA MUJER MEXICANA SERÁ FIEL A SU VIEJO HASTA LA MUERTE, Y NO TIENE POR QUÉ ANDAR BUSCANDO AMORES FUERA DE SU CASA. RECORDARÁ SIEMPRE QUE HAY MUCHAS QUE NI A MARIDO LLEGAN..
¿Y TUS REUMAS, VIEJO?
¿QUIHUBO? ¿QUÉ LE PARECIÓ EL PROGRAMA?
¿ES DE FOX?
PUES YO NO LE VEO NADA DE EXTRAORDINARIO: ES LO MÁS COMÚN EN CUALQUIER PARTE DE MÉXICO..
DIGO, EN LO QUE SE REFIERE A LAS MUJERES.. ¡HASTA LAS MAMÁS AYUDAN A QUE LA HIJA NO SE REBELE!
26/60

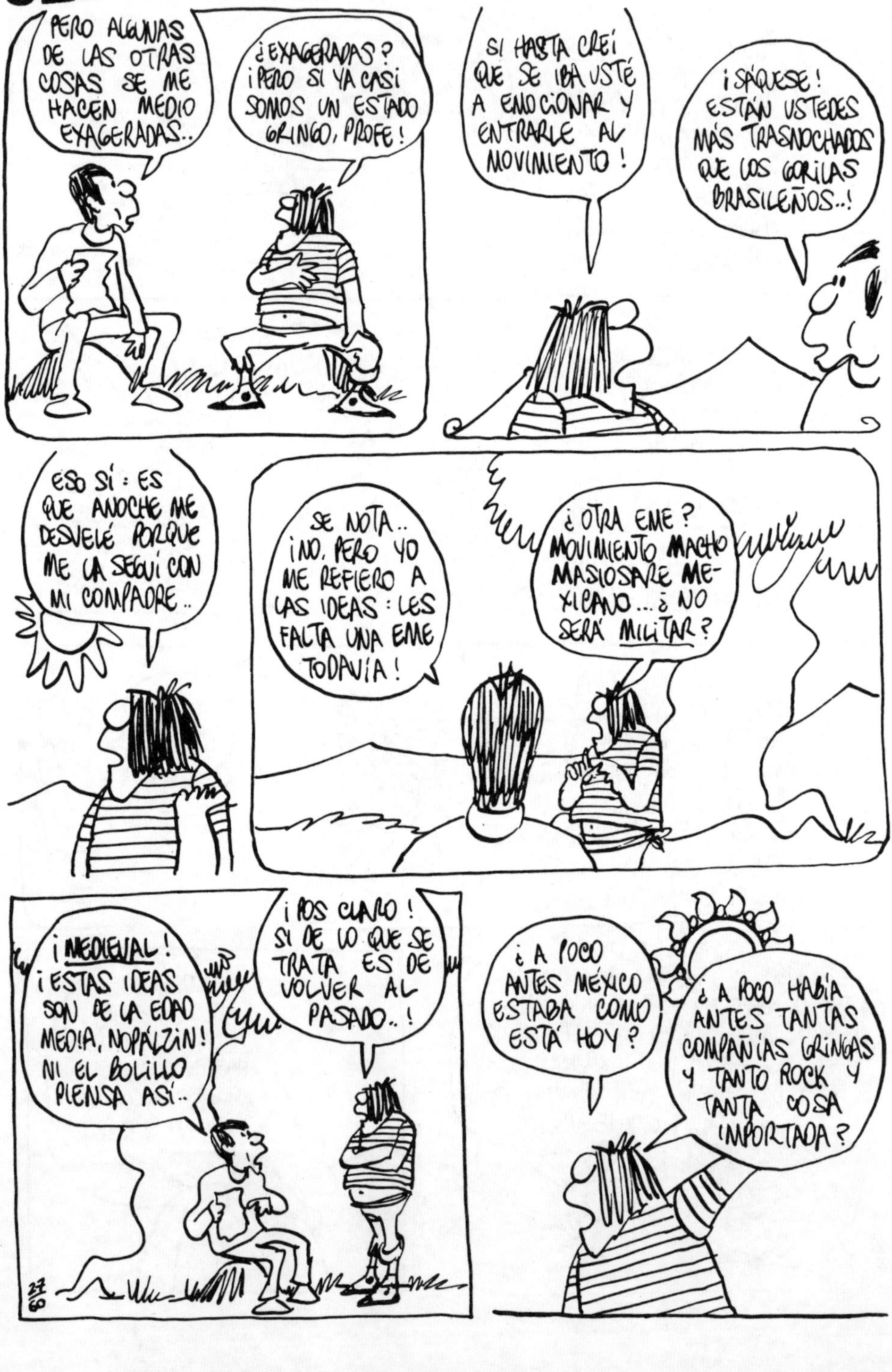
PERO ALGUNAS DE LAS OTRAS COSAS SE ME HACEN MEDIO EXAGERADAS..
¿EXAGERADAS? ¡PERO SI YA CASI SOMOS UN ESTADO GRINGO, PROFE!
SI HASTA CREÍ QUE SE IBA USTÉ A EMOCIONAR Y ENTRARLE AL MOVIMIENTO!
¡SÁQUESE! ESTÁN USTEDES MÁS TRASNOCHADOS QUE LOS GORILAS BRASILEÑOS..!
ESO SÍ: ES QUE ANOCHE ME DESVELÉ PORQUE ME LA SEGUÍ CON MI COMPADRE..
SE NOTA.. ¡NO, PERO YO ME REFIERO A LAS IDEAS: LES FALTA UNA EME TODAVÍA!
¿OTRA EME? MOVIMIENTO MACHO MASIOSARE MEXICANO...¿NO SERÁ MILITAR?
¡MEDIEVAL! ¡ESTAS IDEAS SON DE LA EDAD MEDIA, NOPALZIN! NI EL BOLILLO PIENSA ASÍ..
¡POS CLARO! SI DE LO QUE SE TRATA ES DE VOLVER AL PASADO..!
¿A POCO ANTES MÉXICO ESTABA COMO ESTÁ HOY?
¿A POCO HABÍA ANTES TANTAS COMPAÑÍAS GRINGAS Y TANTO ROCK Y TANTA COSA IMPORTADA?

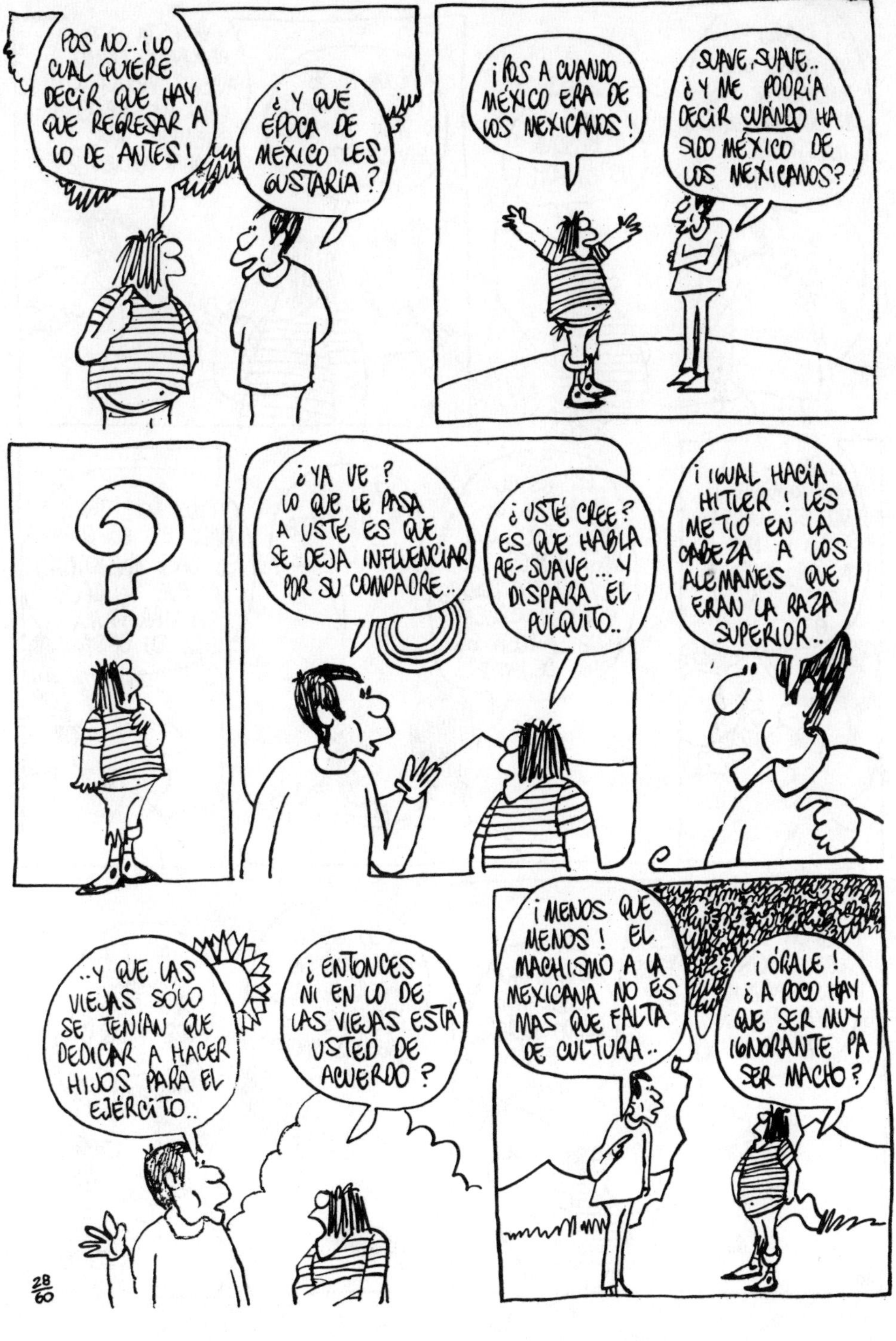
POS NO.. ¡LO CUAL QUIERE DECIR QUE HAY QUE REGRESAR A LO DE ANTES!
¿Y QUÉ ÉPOCA DE MÉXICO LES GUSTARÍA?
¡POS A CUANDO MÉXICO ERA DE LOS MEXICANOS!
SUAVE, SUAVE.. ¿Y ME PODRÍA DECIR CUÁNDO HA SIDO MÉXICO DE LOS MEXICANOS?
?
¿YA VE? LO QUE LE PASA A USTÉ ES QUE SE DEJA INFLUENCIAR POR SU COMPADRE..
¿USTÉ CREE? ES QUE HABLA RE-SUAVE... Y DISPARA EL PULQUITO..
¡IGUAL HACÍA HITLER! LES METIÓ EN LA CABEZA A LOS ALEMANES QUE ERAN LA RAZA SUPERIOR..
..Y QUE LAS VIEJAS SÓLO SE TENÍAN QUE DEDICAR A HACER HIJOS PARA EL EJÉRCITO..
¿ENTONCES NI EN LO DE LAS VIEJAS ESTÁ USTED DE ACUERDO?
¡MENOS QUE MENOS! EL MACHISMO A LA MEXICANA NO ES MAS QUE FALTA DE CULTURA..
¡ÓRALE! ¿A POCO HAY QUE SER MUY IGNORANTE PA SER MACHO?
28/60

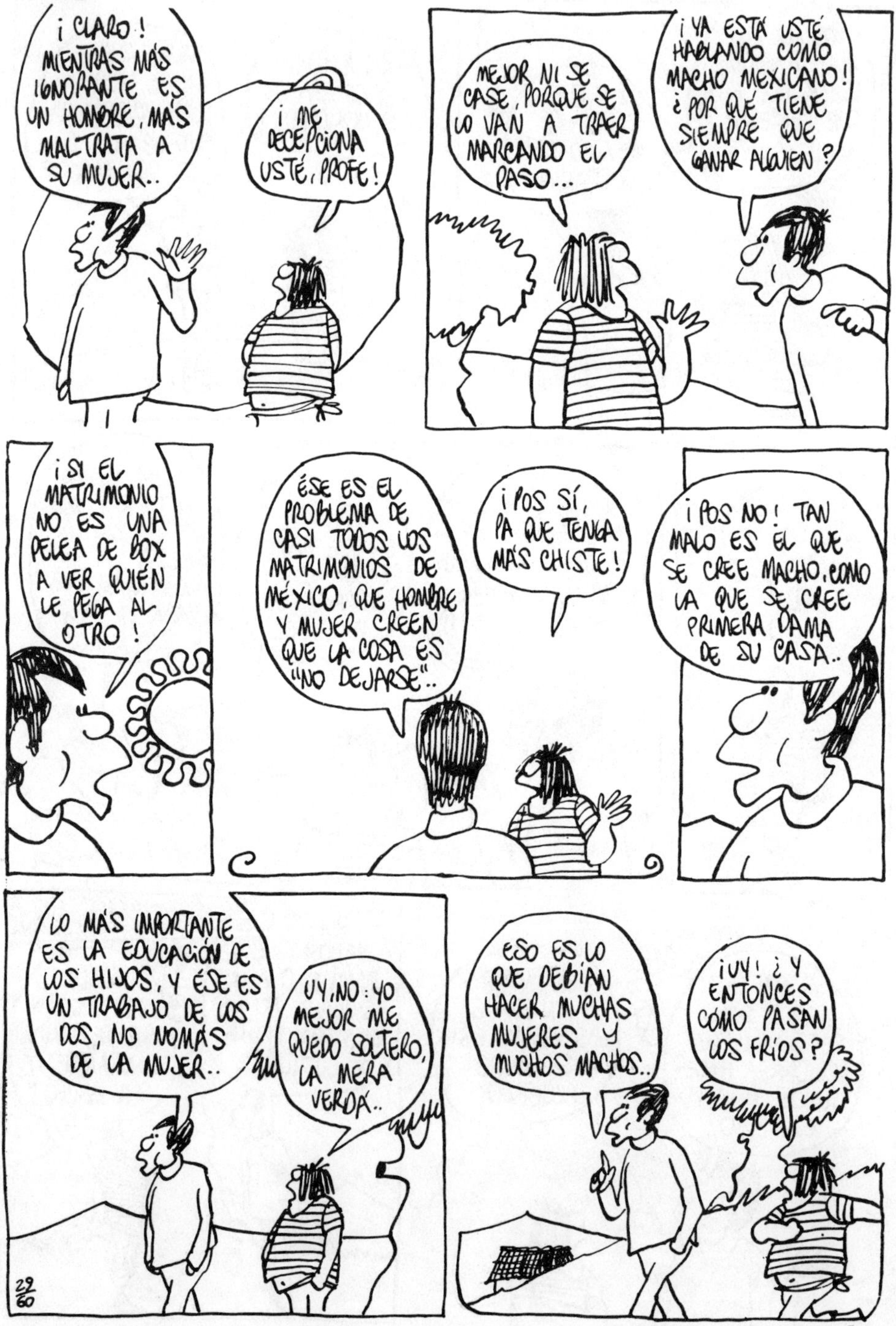
¡CLARO! MIENTRAS MÁS IGNORANTE ES UN HOMBRE, MÁS MALTRATA A SU MUJER..
¡ME DECEPCIONA USTÉ, PROFE!
MEJOR NI SE CASE, PORQUE SE LO VAN A TRAER MARCANDO EL PASO...
¡YA ESTÁ USTÉ HABLANDO COMO MACHO MEXICANO! ¿POR QUÉ TIENE SIEMPRE QUE GANAR ALGUIEN?
¡SI EL MATRIMONIO NO ES UNA PELEA DE BOX A VER QUIÉN LE PEGA AL OTRO!
ÉSE ES EL PROBLEMA DE CASI TODOS LOS MATRIMONIOS DE MÉXICO, QUE HOMBRE Y MUJER CREEN QUE LA COSA ES "NO DEJARSE"..
¡POS SÍ, PA QUE TENGA MÁS CHISTE!
¡POS NO! TAN MALO ES EL QUE SE CREE MACHO, COMO LA QUE SE CREE PRIMERA DAMA DE SU CASA..
LO MÁS IMPORTANTE ES LA EDUCACIÓN DE LOS HIJOS, Y ÉSE ES UN TRABAJO DE LOS DOS, NO NOMÁS DE LA MUJER..
UY, NO: YO MEJOR ME QUEDO SOLTERO, LA MERA VERDÁ..
ESO ES LO QUE DEBÍAN HACER MUCHAS MUJERES Y MUCHOS MACHOS..
¡UY! ¿Y ENTONCES CÓMO PASAN LOS FRÍOS?
29/60

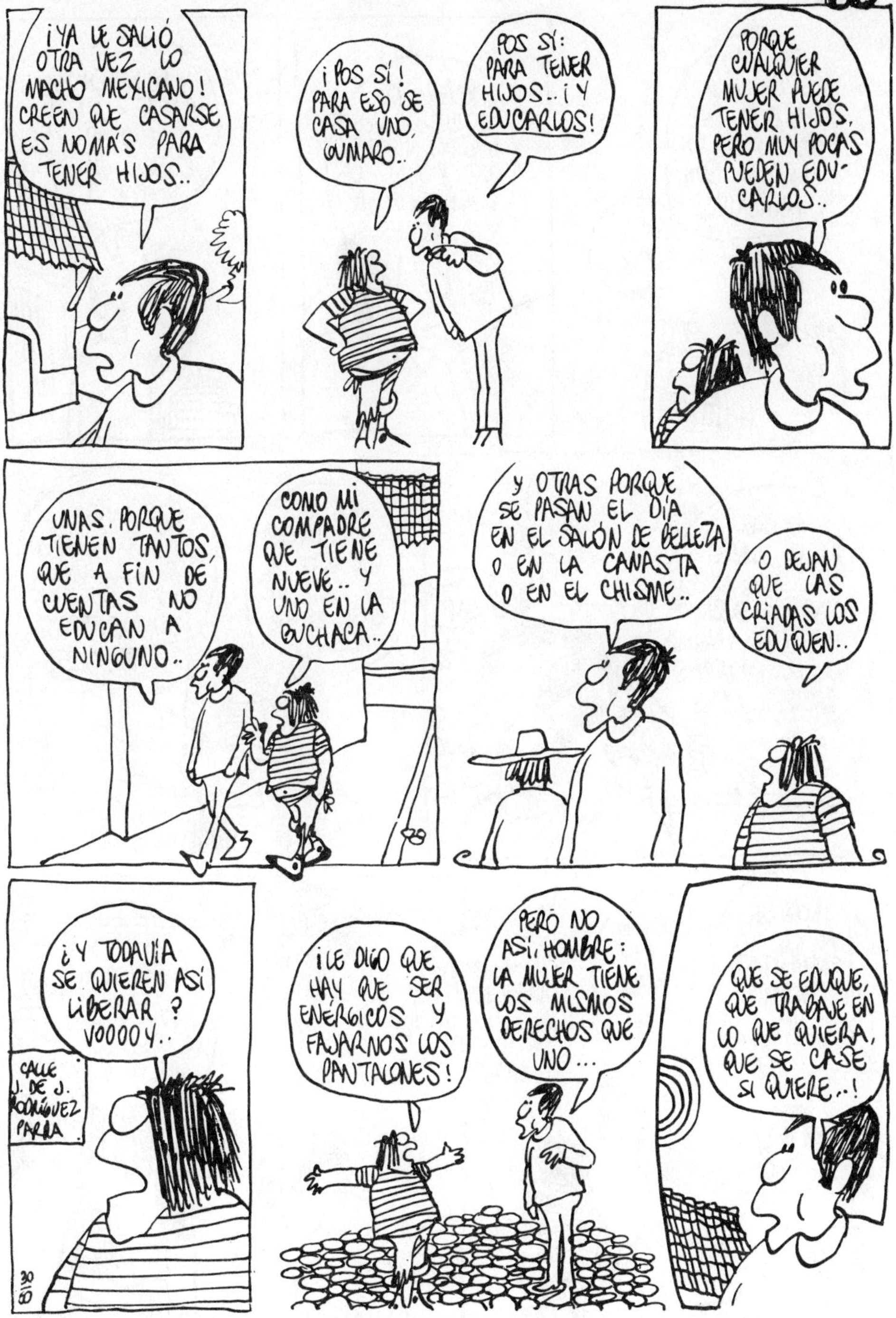
¡YA LE SALIÓ OTRA VEZ LO MACHO MEXICANO! CREEN QUE CASARSE ES NOMÁS PARA TENER HIJOS..
¡POS SÍ! PARA ESO SE CASA UNO, GUMARO..
POS SÍ: PARA TENER HIJOS.. ¡Y EDUCARLOS!
PORQUE CUALQUIER MUJER PUEDE TENER HIJOS, PERO MUY POCAS PUEDEN EDUCARLOS..
UNAS, PORQUE TIENEN TANTOS, QUE A FIN DE CUENTAS NO EDUCAN A NINGUNO..
COMO MI COMPADRE QUE TIENE NUEVE.. Y UNO EN LA BUCHACA..
Y OTRAS PORQUE SE PASAN EL DÍA EN EL SALÓN DE BELLEZA O EN LA CANASTA O EN EL CHISME..
O DEJAN QUE LAS CRIADAS LOS EDUQUEN..
¿Y TODAVÍA SE QUIEREN ASÍ LIBERAR? VOOOOY..
CALLE J. DE J. ODRÍGUEZ PARRA
¡LE DIGO QUE HAY QUE SER ENÉRGICOS Y FAJARNOS LOS PANTALONES!
PERO NO ASÍ, HOMBRE: LA MUJER TIENE LOS MISMOS DERECHOS QUE UNO...
QUE SE EDUQUE, QUE TRABAJE EN LO QUE QUIERA, QUE SE CASE SI QUIERE..!

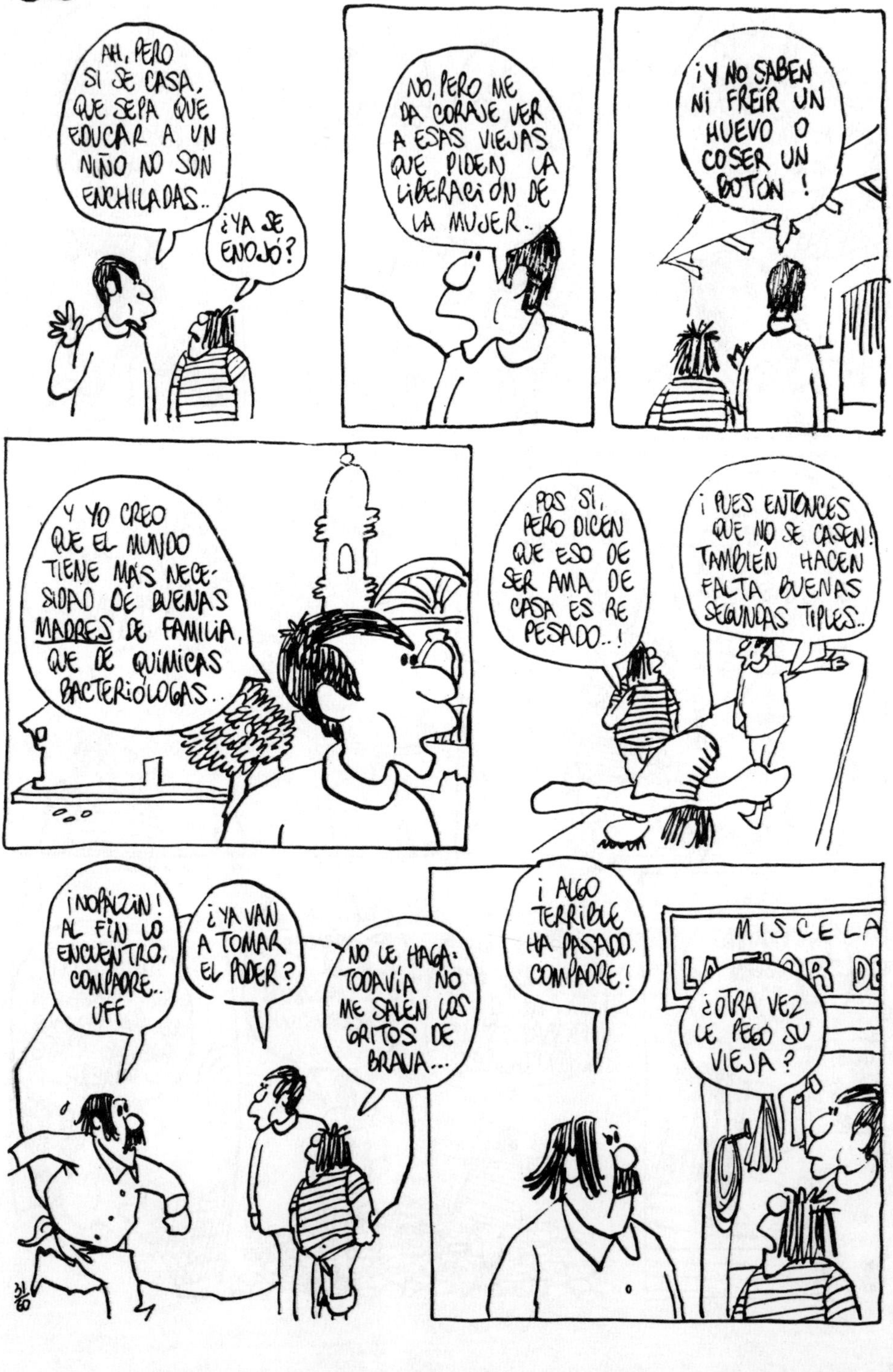
AH, PERO SI SE CASA, QUE SEPA QUE EDUCAR A UN NIÑO NO SON ENCHILADAS..
¿YA SE ENOJÓ?
NO, PERO ME DA CORAJE VER A ESAS VIEJAS QUE PIDEN LA LIBERACIÓN DE LA MUJER..
¡Y NO SABEN NI FREÍR UN HUEVO O COSER UN BOTÓN!
Y YO CREO QUE EL MUNDO TIENE MÁS NECESIDAD DE BUENAS MADRES DE FAMILIA, QUE DE QUÍMICAS BACTERIÓLOGAS..
POS SÍ, PERO DICEN QUE ESO DE SER AMA DE CASA ES RE PESADO..!
¡PUES ENTONCES QUE NO SE CASEN! TAMBIÉN HACEN FALTA BUENAS SEGUNDAS TIPLES..
¡NOPÁLZIN! AL FIN LO ENCUENTRO, COMPADRE.. UFF
¿YA VAN A TOMAR EL PODER?
NO LE HAGA: TODAVÍA NO ME SALEN LOS GRITOS DE BRAVA...
31/80
¡ALGO TERRIBLE HA PASADO, COMPADRE!
MISCELA
¿OTRA VEZ LE PEGÓ SU VIEJA?

¡PEOR QUE ESO! EL PERIÓDICO VIENE LLENO DE PURAS CATÁSTROFES PAL MOVIMIENTO MACHO MEXICANO..!!
PRIMERO DICE QUE EL EQUIPO FEMENINO DE FUT DE MÉXICO, LE GANÓ AL DE ITALIA..
CHIN, NO GANA UNO PA'VERGÜENZAS, DEVERAS..
¡PERO LA PEOR ES ÉSTA: ORA SÍ, DESPUÉS DE ESTO, SE ACABA MÉXICO!
¿QUE MURIÓ EL TATA LÁZARO? SI ERA LO ÚLTIMO QUE NOS QUEDABA DE REVOLUCIÓN..
¡PEOR QUE ESO! ..QUE UNO DE CADA CINCO MEXICANOS ES DEL OTRO BANDO..!!!
¿QUÉ?
¿TENEMOS MÁS DE CUATRO MILLONES DE AY-DIOS-TÚ-LA-TRÁIS..?? ¡NO!
¿QUIHUBO? ¿DÓNDE VA?
¡A BUSCAR UNA CHAMACA PA SALIR DE LA DUDA!
los agachados
LAMENTA LA PÉRDIDA DE SU AMIGO LECTOR Y PARIENTE
LÁZARO CÁRDENAS DEL RÍO
Y ACOMPAÑA EN SU DOLOR A DOÑA AMALIA SOLÓRZANO, CUAUHTÉMOC, ALICIA Y DEMÁS PARIENTES.
EDUARDO DEL RÍO
20 OCT 1970
32/60

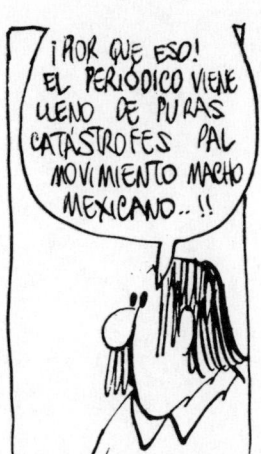

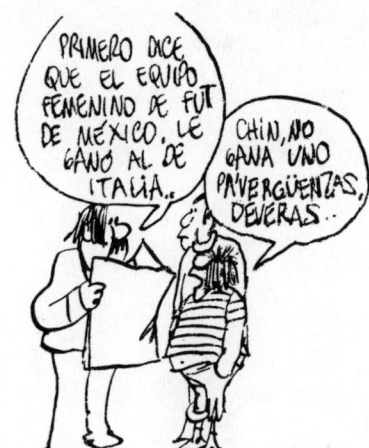

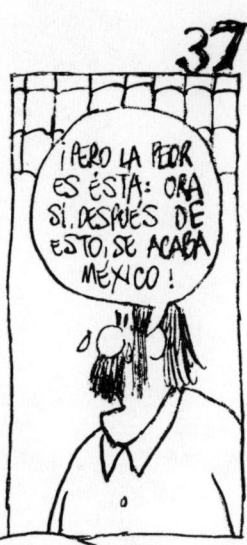

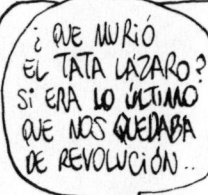

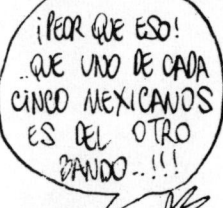

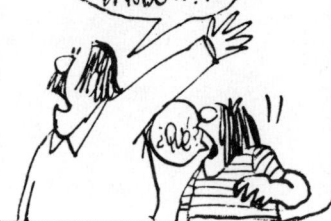

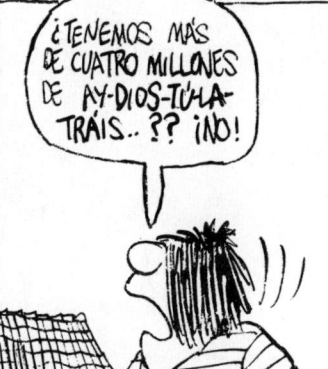

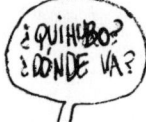

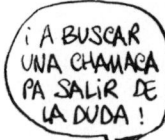

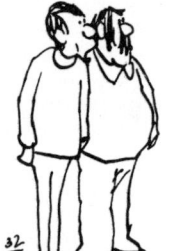

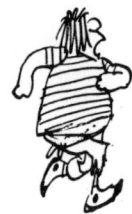

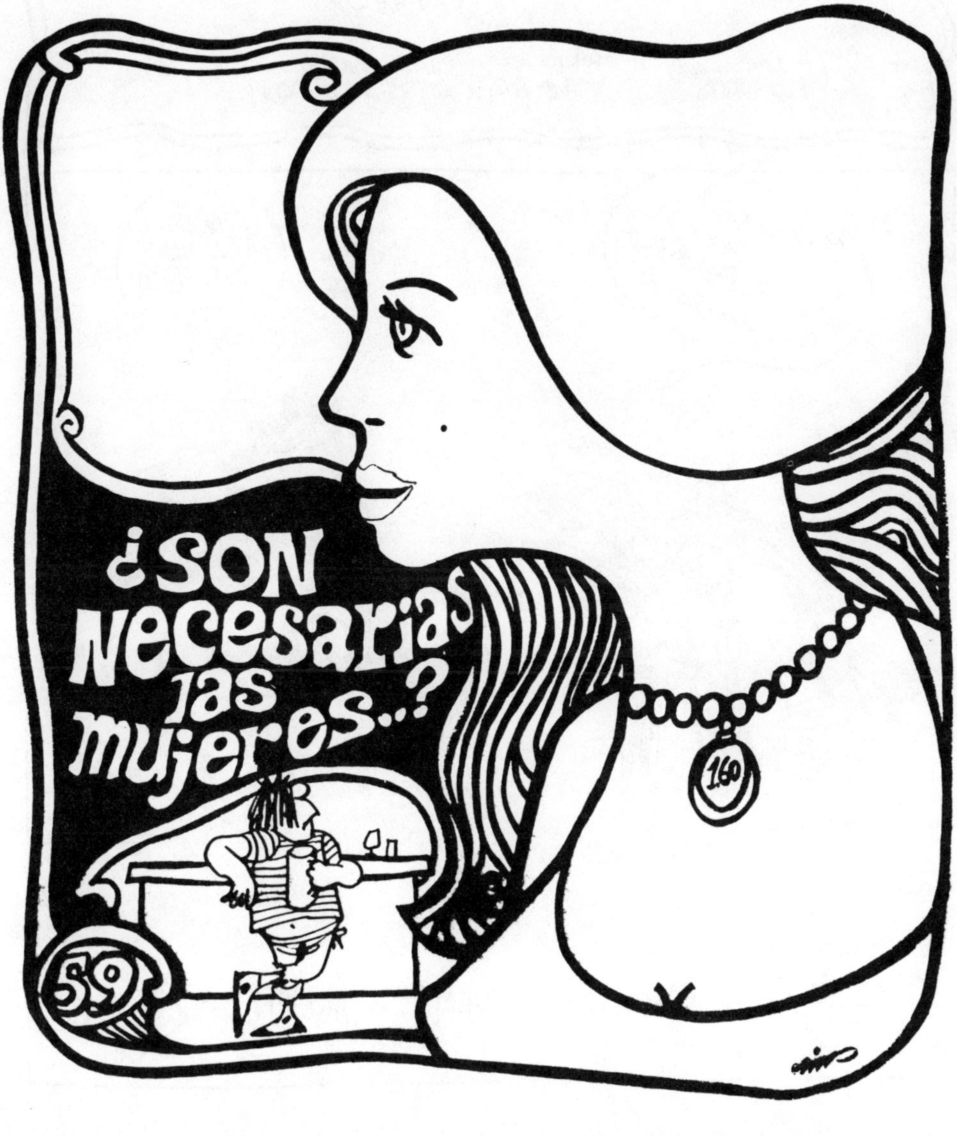
¿SON
necesarias
las
mujeres...?
160
59

Los Agachados

opus # 59

ideas monos y texto: RIUS
color by: ROSITA W.
sonido: RAQUEL

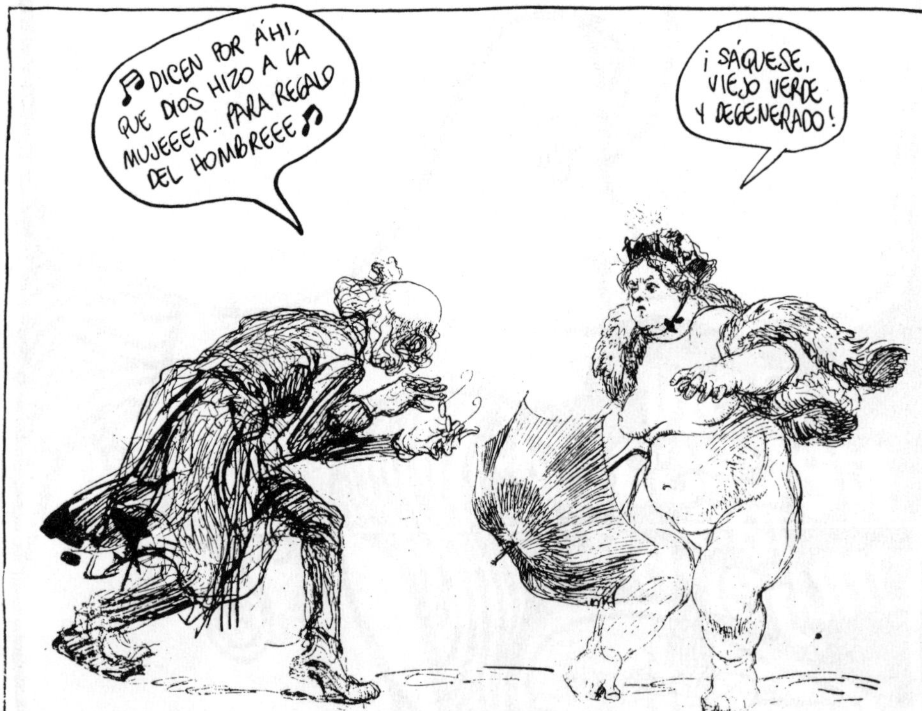
♪ DICEN POR ÁHI, QUE DIOS HIZO A LA MUJEEER.. PARA REGALO DEL HOMBREEE ♪
¡ SÁQUESE, VIEJO VERDE Y DEGENERADO !
¿¿ PARA QUÉ SIRVEN LAS MUJERES ?
1/59

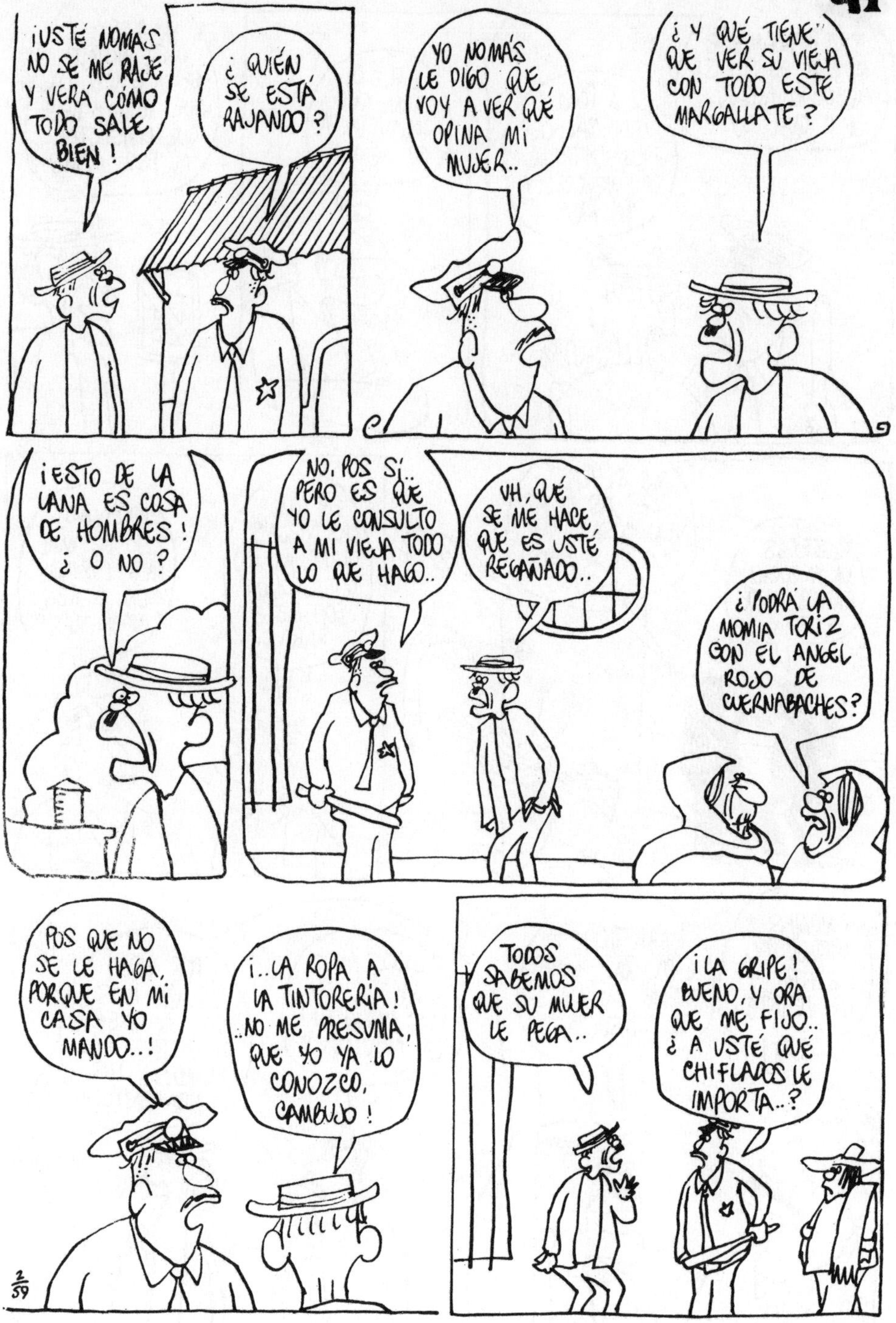
¡USTÉ NOMÁS NO SE ME RAJE Y VERÁ CÓMO TODO SALE BIEN!
¿QUIÉN SE ESTÁ RAJANDO?
YO NOMÁS LE DIGO QUE VOY A VER QUÉ OPINA MI MUJER..
¿Y QUÉ TIENE QUE VER SU VIEJA CON TODO ESTE MARGALLATE?
¡ESTO DE LA LANA ES COSA DE HOMBRES! ¿O NO?
NO, POS SÍ.. PERO ES QUE YO LE CONSULTO A MI VIEJA TODO LO QUE HAGO..
UH, QUÉ SE ME HACE QUE ES USTÉ REGAÑADO..
¿PODRÁ LA MOMIA TORIZ CON EL ANGEL ROJO DE CUERNABACHES?
POS QUE NO SE LE HAGA, PORQUE EN MI CASA YO MANDO..!
¡..LA ROPA A LA TINTORERÍA! ..NO ME PRESUMA, QUE YO YA LO CONOZCO, CAMBUJO!
TODOS SABEMOS QUE SU MUJER LE PEGA..
¡LA GRIPE! BUENO, Y ORA QUE ME FIJO.. ¿A USTÉ QUÉ CHIFLADOS LE IMPORTA..?
2/59

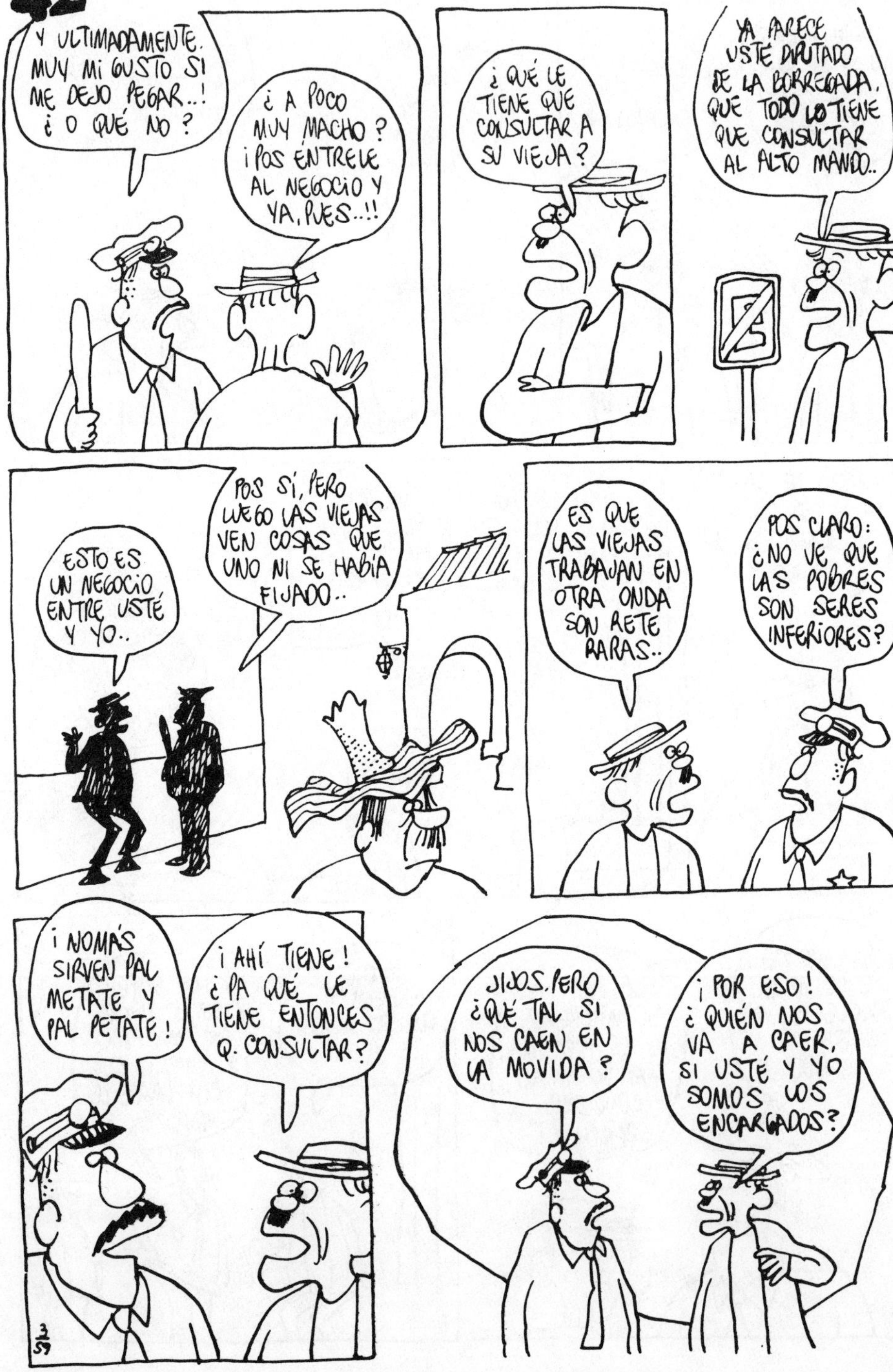
Y ULTIMADAMENTE, MUY MI GUSTO SI ME DEJO PEGAR..! ¿O QUÉ NO?
¿A POCO MUY MACHO? ¡POS ÉNTRELE AL NEGOCIO Y YA, PUES..!!
¿QUÉ LE TIENE QUE CONSULTAR A SU VIEJA?
YA PARECE USTÉ DIPUTADO DE LA BORREGADA, QUE TODO LO TIENE QUE CONSULTAR AL ALTO MANDO..
ESTO ES UN NEGOCIO ENTRE USTÉ Y YO..
POS SÍ, PERO LUEGO LAS VIEJAS VEN COSAS QUE UNO NI SE HABÍA FIJADO..
ES QUE LAS VIEJAS TRABAJAN EN OTRA ONDA SON RETE RARAS..
POS CLARO: ¿NO VE QUE LAS POBRES SON SERES INFERIORES?
¡NOMÁS SIRVEN PAL METATE Y PAL PETATE!
¡AHÍ TIENE! ¿PA QUÉ LE TIENE ENTONCES Q. CONSULTAR?
JIJOS, PERO ¿QUÉ TAL SI NOS CAEN EN LA MOVIDA?
¡POR ESO! ¿QUIÉN NOS VA A CAER, SI USTÉ Y YO SOMOS LOS ENCARGADOS?
3/59

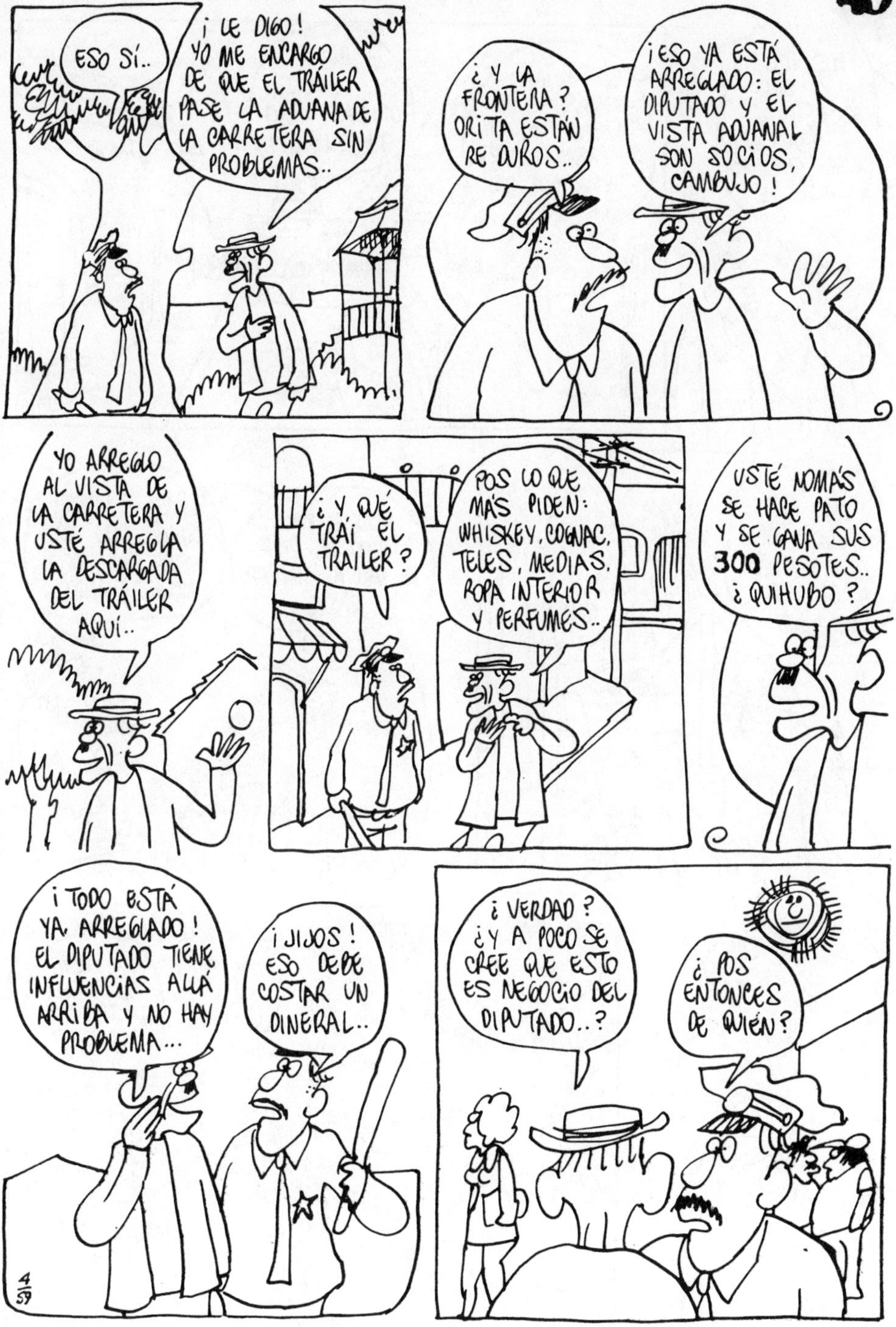
ESO SÍ..
¡LE DIGO! YO ME ENCARGO DE QUE EL TRÁILER PASE LA ADUANA DE LA CARRETERA SIN PROBLEMAS..
¿Y LA FRONTERA? ORITA ESTÁN RE DUROS..
¡ESO YA ESTÁ ARREGLADO: EL DIPUTADO Y EL VISTA ADUANAL SON SOCIOS, CAMBUJO!
YO ARREGLO AL VISTA DE LA CARRETERA Y USTÉ ARREGLA LA DESCARGADA DEL TRÁILER AQUÍ..
¿Y QUÉ TRÁI EL TRAILER?
POS LO QUE MÁS PIDEN: WHISKEY, COGNAC, TELES, MEDIAS, ROPA INTERIOR Y PERFUMES..
USTÉ NOMÁS SE HACE PATO Y SE GANA SUS 300 PESOTES.. ¿QUIHUBO?
¡TODO ESTÁ YA ARREGLADO! EL DIPUTADO TIENE INFLUENCIAS ALLÁ ARRIBA Y NO HAY PROBLEMA...
¡JIJOS! ESO DEBE COSTAR UN DINERAL..
¿VERDAD? ¿Y A POCO SE CREE QUE ESTO ES NEGOCIO DEL DIPUTADO..?
¿POS ENTONCES DE QUIÉN?
4/59

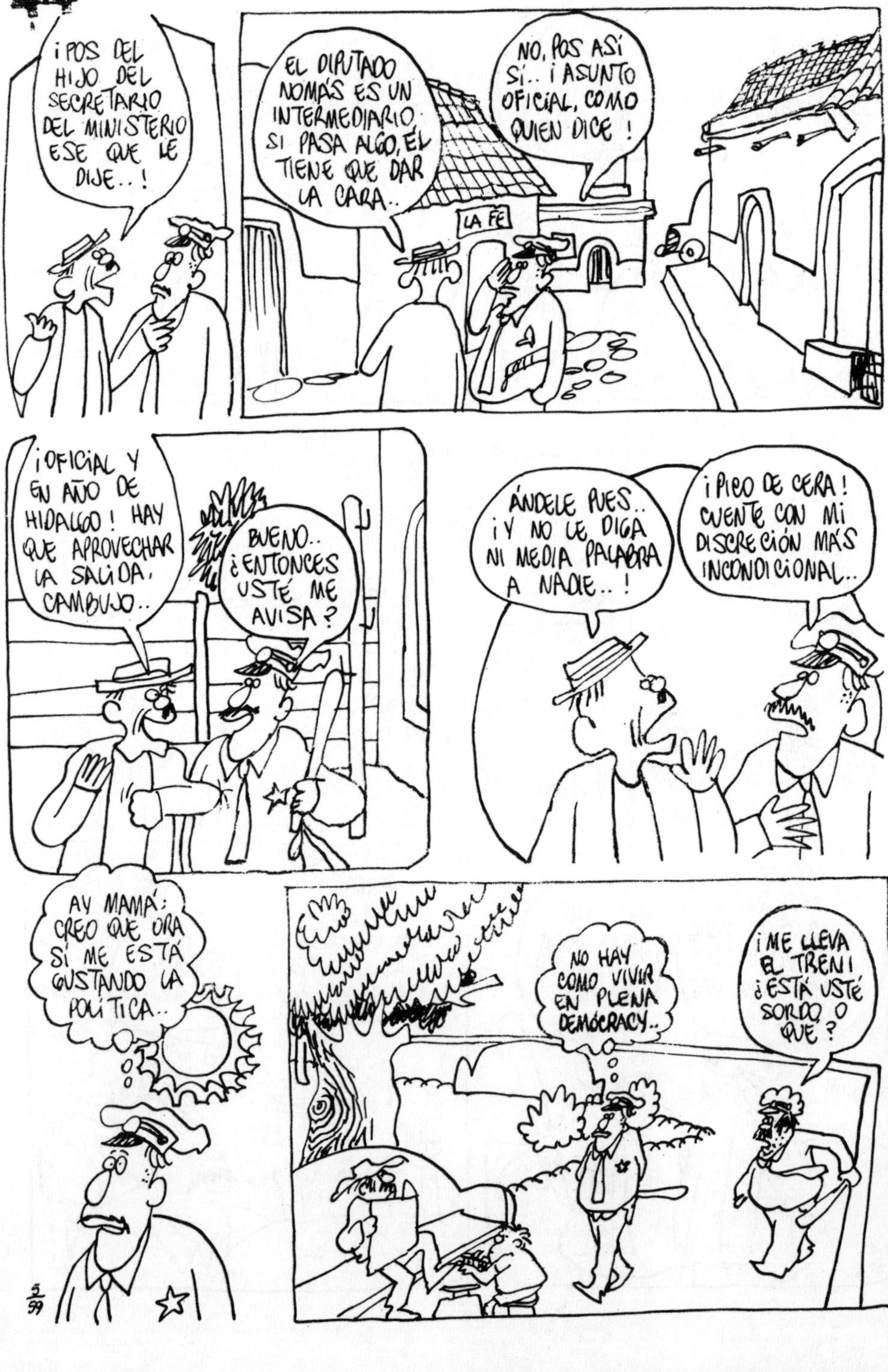
¡POS DEL HIJO DEL SECRETARIO DEL MINISTERIO ESE QUE LE DIJE..!
EL DIPUTADO NOMÁS ES UN INTERMEDIARIO, SI PASA ALGO, ÉL TIENE QUE DAR LA CARA..
NO, POS ASÍ SÍ.. ¡ASUNTO OFICIAL, COMO QUIEN DICE!
LA FE
¡OFICIAL Y EN AÑO DE HIDALGO! HAY QUE APROVECHAR LA SALIDA, CAMBUJO..
BUENO.. ¿ENTONCES USTÉ ME AVISA?
ÁNDELE PUES.. ¡Y NO LE DIGA NI MEDIA PALABRA A NADIE..!
¡PICO DE CERA! CUENTE CON MI DISCRECIÓN MÁS INCONDICIONAL..
AY MAMÁ: CREO QUE ORA SÍ ME ESTÁ GUSTANDO LA POLÍTICA..
NO HAY COMO VIVIR EN PLENA DEMÓCRACY..
¡ME LLEVA EL TREN! ¿ESTÁ USTÉ SORDO O QUE?
5/59

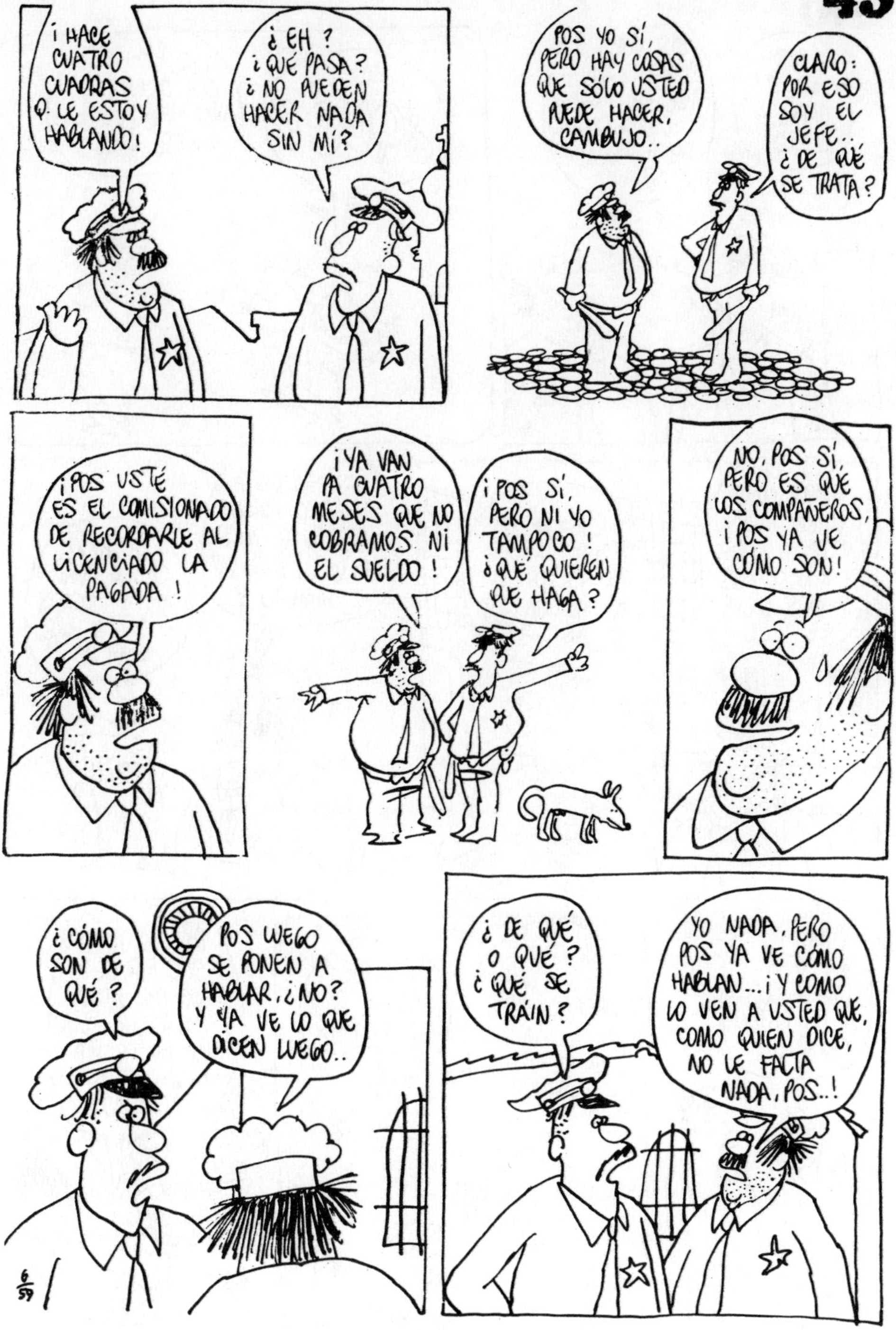
¡HACE CUATRO CUADRAS Q. LE ESTOY HABLANDO!
¿EH? ¿QUÉ PASA? ¿NO PUEDEN HACER NADA SIN MÍ?
POS YO SÍ, PERO HAY COSAS QUE SÓLO USTED PUEDE HACER, CAMBUJO..
CLARO: POR ESO SOY EL JEFE.. ¿DE QUÉ SE TRATA?
¡POS USTÉ ES EL COMISIONADO DE RECORDARLE AL LICENCIADO LA PAGADA!
¡YA VAN PA CUATRO MESES QUE NO COBRAMOS NI EL SUELDO!
¡POS SÍ, PERO NI YO TAMPOCO! ¿QUÉ QUIEREN QUE HAGA?
NO, POS SÍ, PERO ES QUE LOS COMPAÑEROS, ¡POS YA VE CÓMO SON!
¿CÓMO SON DE QUÉ?
POS LUEGO SE PONEN A HABLAR, ¿NO? Y YA VE LO QUE DICEN LUEGO..
¿DE QUÉ O QUÉ? ¿QUÉ SE TRÁIN?
YO NADA, PERO POS YA VE CÓMO HABLAN... ¡Y COMO LO VEN A USTED QUE, COMO QUIEN DICE, NO LE FALTA NADA, POS..!
6/59

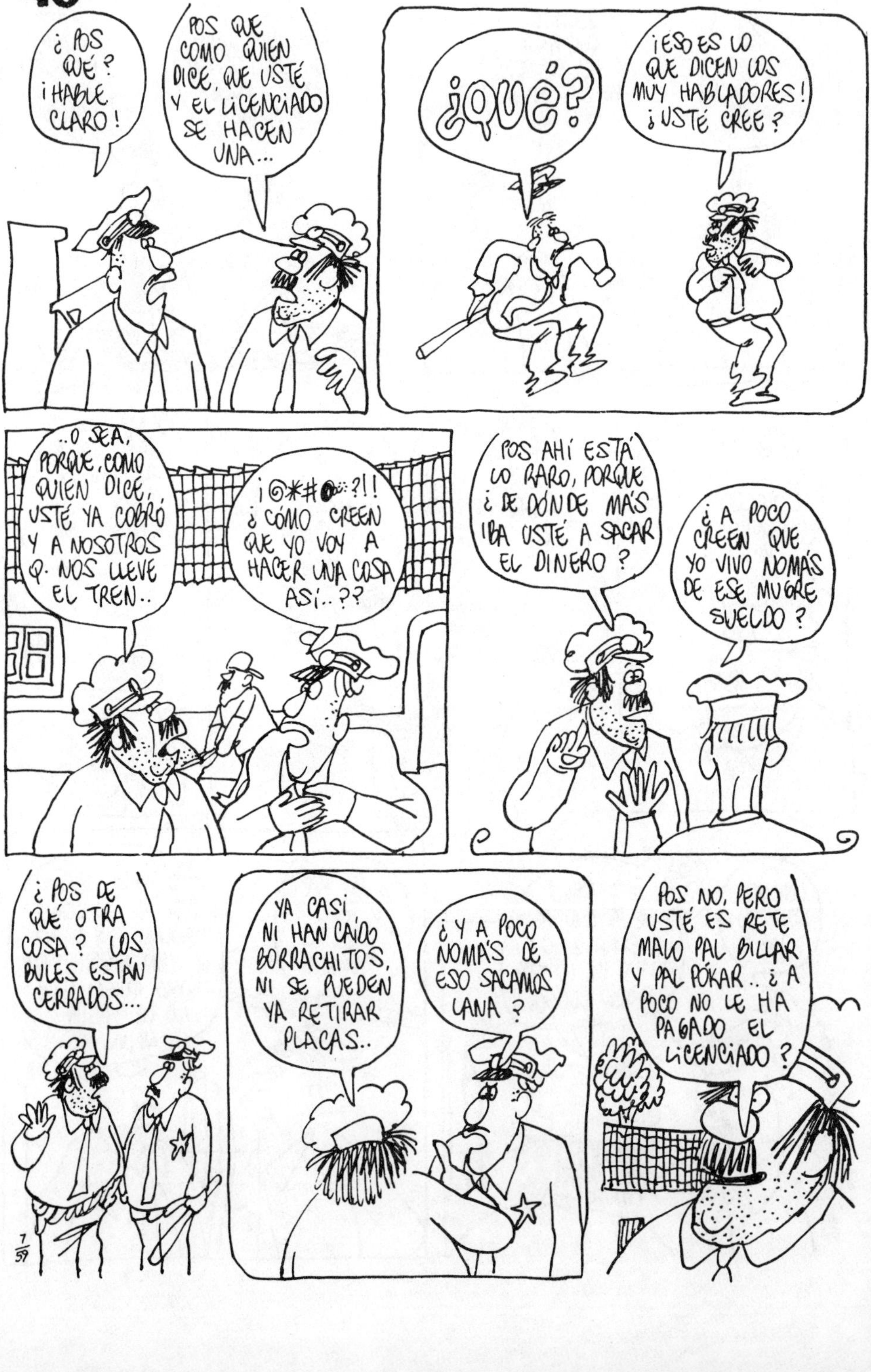
¿POS QUÉ? ¡HABLE CLARO!
POS QUE COMO QUIEN DICE, QUE USTÉ Y EL LICENCIADO SE HACEN UNA...
¿QUÉ?
¡ESO ES LO QUE DICEN LOS MUY HABLADORES! ¿USTÉ CREE?
..O SEA, PORQUE, COMO QUIEN DICE, USTÉ YA COBRÓ Y A NOSOTROS Q. NOS LLEVE EL TREN..
?!! ¿CÓMO CREEN QUE YO VOY A HACER UNA COSA ASÍ..??
POS AHÍ ESTÁ LO RARO, PORQUE ¿DE DÓNDE MÁS IBA USTÉ A SACAR EL DINERO?
¿A POCO CREEN QUE YO VIVO NOMÁS DE ESE MUGRE SUELDO?
¿POS DE QUÉ OTRA COSA? LOS BULES ESTÁN CERRADOS...
YA CASI NI HAN CAÍDO BORRACHITOS, NI SE PUEDEN YA RETIRAR PLACAS..
¿Y A POCO NOMÁS DE ESO SACAMOS LANA?
POS NO, PERO USTÉ ES RETE MALO PAL BILLAR Y PAL PÓKAR.. ¿A POCO NO LE HA PAGADO EL LICENCIADO?

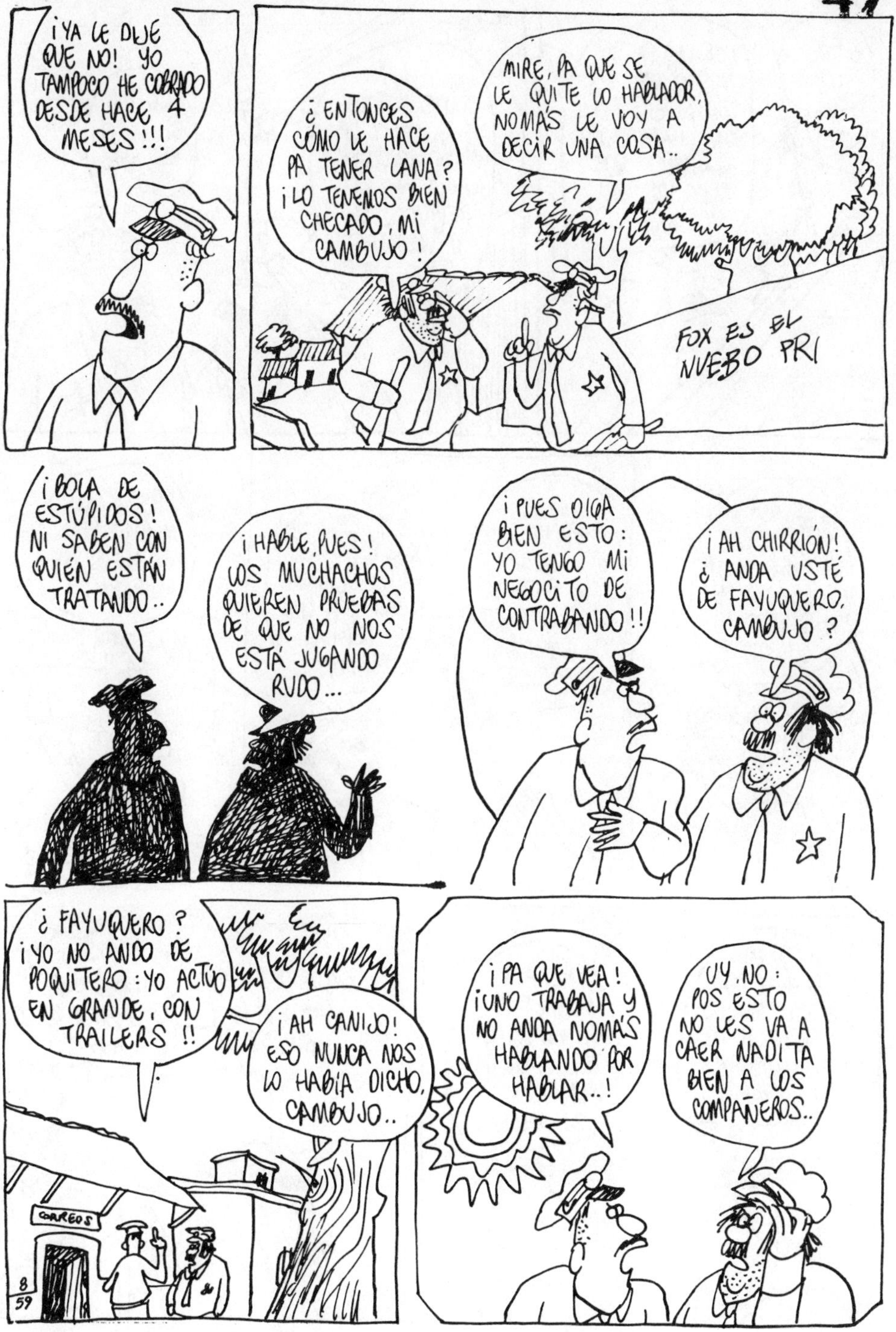
¡YA LE DIJE QUE NO! YO TAMPOCO HE COBRADO DESDE HACE 4 MESES!!!
¿ENTONCES CÓMO LE HACE PA TENER LANA? ¡LO TENEMOS BIEN CHECADO, MI CAMBUJO!
MIRE, PA QUE SE LE QUITE LO HABLADOR, NOMÁS LE VOY A DECIR UNA COSA..
FOX ES EL NUEBO PRI
¡BOLA DE ESTÚPIDOS! NI SABEN CON QUIÉN ESTÁN TRATANDO..
¡HABLE, PUES! LOS MUCHACHOS QUIEREN PRUEBAS DE QUE NO NOS ESTÁ JUGANDO RUDO...
¡PUES OIGA BIEN ESTO: YO TENGO MI NEGOCITO DE CONTRABANDO!!
¡AH CHIRRIÓN! ¿ANDA USTÉ DE FAYUQUERO, CAMBUJO?
¿FAYUQUERO? ¡YO NO ANDO DE POQUITERO: YO ACTÚO EN GRANDE, CON TRAILERS!!
¡AH CANIJO! ESO NUNCA NOS LO HABÍA DICHO, CAMBUJO..
CORREOS
¡PA QUE VEA! ¡UNO TRABAJA Y NO ANDA NOMÁS HABLANDO POR HABLAR..!
UY, NO: POS ESTO NO LES VA A CAER NADITA BIEN A LOS COMPAÑEROS..
8 59

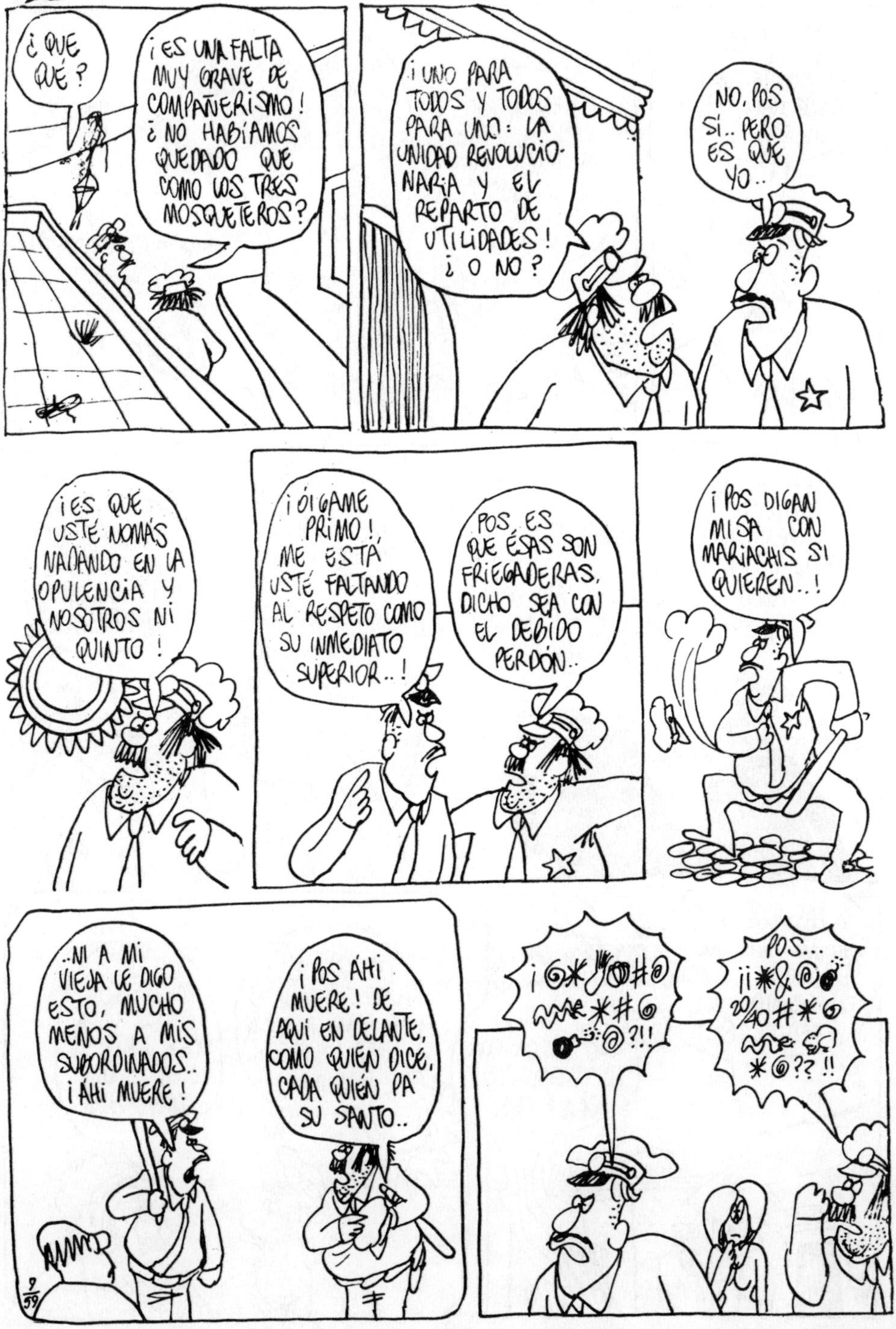
¿QUE QUÉ?
¡ES UNA FALTA MUY GRAVE DE COMPAÑERISMO! ¿NO HABÍAMOS QUEDADO QUE COMO LOS TRES MOSQUETEROS?
¡UNO PARA TODOS Y TODOS PARA UNO: LA UNIDAD REVOLUCIONARIA Y EL REPARTO DE UTILIDADES! ¿O NO?
NO, POS SÍ.. PERO ES QUE YO..
¡ES QUE USTÉ NOMÁS NADANDO EN LA OPULENCIA Y NOSOTROS NI QUINTO!
¡ÓIGAME PRIMO! ME ESTÁ USTÉ FALTANDO AL RESPETO COMO SU INMEDIATO SUPERIOR..!
POS ES QUE ÉSAS SON FRIEGADERAS, DICHO SEA CON EL DEBIDO PERDÓN..
¡POS DIGAN MISA CON MARIACHIS SI QUIEREN..!
..NI A MI VIEJA LE DIGO ESTO, MUCHO MENOS A MIS SUBORDINADOS.. ¡AHÍ MUERE!
¡POS ÁHI MUERE! DE AQUÍ EN DELANTE, COMO QUIEN DICE, CADA QUIÉN PÁ SU SANTO..
POS...

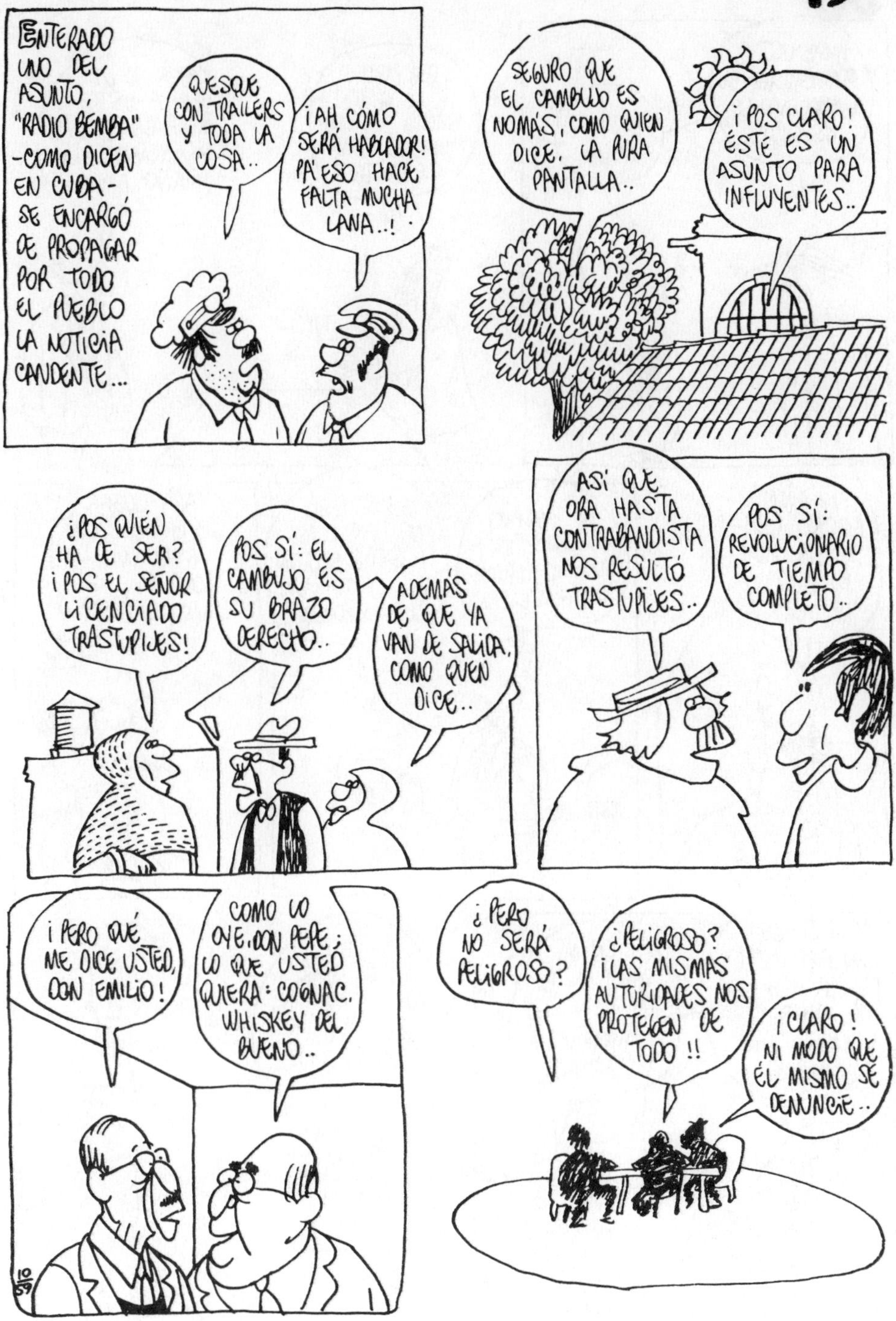

ENTERADO UNO DEL ASUNTO, "RADIO BEMBA" -COMO DICEN EN CUBA- SE ENCARGÓ DE PROPAGAR POR TODO EL PUEBLO LA NOTICIA CANDENTE...
QUESQUE CON TRAILERS Y TODA LA COSA..
¡AH CÓMO SERÁ HABLADOR! PA' ESO HACE FALTA MUCHA LANA..!
SEGURO QUE EL CAMBUJO ES NOMÁS, COMO QUIEN DICE, LA PURA PANTALLA..
¡POS CLARO! ÉSTE ES UN ASUNTO PARA INFLUYENTES..
¿POS QUIÉN HA DE SER? ¡POS EL SEÑOR LICENCIADO TRASTUPIJES!
POS SÍ: EL CAMBUJO ES SU BRAZO DERECHO..
ADEMÁS DE QUE YA VAN DE SALIDA, COMO QUIEN DICE..
ASÍ QUE ORA HASTA CONTRABANDISTA NOS RESULTÓ TRASTUPIJES..
POS SÍ: REVOLUCIONARIO DE TIEMPO COMPLETO..
¡PERO QUÉ ME DICE USTED, DON EMILIO!
COMO LO OYE, DON PEPE; LO QUE USTED QUIERA: COGNAC, WHISKEY DEL BUENO..
¿PERO NO SERÁ PELIGROSO?
¿PELIGROSO? ¡LAS MISMAS AUTORIDADES NOS PROTEGEN DE TODO!!
¡CLARO! NI MODO QUE ÉL MISMO SE DENUNCIE..
10 59

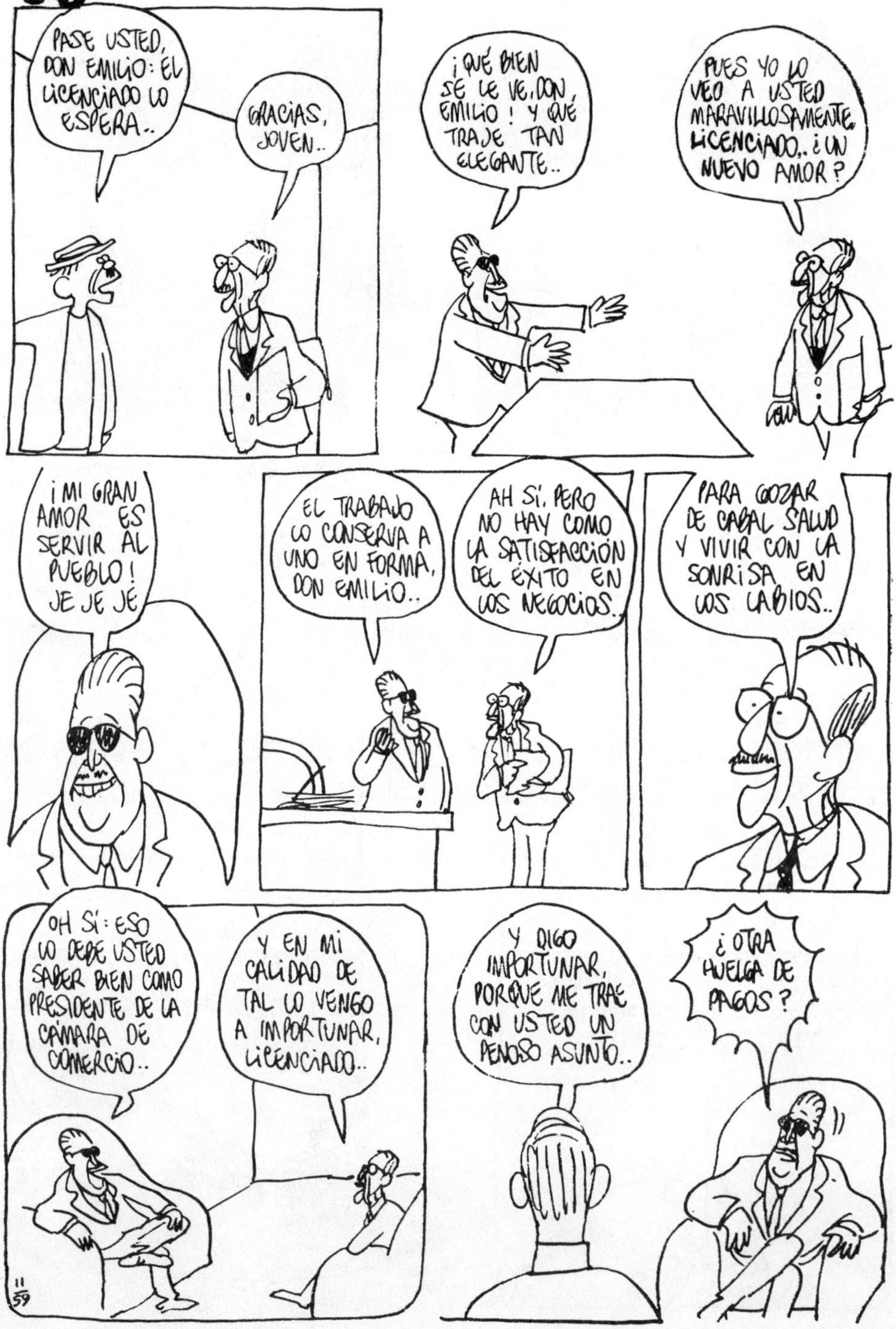
PASE USTED, DON EMILIO: EL LICENCIADO LO ESPERA..
GRACIAS, JOVEN..
¡QUÉ BIEN SE LE VE, DON EMILIO! Y QUÉ TRAJE TAN ELEGANTE..
PUES YO LO VEO A USTED MARAVILLOSAMENTE, LICENCIADO.. ¿UN NUEVO AMOR?
¡MI GRAN AMOR ES SERVIR AL PUEBLO! JE JE JE
EL TRABAJO LO CONSERVA A UNO EN FORMA, DON EMILIO..
AH SÍ, PERO NO HAY COMO LA SATISFACCIÓN DEL ÉXITO EN LOS NEGOCIOS..
PARA GOZAR DE CABAL SALUD Y VIVIR CON LA SONRISA EN LOS LABIOS..
OH SÍ: ESO LO DEBE USTED SABER BIEN COMO PRESIDENTE DE LA CÁMARA DE COMERCIO..
Y EN MI CALIDAD DE TAL LO VENGO A IMPORTUNAR, LICENCIADO..
Y DIGO IMPORTUNAR, PORQUE ME TRAE CON USTED UN PENOSO ASUNTO..
¿OTRA HUELGA DE PAGOS?
11/59

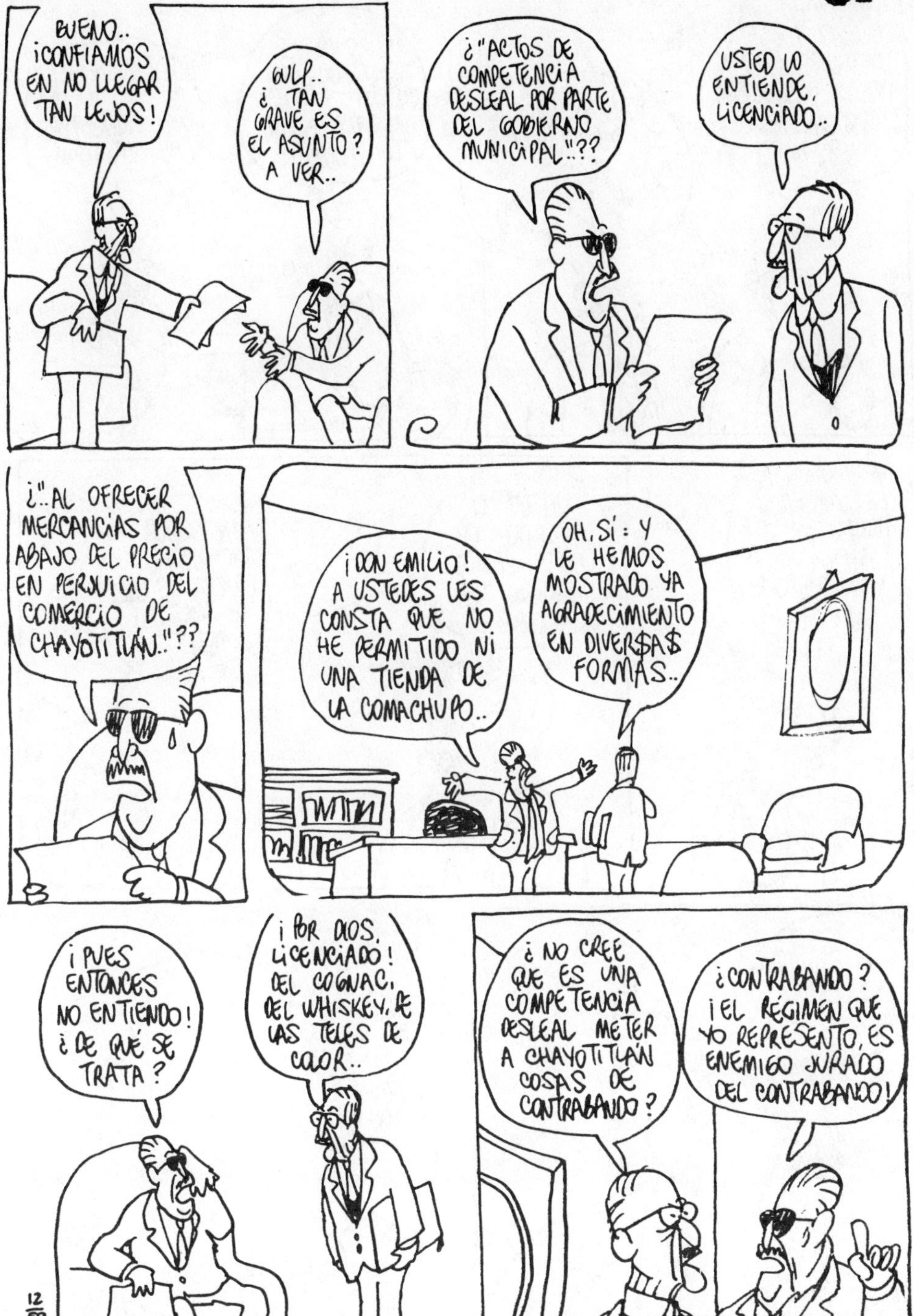
BUENO.. ¡CONFIAMOS EN NO LLEGAR TAN LEJOS!
GULP.. ¿TAN GRAVE ES EL ASUNTO? A VER..
¿"ACTOS DE COMPETENCIA DESLEAL POR PARTE DEL GOBIERNO MUNICIPAL"??
USTED LO ENTIENDE, LICENCIADO..
¿"..AL OFRECER MERCANCIAS POR ABAJO DEL PRECIO EN PERJUICIO DEL COMERCIO DE CHAYOTITLÁN.."??
¡DON EMILIO! A USTEDES LES CONSTA QUE NO HE PERMITIDO NI UNA TIENDA DE LA COMACHUPO..
OH, SÍ: Y LE HEMOS MOSTRADO YA AGRADECIMIENTO EN DIVERA FORMAS..
¡PUES ENTONCES NO ENTIENDO! ¿DE QUÉ SE TRATA?
¡POR DIOS, LICENCIADO! DEL COGNAC, DEL WHISKEY, DE LAS TELES DE COLOR..
¿NO CREE QUE ES UNA COMPETENCIA DESLEAL METER A CHAYOTITLÁN COSAS DE CONTRABANDO?
¿CONTRABANDO? ¡EL RÉGIMEN QUE YO REPRESENTO, ES ENEMIGO JURADO DEL CONTRABANDO!

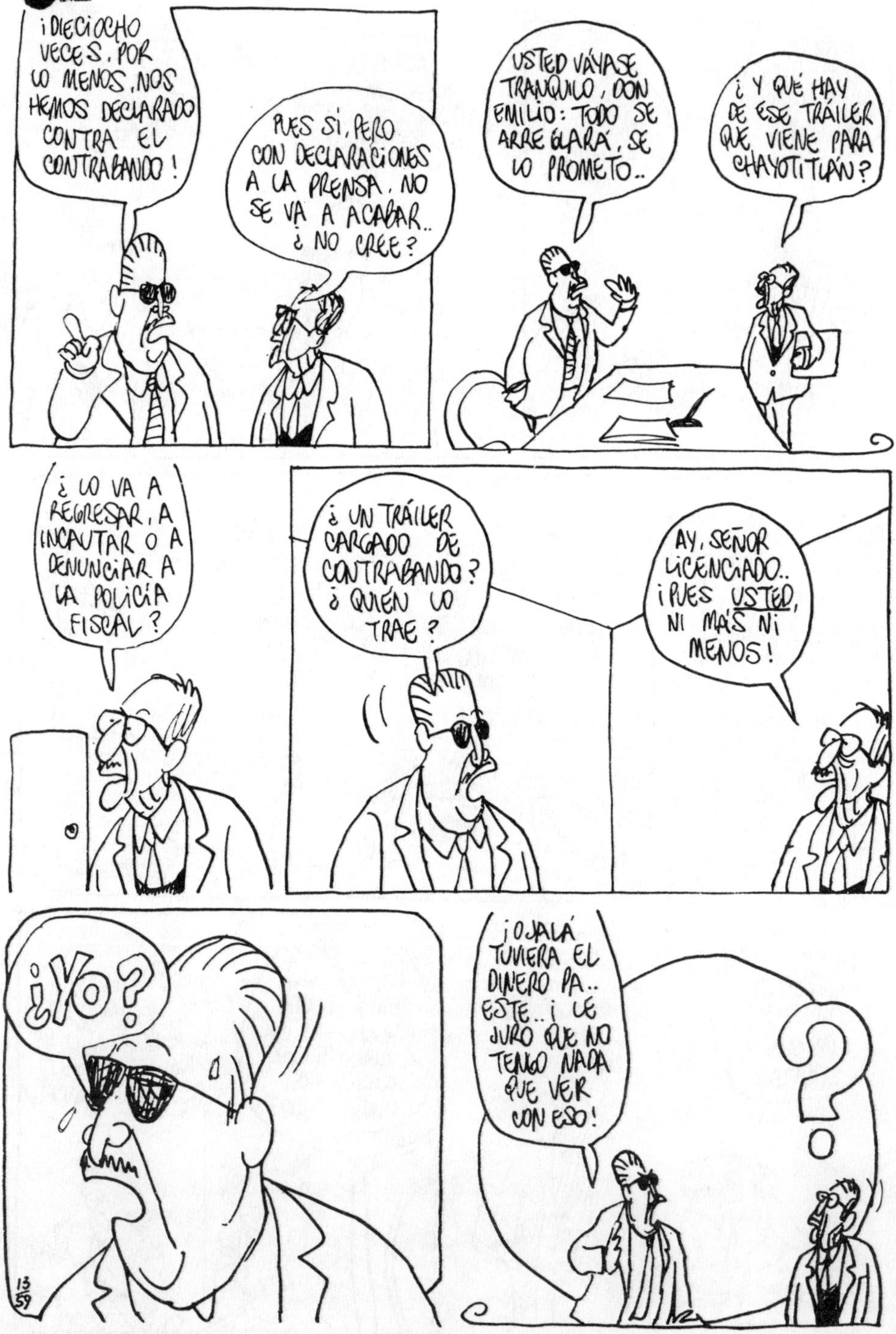
¡DIECIOCHO VECES, POR LO MENOS, NOS HEMOS DECLARADO CONTRA EL CONTRABANDO!
PUES SÍ, PERO CON DECLARACIONES A LA PRENSA, NO SE VA A ACABAR... ¿NO CREE?
USTED VÁYASE TRANQUILO, DON EMILIO: TODO SE ARREGLARÁ, SE LO PROMETO...
¿Y QUÉ HAY DE ESE TRÁILER QUE VIENE PARA CHAYOTITLÁN?
¿LO VA A REGRESAR, A INCAUTAR O A DENUNCIAR A LA POLICÍA FISCAL?
¿UN TRÁILER CARGADO DE CONTRABANDO? ¿QUIÉN LO TRAE?
AY, SEÑOR LICENCIADO... ¡PUES USTED, NI MÁS NI MENOS!
¿YO?
¡OJALÁ TUVIERA EL DINERO PA... ESTE... ¡LE JURO QUE NO TENGO NADA QUE VER CON ESO!
?
13
59

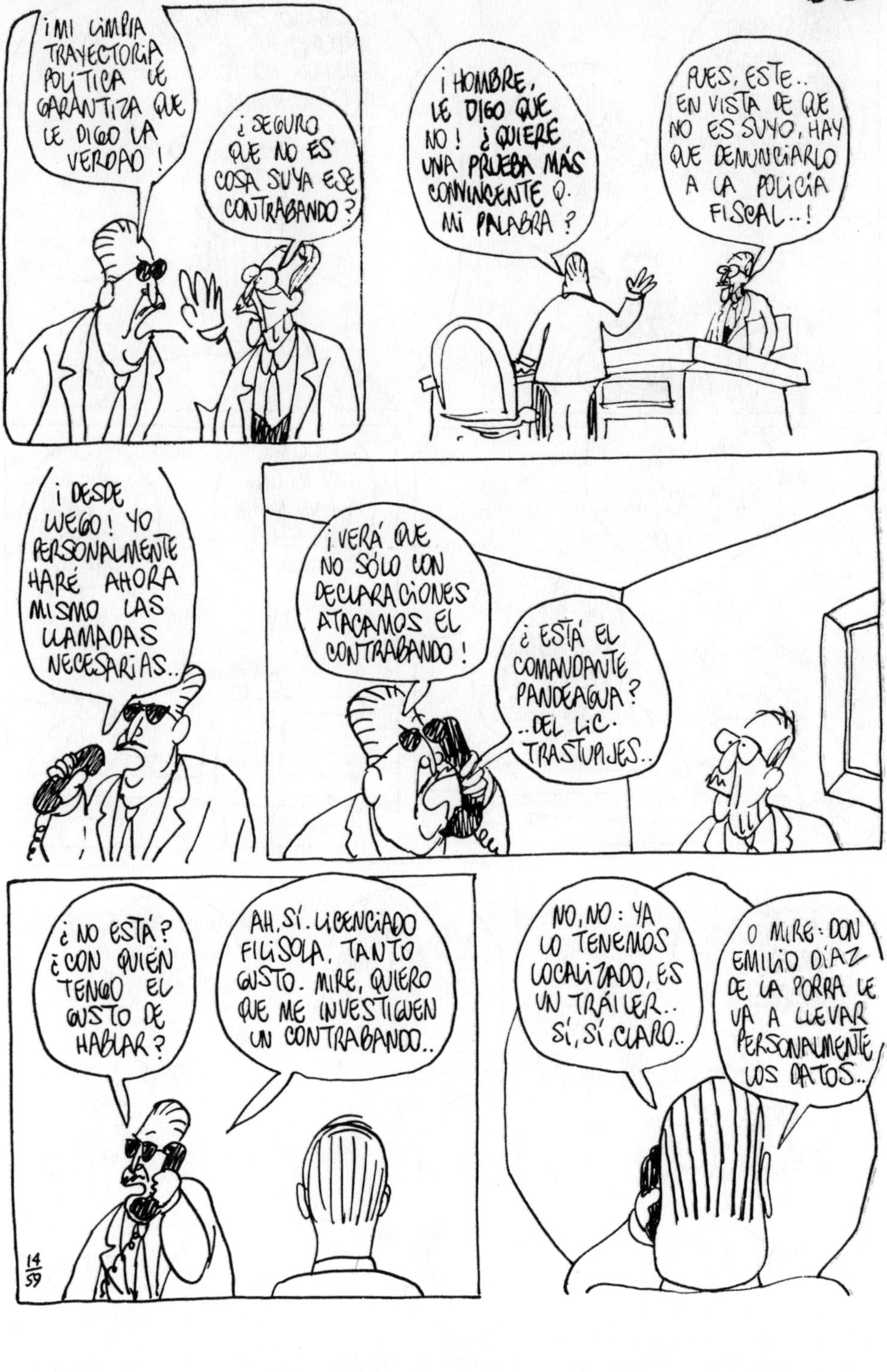
¡MI LIMPIA TRAYECTORIA POLÍTICA LE GARANTIZA QUE LE DIGO LA VERDAD!
¿SEGURO QUE NO ES COSA SUYA ESE CONTRABANDO?
¡HOMBRE, LE DIGO QUE NO! ¿QUIERE UNA PRUEBA MÁS CONVINCENTE Q. MI PALABRA?
PUES, ESTE.. EN VISTA DE QUE NO ES SUYO, HAY QUE DENUNCIARLO A LA POLICÍA FISCAL..!
¡DESDE LUEGO! YO PERSONALMENTE HARÉ AHORA MISMO LAS LLAMADAS NECESARIAS..
¡VERÁ QUE NO SÓLO CON DECLARACIONES ATACAMOS EL CONTRABANDO!
¿ESTÁ EL COMANDANTE PANDEAGUA? ..DEL LIC. TRASTUPIJES..
¿NO ESTÁ? ¿CON QUIÉN TENGO EL GUSTO DE HABLAR?
AH, SÍ. LICENCIADO FILISOLA, TANTO GUSTO. MIRE, QUIERO QUE ME INVESTIGUEN UN CONTRABANDO..
NO, NO: YA LO TENEMOS LOCALIZADO, ES UN TRÁILER.. SÍ, SÍ, CLARO..
O MIRE: DON EMILIO DÍAZ DE LA PORRA LE VA A LLEVAR PERSONALMENTE LOS DATOS..
14/59

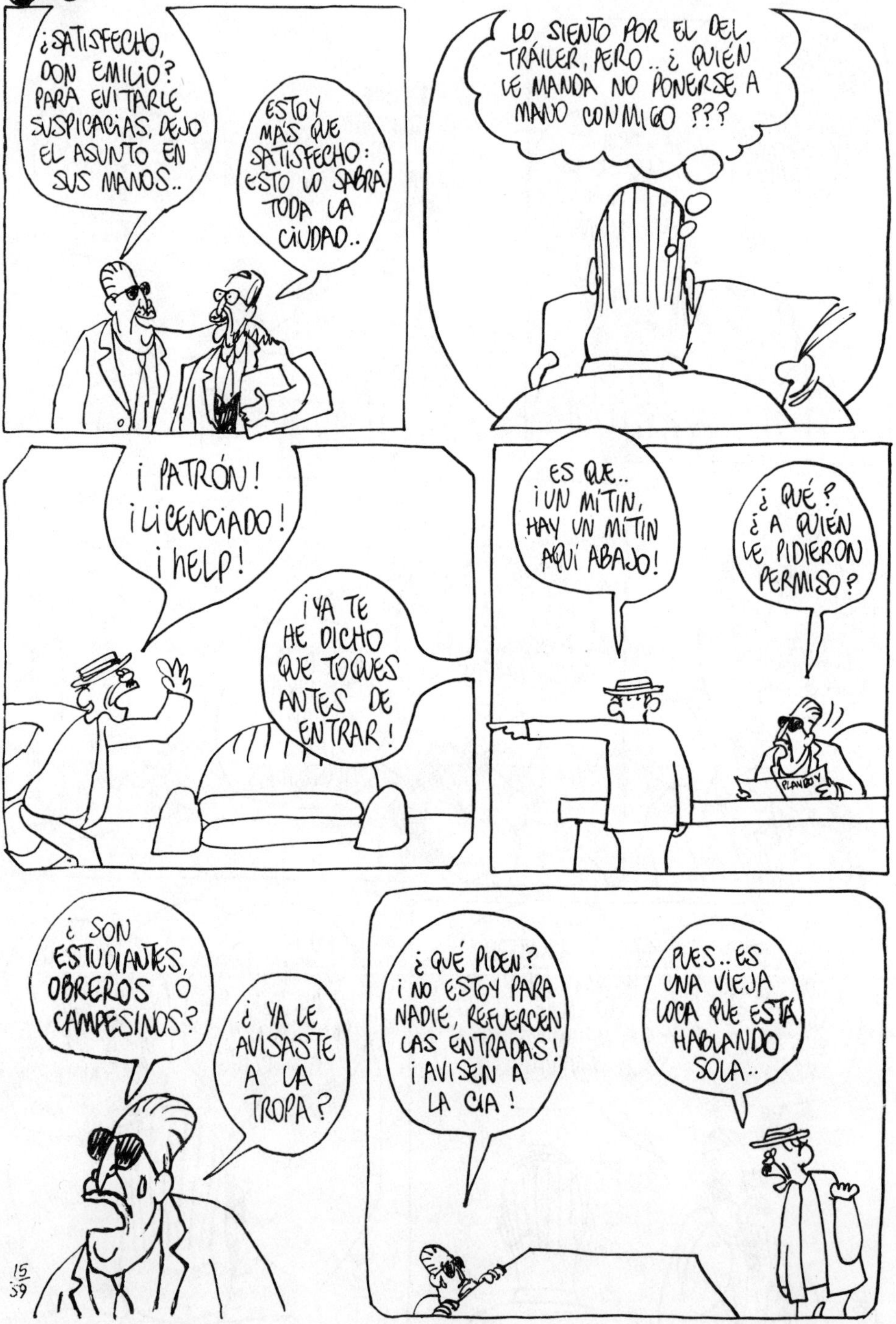
¿SATISFECHO, DON EMILIO? PARA EVITARLE SUSPICACIAS, DEJO EL ASUNTO EN SUS MANOS..
ESTOY MÁS QUE SATISFECHO: ESTO LO SABRÁ TODA LA CIUDAD..
LO SIENTO POR EL DEL TRÁILER, PERO.. ¿ QUIÉN LE MANDA NO PONERSE A MANO CONMIGO ???
¡ PATRÓN! ¡LICENCIADO! ¡HELP!
¡YA TE HE DICHO QUE TOQUES ANTES DE ENTRAR!
ES QUE.. ¡UN MITIN, HAY UN MITIN AQUÍ ABAJO!
¿ QUÉ ? ¿ A QUIÉN LE PIDIERON PERMISO ?
PLAYBOY
¿ SON ESTUDIANTES, OBREROS O CAMPESINOS?
¿ YA LE AVISASTE A LA TROPA ?
¿ QUÉ PIDEN ? ¡ NO ESTOY PARA NADIE, REFUERCEN LAS ENTRADAS! ¡AVISEN A LA CIA !
PUES.. ES UNA VIEJA LOCA QUE ESTÁ HABLANDO SOLA..

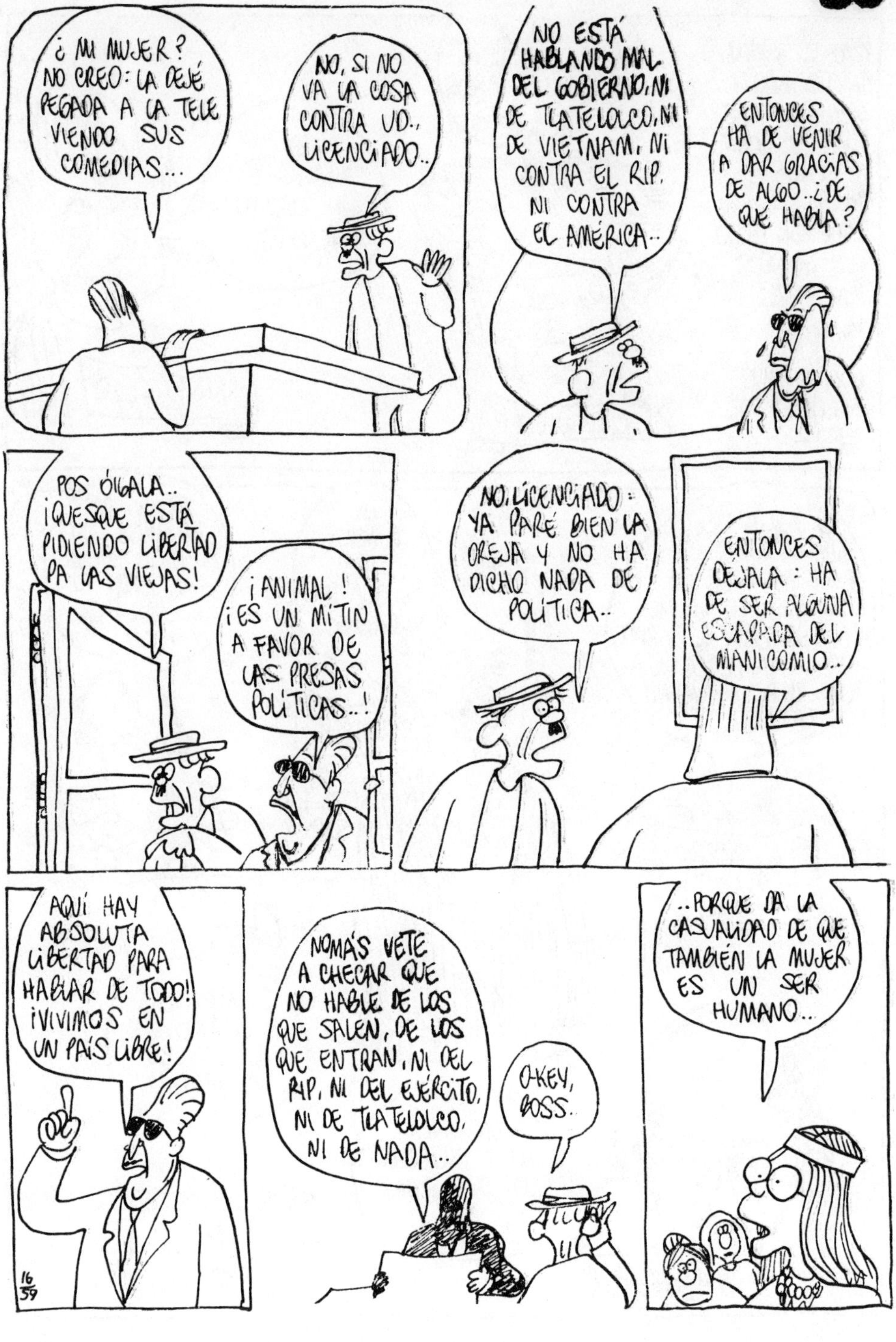
¿MI MUJER? NO CREO: LA DEJÉ PEGADA A LA TELE VIENDO SUS COMEDIAS...
NO, SI NO VA LA COSA CONTRA UD., LICENCIADO..
NO ESTÁ HABLANDO MAL DEL GOBIERNO, NI DE TLATELOLCO, NI DE VIETNAM, NI CONTRA EL RIP, NI CONTRA EL AMÉRICA..
ENTONCES HA DE VENIR A DAR GRACIAS DE ALGO.. ¿DE QUÉ HABLA?
POS ÓIGALA.. ¡QUESQUE ESTÁ PIDIENDO LIBERTAD PA LAS VIEJAS!
¡ANIMAL! ¡ES UN MITIN A FAVOR DE LAS PRESAS POLÍTICAS..!
NO, LICENCIADO: YA PARÉ BIEN LA OREJA Y NO HA DICHO NADA DE POLÍTICA..
ENTONCES DÉJALA: HA DE SER ALGUNA ESCAPADA DEL MANICOMIO..
AQUÍ HAY ABSOLUTA LIBERTAD PARA HABLAR DE TODO! ¡VIVIMOS EN UN PAÍS LIBRE!
NOMÁS VETE A CHECAR QUE NO HABLE DE LOS QUE SALEN, DE LOS QUE ENTRAN, NI DEL RIP, NI DEL EJÉRCITO, NI DE TLATELOLCO, NI DE NADA..
O-KEY, BOSS.
..PORQUE DA LA CASUALIDAD DE QUE TAMBIÉN LA MUJER ES UN SER HUMANO...
16/59

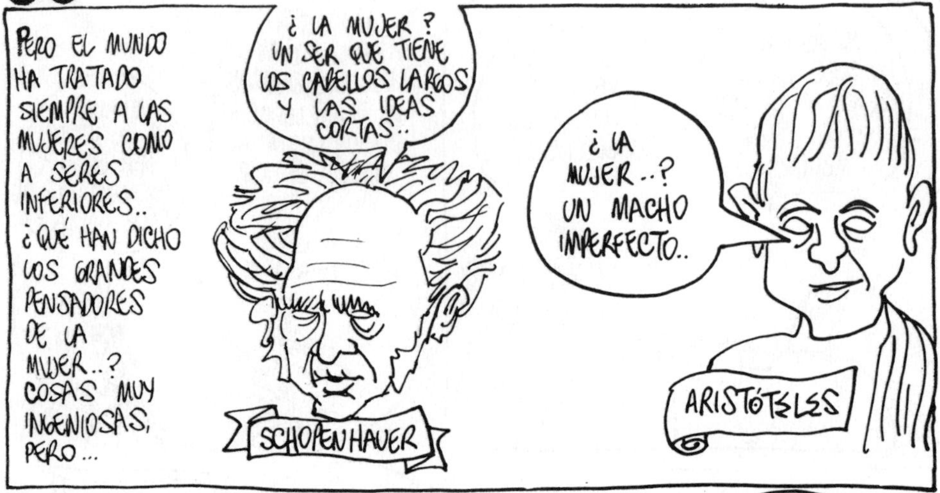
PERO EL MUNDO HA TRATADO SIEMPRE A LAS MUJERES COMO A SERES INFERIORES.. ¿QUÉ HAN DICHO LOS GRANDES PENSADORES DE LA MUJER..? COSAS MUY INGENIOSAS, PERO...
¿LA MUJER? UN SER QUE TIENE LOS CABELLOS LARGOS Y LAS IDEAS CORTAS..
SCHOPENHAUER
¿LA MUJER..? UN MACHO IMPERFECTO..
ARISTÓTELES

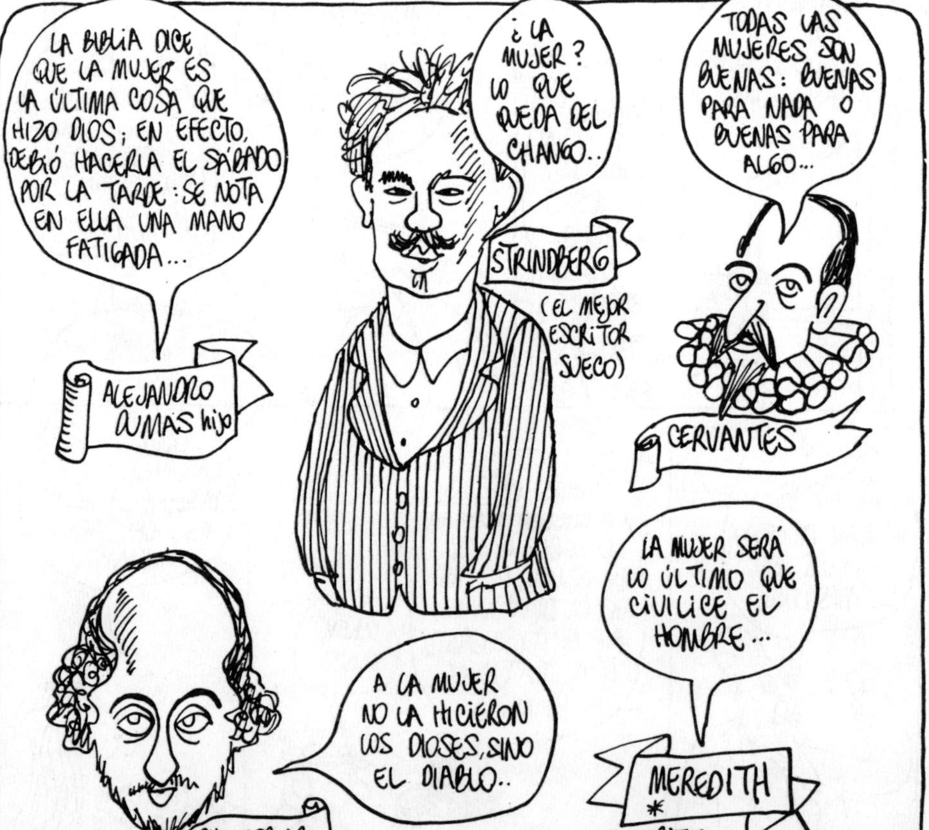
LA BIBLIA DICE QUE LA MUJER ES LA ÚLTIMA COSA QUE HIZO DIOS; EN EFECTO, DEBIÓ HACERLA EL SÁBADO POR LA TARDE: SE NOTA EN ELLA UNA MANO FATIGADA...
ALEJANDRO DUMAS hijo
¿LA MUJER? LO QUE QUEDA DEL CHANGO..
STRINDBERG
(EL MEJOR ESCRITOR SUECO)
TODAS LAS MUJERES SON BUENAS: BUENAS PARA NADA O BUENAS PARA ALGO...
CERVANTES
LA MUJER SERÁ LO ÚLTIMO QUE CIVILICE EL HOMBRE...
MEREDITH *
* ESCRITOR INGLÉS
A LA MUJER NO LA HICIERON LOS DIOSES, SINO EL DIABLO..
SHAKESPEARE

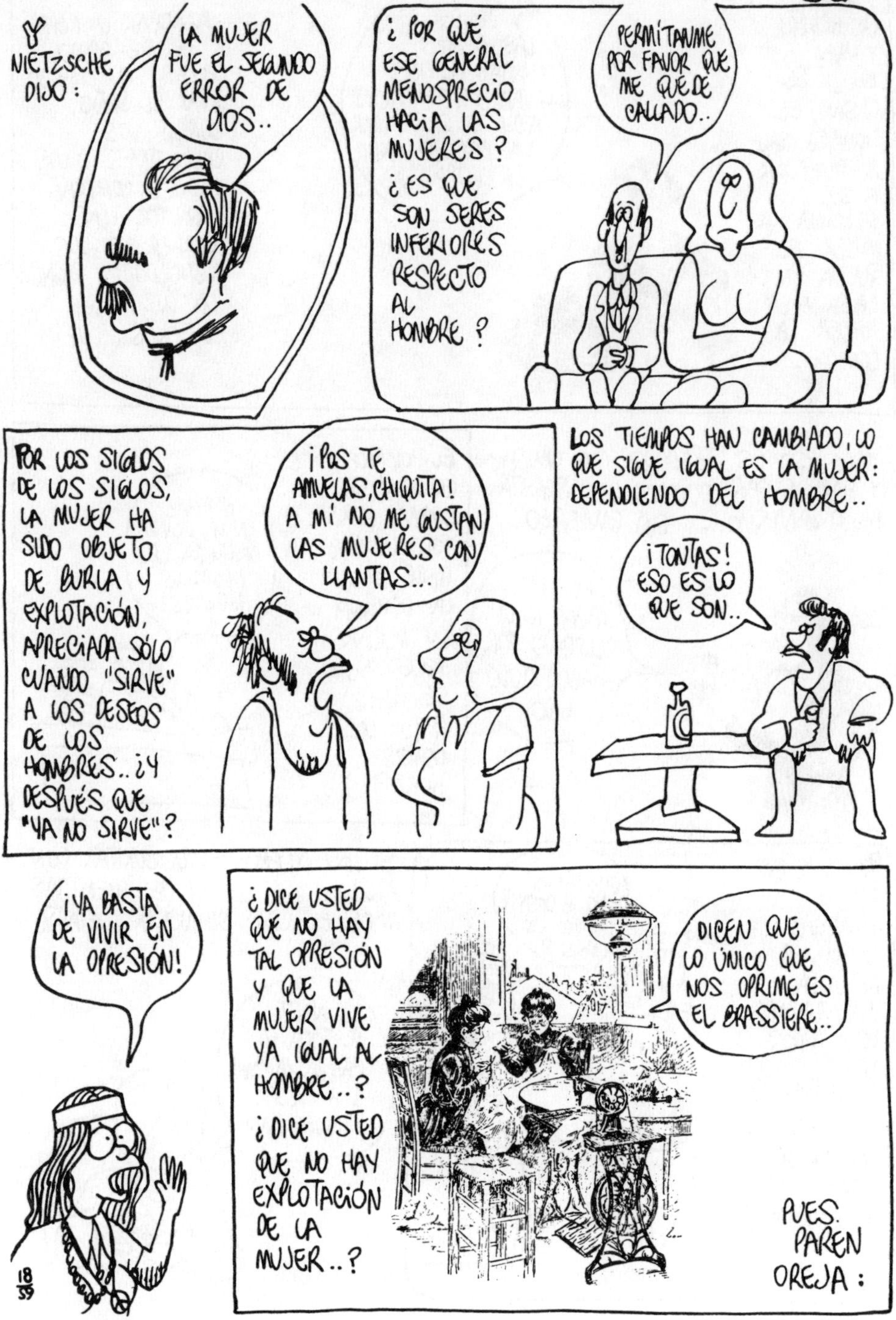
Y NIETZSCHE DIJO:
LA MUJER FUE EL SEGUNDO ERROR DE DIOS..
¿POR QUÉ ESE GENERAL MENOSPRECIO HACIA LAS MUJERES? ¿ES QUE SON SERES INFERIORES RESPECTO AL HOMBRE?
PERMÍTANME POR FAVOR QUE ME QUEDE CALLADO..
POR LOS SIGLOS DE LOS SIGLOS, LA MUJER HA SIDO OBJETO DE BURLA Y EXPLOTACIÓN, APRECIADA SÓLO CUANDO "SIRVE" A LOS DESEOS DE LOS HOMBRES..¿Y DESPUÉS QUE "YA NO SIRVE"?
¡POS TE AMUELAS, CHIQUITA! A MÍ NO ME GUSTAN LAS MUJERES CON LLANTAS...
LOS TIEMPOS HAN CAMBIADO, LO QUE SIGUE IGUAL ES LA MUJER: DEPENDIENDO DEL HOMBRE..
¡TONTAS! ESO ES LO QUE SON..
¡YA BASTA DE VIVIR EN LA OPRESIÓN!
¿DICE USTED QUE NO HAY TAL OPRESIÓN Y QUE LA MUJER VIVE YA IGUAL AL HOMBRE..?
¿DICE USTED QUE NO HAY EXPLOTACIÓN DE LA MUJER..?
DICEN QUE LO ÚNICO QUE NOS OPRIME ES EL BRASSIERE..
PUES. PAREN OREJA:

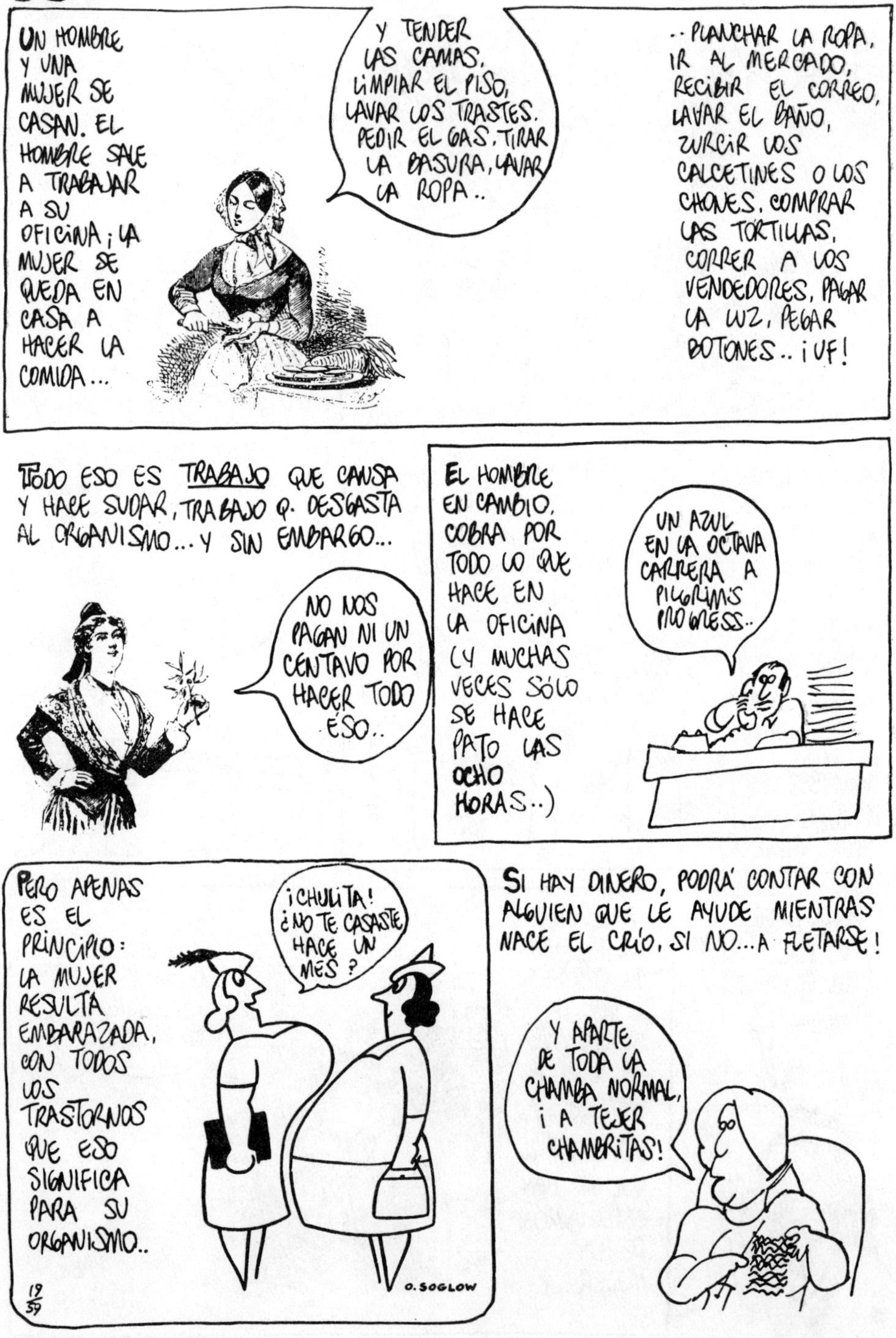
UN HOMBRE Y UNA MUJER SE CASAN. EL HOMBRE SALE A TRABAJAR A SU OFICINA; LA MUJER SE QUEDA EN CASA A HACER LA COMIDA...
Y TENDER LAS CAMAS, LIMPIAR EL PISO, LAVAR LOS TRASTES, PEDIR EL GAS, TIRAR LA BASURA, LAVAR LA ROPA..
..PLANCHAR LA ROPA, IR AL MERCADO, RECIBIR EL CORREO, LAVAR EL BAÑO, ZURCIR LOS CALCETINES O LOS CHONES, COMPRAR LAS TORTILLAS, CORRER A LOS VENDEDORES, PAGAR LA LUZ, PEGAR BOTONES.. ¡UF!
TODO ESO ES TRABAJO QUE CANSA Y HACE SUDAR, TRABAJO Q. DESGASTA AL ORGANISMO... Y SIN EMBARGO...
NO NOS PAGAN NI UN CENTAVO POR HACER TODO ESO..
EL HOMBRE EN CAMBIO, COBRA POR TODO LO QUE HACE EN LA OFICINA (Y MUCHAS VECES SÓLO SE HACE PATO LAS OCHO HORAS..)
UN AZUL EN LA OCTAVA CARRERA A PILGRIM'S PROGRESS..
PERO APENAS ES EL PRINCIPIO: LA MUJER RESULTA EMBARAZADA, CON TODOS LOS TRASTORNOS QUE ESO SIGNIFICA PARA SU ORGANISMO..
¡CHULITA! ¿NO TE CASASTE HACE UN MES?
O. SOGLOW
19 57
SI HAY DINERO, PODRÁ CONTAR CON ALGUIEN QUE LE AYUDE MIENTRAS NACE EL CRÍO, SI NO... A FLETARSE!
Y APARTE DE TODA LA CHAMBA NORMAL, ¡A TEJER CHAMBRITAS!

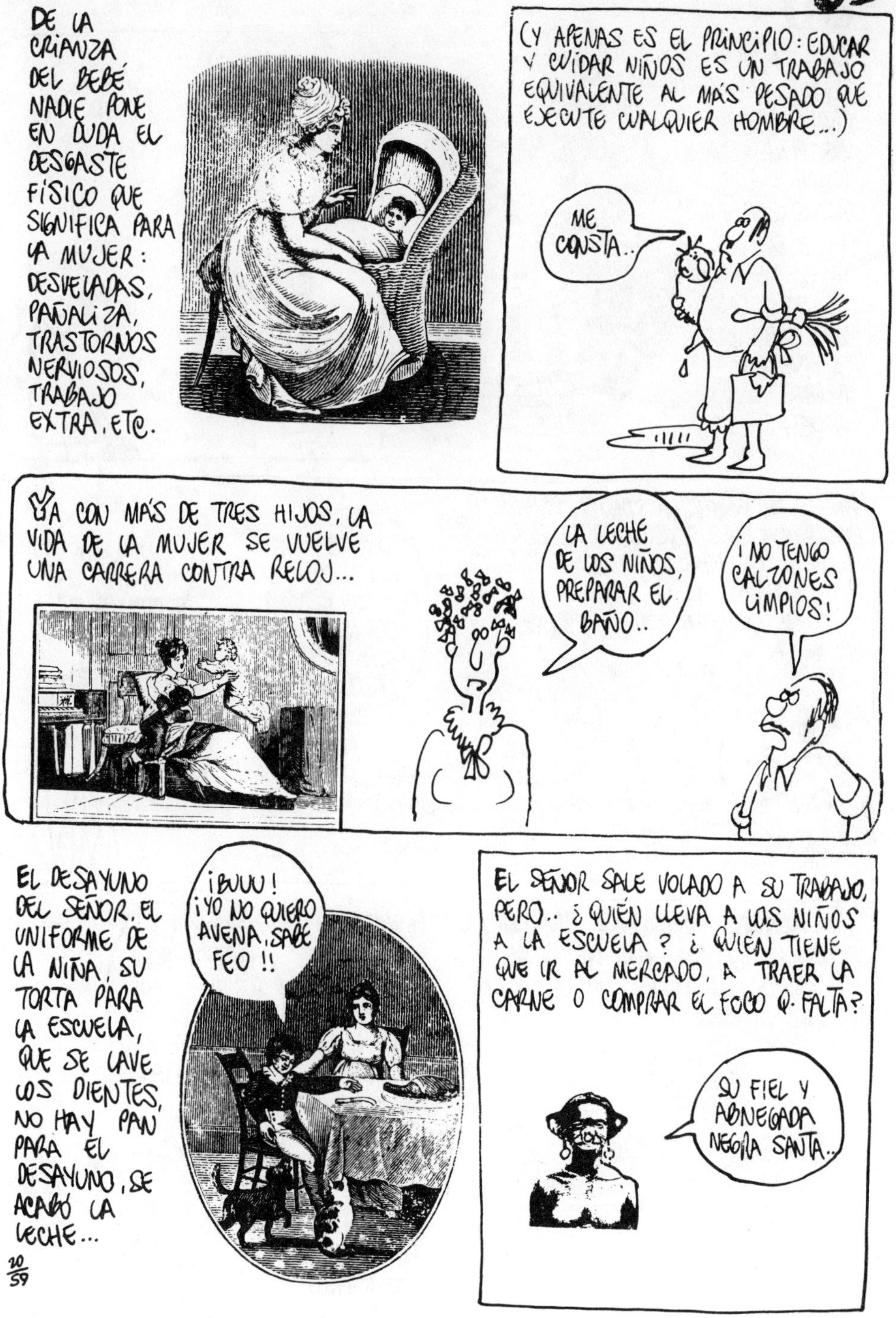
DE LA CRIANZA DEL BEBÉ NADIE PONE EN DUDA EL DESGASTE FÍSICO QUE SIGNIFICA PARA LA MUJER: DESVELADAS, PAÑALIZA, TRASTORNOS NERVIOSOS, TRABAJO EXTRA, ETC.
(Y APENAS ES EL PRINCIPIO: EDUCAR Y CUIDAR NIÑOS ES UN TRABAJO EQUIVALENTE AL MÁS PESADO QUE EJECUTE CUALQUIER HOMBRE...)
ME CONSTA...
YA CON MÁS DE TRES HIJOS, LA VIDA DE LA MUJER SE VUELVE UNA CARRERA CONTRA RELOJ...
LA LECHE DE LOS NIÑOS, PREPARAR EL BAÑO..
¡NO TENGO CALZONES LIMPIOS!
EL DESAYUNO DEL SEÑOR, EL UNIFORME DE LA NIÑA, SU TORTA PARA LA ESCUELA, QUE SE LAVE LOS DIENTES, NO HAY PAN PARA EL DESAYUNO, SE ACABÓ LA LECHE...
¡BUUU! ¡YO NO QUIERO AVENA, SABE FEO!!
EL SEÑOR SALE VOLADO A SU TRABAJO, PERO.. ¿QUIÉN LLEVA A LOS NIÑOS A LA ESCUELA? ¿QUIÉN TIENE QUE IR AL MERCADO, A TRAER LA CARNE O COMPRAR EL FOCO Q. FALTA?
SU FIEL Y ABNEGADA NEGRA SANTA...

20/59

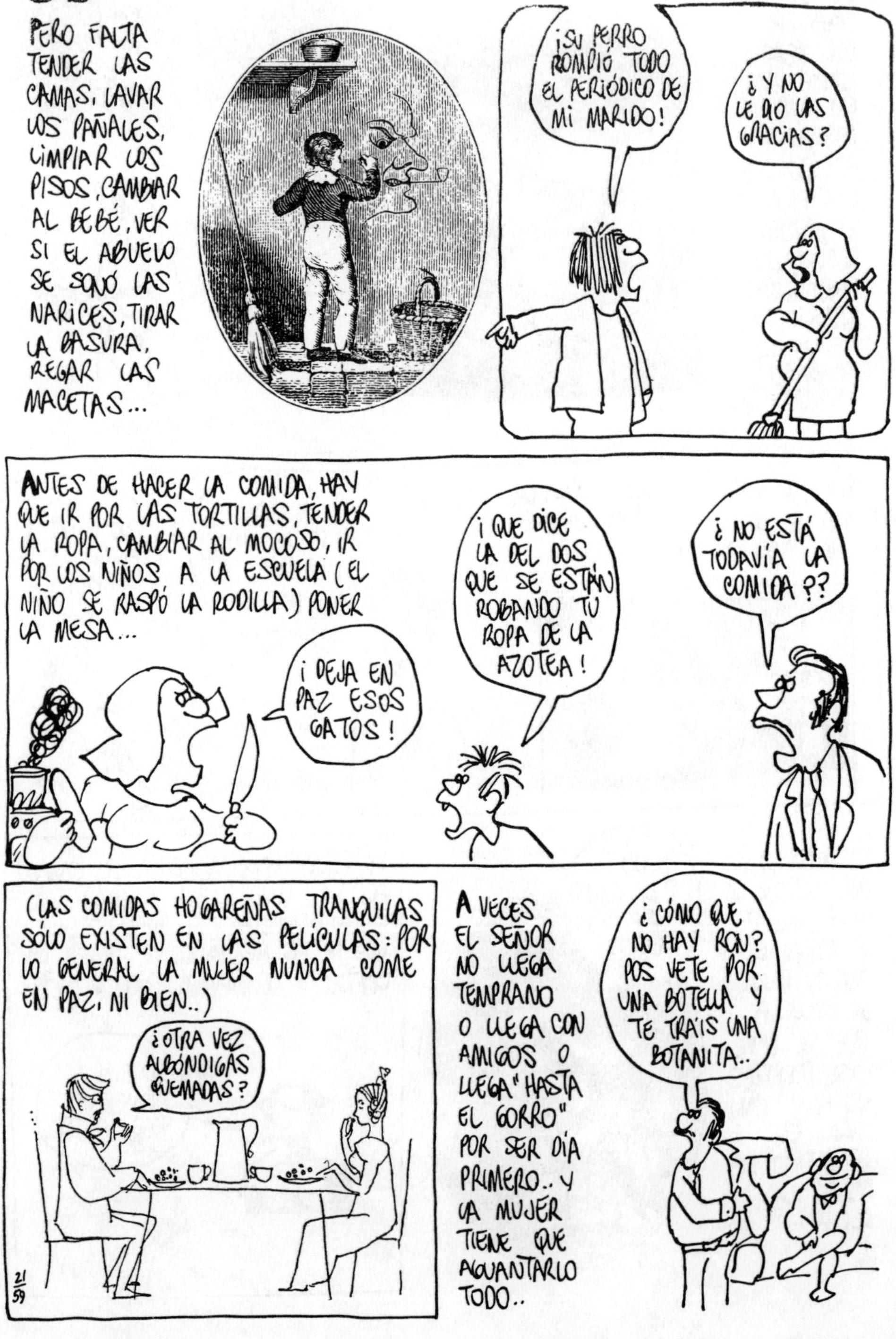
PERO FALTA TENDER LAS CAMAS, LAVAR LOS PAÑALES, LIMPIAR LOS PISOS, CAMBIAR AL BEBÉ, VER SI EL ABUELO SE SONÓ LAS NARICES, TIRAR LA BASURA, REGAR LAS MACETAS...
¡SU PERRO ROMPIÓ TODO EL PERIÓDICO DE MI MARIDO!
¿Y NO LE DIO LAS GRACIAS?
ANTES DE HACER LA COMIDA, HAY QUE IR POR LAS TORTILLAS, TENDER LA ROPA, CAMBIAR AL MOCOSO, IR POR LOS NIÑOS A LA ESCUELA (EL NIÑO SE RASPÓ LA RODILLA) PONER LA MESA...
¡DEJA EN PAZ ESOS GATOS!
¡QUE DICE LA DEL DOS QUE SE ESTÁN ROBANDO TU ROPA DE LA AZOTEA!
¿NO ESTÁ TODAVÍA LA COMIDA??
(LAS COMIDAS HOGAREÑAS TRANQUILAS SÓLO EXISTEN EN LAS PELÍCULAS: POR LO GENERAL LA MUJER NUNCA COME EN PAZ, NI BIEN..)
¿OTRA VEZ ALBÓNDIGAS QUEMADAS?
21/59
A VECES EL SEÑOR NO LLEGA TEMPRANO O LLEGA CON AMIGOS O LLEGA "HASTA EL GORRO" POR SER DÍA PRIMERO.. Y LA MUJER TIENE QUE AGUANTARLO TODO..
¿CÓMO QUE NO HAY RON? POS VETE POR UNA BOTELLA Y TE TRAÍS UNA BOTANITA..

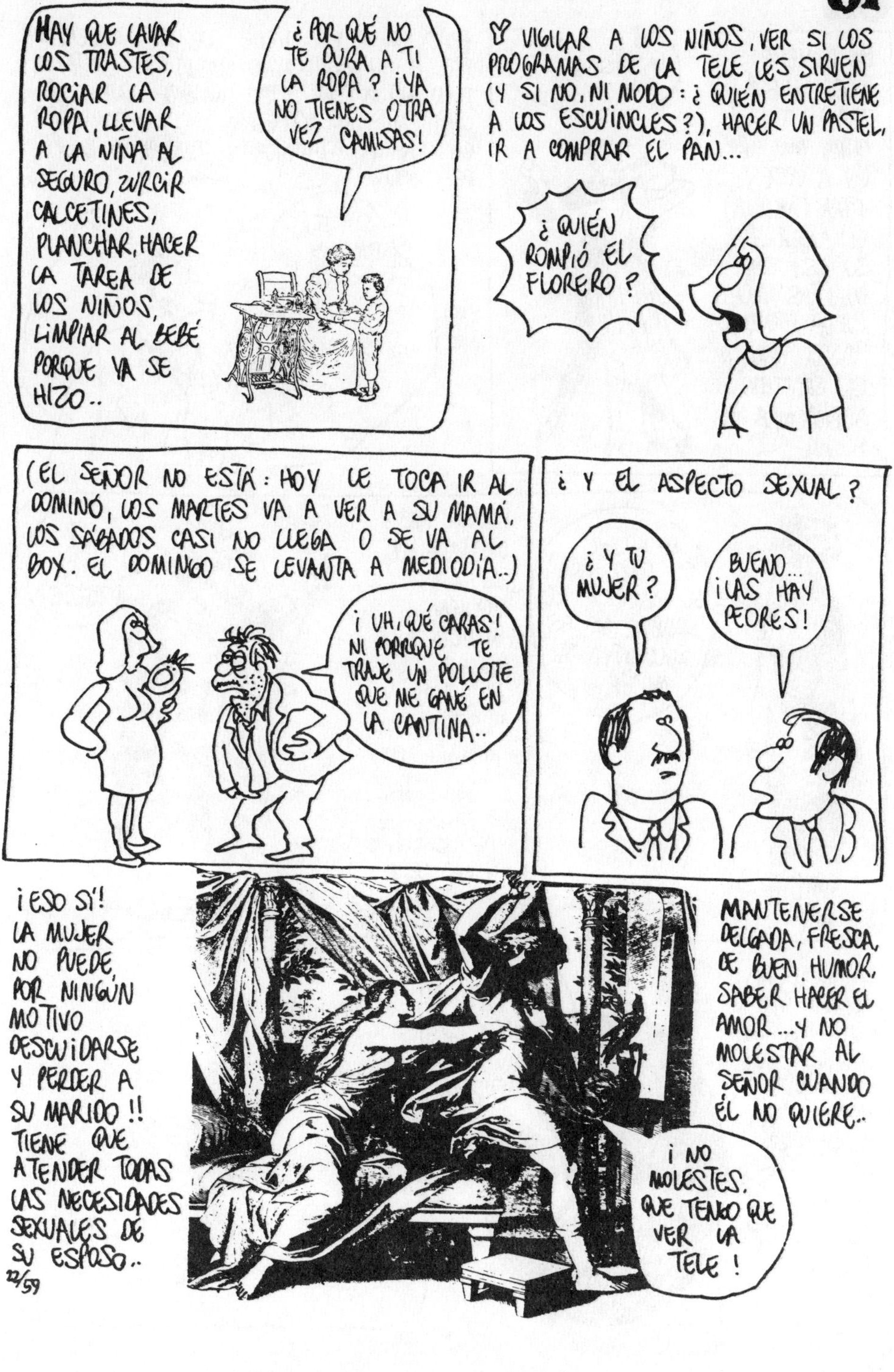
HAY QUE LAVAR LOS TRASTES, ROCIAR LA ROPA, LLEVAR A LA NIÑA AL SEGURO, ZURCIR CALCETINES, PLANCHAR, HACER LA TAREA DE LOS NIÑOS, LIMPIAR AL BEBÉ PORQUE YA SE HIZO..
¿POR QUÉ NO TE DURA A TI LA ROPA? ¡YA NO TIENES OTRA VEZ CAMISAS!
Y VIGILAR A LOS NIÑOS, VER SI LOS PROGRAMAS DE LA TELE LES SIRVEN (Y SI NO, NI MODO: ¿QUIÉN ENTRETIENE A LOS ESCUINCLES?), HACER UN PASTEL, IR A COMPRAR EL PAN...
¿QUIÉN ROMPIÓ EL FLORERO?
(EL SEÑOR NO ESTÁ: HOY LE TOCA IR AL DOMINÓ, LOS MARTES VA A VER A SU MAMÁ, LOS SÁBADOS CASI NO LLEGA O SE VA AL BOX. EL DOMINGO SE LEVANTA A MEDIODÍA..)
¡UH, QUÉ CARAS! NI PORQUE TE TRAJE UN POLLOTE QUE ME GANÉ EN LA CANTINA..
¿Y EL ASPECTO SEXUAL?
¿Y TU MUJER?
BUENO... ¡LAS HAY PEORES!
¡ESO SÍ! LA MUJER NO PUEDE, POR NINGÚN MOTIVO DESCUIDARSE Y PERDER A SU MARIDO!! TIENE QUE ATENDER TODAS LAS NECESIDADES SEXUALES DE SU ESPOSO..
22/59
MANTENERSE DELGADA, FRESCA, DE BUEN HUMOR, SABER HACER EL AMOR ...Y NO MOLESTAR AL SEÑOR CUANDO ÉL NO QUIERE..
¡NO MOLESTES, QUE TENGO QUE VER LA TELE!

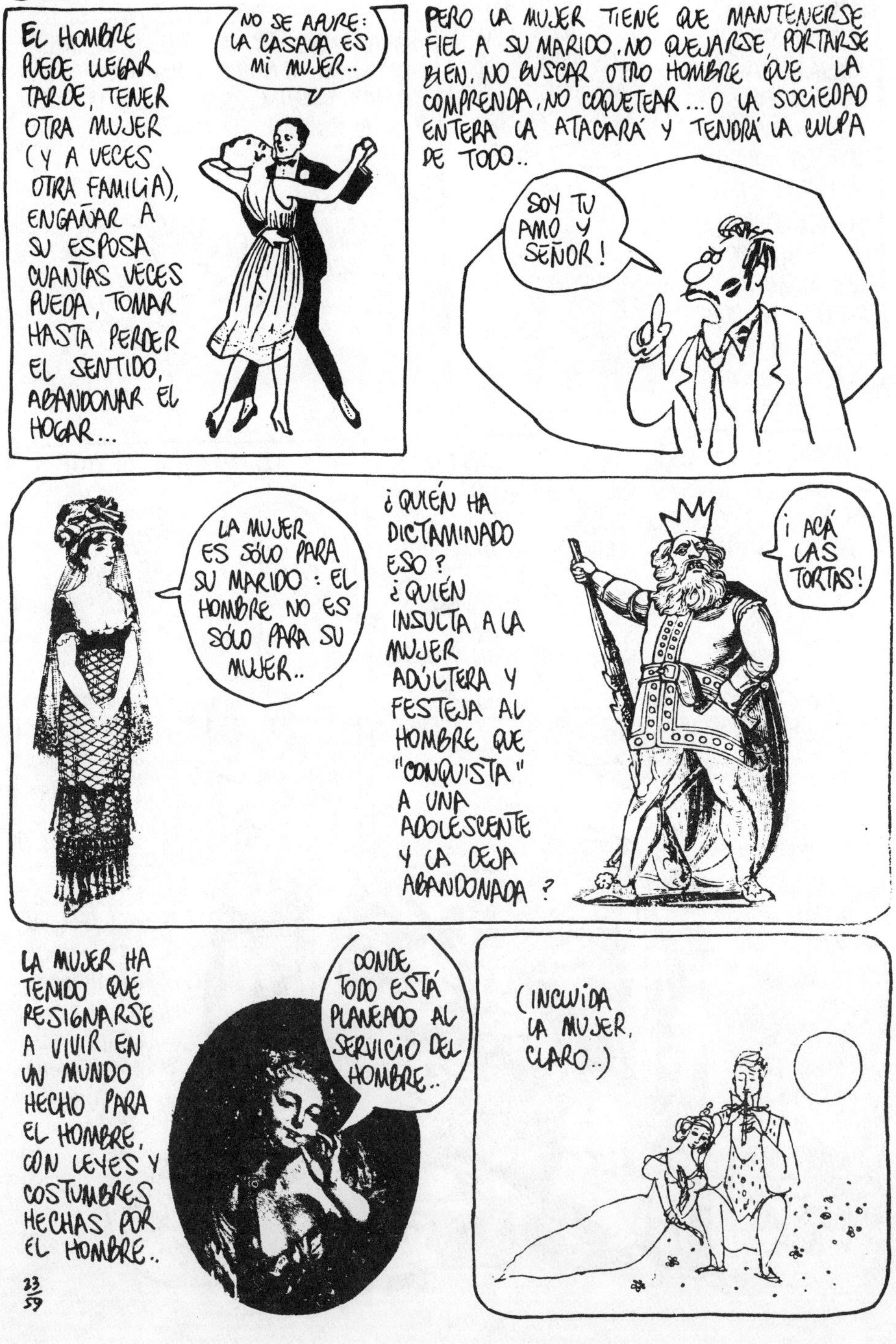
EL HOMBRE PUEDE LLEGAR TARDE, TENER OTRA MUJER (Y A VECES OTRA FAMILIA), ENGAÑAR A SU ESPOSA CUANTAS VECES PUEDA, TOMAR HASTA PERDER EL SENTIDO, ABANDONAR EL HOGAR...
NO SE APURE: LA CASADA ES MI MUJER..
PERO LA MUJER TIENE QUE MANTENERSE FIEL A SU MARIDO. NO QUEJARSE, PORTARSE BIEN. NO BUSCAR OTRO HOMBRE QUE LA COMPRENDA. NO COQUETEAR... O LA SOCIEDAD ENTERA LA ATACARÁ Y TENDRÁ LA CULPA DE TODO..
SOY TU AMO Y SEÑOR!
LA MUJER ES SÓLO PARA SU MARIDO: EL HOMBRE NO ES SÓLO PARA SU MUJER..
¿QUIÉN HA DICTAMINADO ESO? ¿QUIÉN INSULTA A LA MUJER ADÚLTERA Y FESTEJA AL HOMBRE QUE "CONQUISTA" A UNA ADOLESCENTE Y LA DEJA ABANDONADA?
¡ACÁ LAS TORTAS!
LA MUJER HA TENIDO QUE RESIGNARSE A VIVIR EN UN MUNDO HECHO PARA EL HOMBRE, CON LEYES Y COSTUMBRES HECHAS POR EL HOMBRE..
DONDE TODO ESTÁ PLANEADO AL SERVICIO DEL HOMBRE..
(INCLUIDA LA MUJER, CLARO..)
23/59

DONDE HASTA LO QUE VISTE LA MUJER LO DECIDE EL HOMBRE...

UN MUNDO DONDE EL HOMBRE LE HA RESERVADO A LA MUJER LOS OFICIOS MÁS HUMILLANTES

...DESDE LIMPIAR LO SUCIO HASTA VENDERSE...

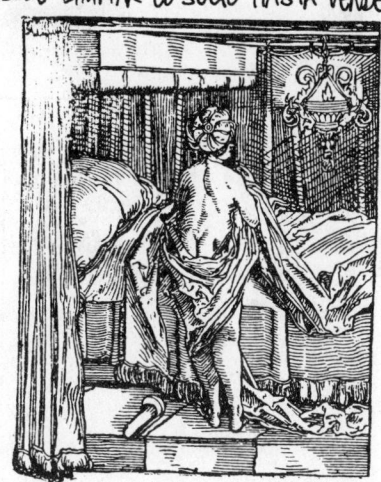

DONDE EL MISMO TRABAJO HECHO POR UN HOMBRE Y UNA MUJER, SE LE PAGA MEJOR AL HOMBRE QUE A LA MUJER...

CON SUS EXCEPCIONES, CLARO..

DONDE LA EDUCACIÓN QUE SE LE DA A LA MUJER, ESTÁ PLANEADA PARA SERVIR AL HOMBRE...

DIOS HIZO A LA MUJER DE UNA COSTILLA DE ADÁN..

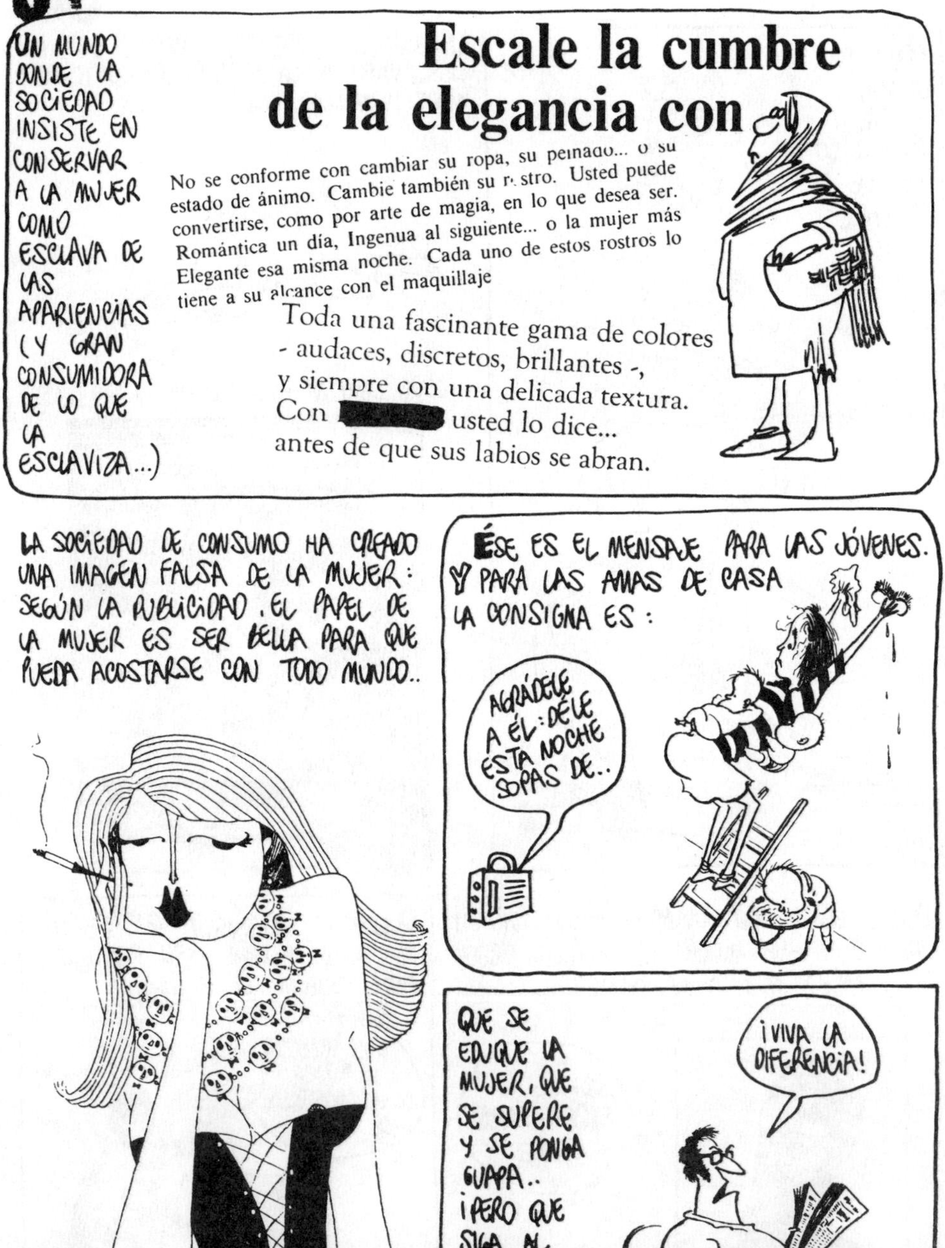
UN MUNDO DONDE LA SOCIEDAD INSISTE EN CONSERVAR A LA MUJER COMO ESCLAVA DE LAS APARIENCIAS (Y GRAN CONSUMIDORA DE LO QUE LA ESCLAVIZA...)
Escale la cumbre de la elegancia con
No se conforme con cambiar su ropa, su peinado... o su estado de ánimo. Cambie también su rostro. Usted puede convertirse, como por arte de magia, en lo que desea ser. Romántica un día, Ingenua al siguiente... o la mujer más Elegante esa misma noche. Cada uno de estos rostros lo tiene a su alcance con el maquillaje
Toda una fascinante gama de colores - audaces, discretos, brillantes -, y siempre con una delicada textura. Con [redacted] usted lo dice... antes de que sus labios se abran.
LA SOCIEDAD DE CONSUMO HA CREADO UNA IMAGEN FALSA DE LA MUJER: SEGÚN LA PUBLICIDAD, EL PAPEL DE LA MUJER ES SER BELLA PARA QUE PUEDA ACOSTARSE CON TODO MUNDO..
ÉSE ES EL MENSAJE PARA LAS JÓVENES. Y PARA LAS AMAS DE CASA LA CONSIGNA ES:
AGRÁDELE A ÉL: DÉLE ESTA NOCHE SOPAS DE..
QUE SE EDUQUE LA MUJER, QUE SE SUPERE Y SE PONGA GUAPA.. ¡PERO QUE SIGA AL SERVICIO DEL HOMBRE!
¡VIVA LA DIFERENCIA!

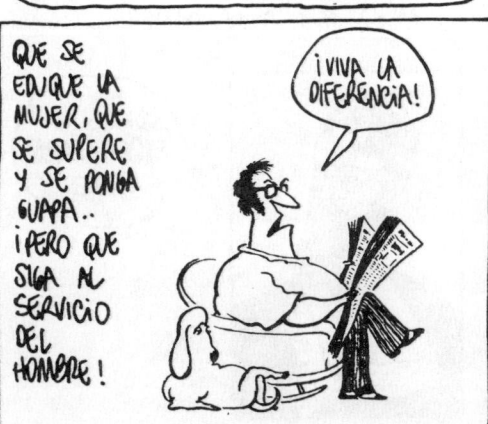

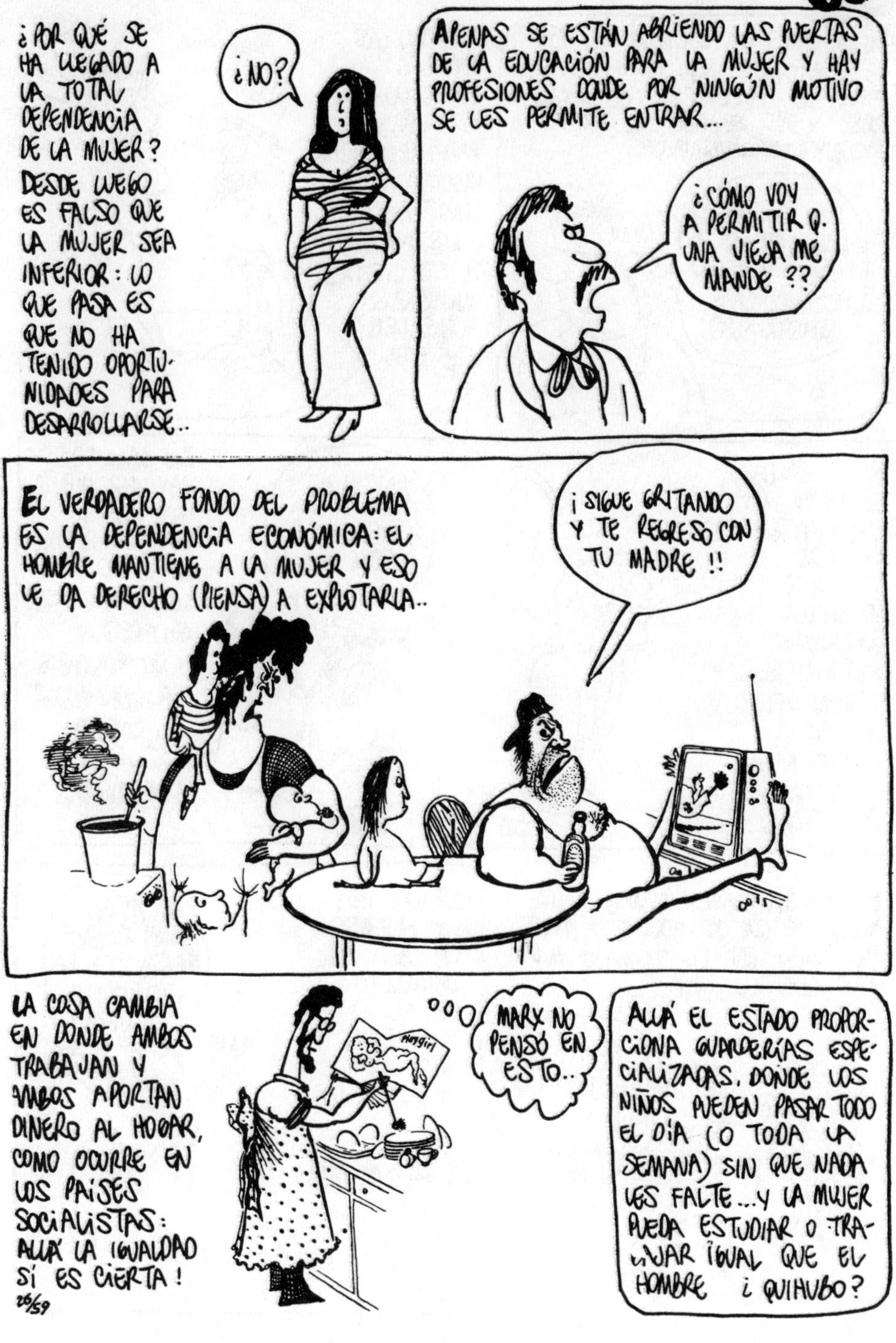
¿POR QUÉ SE HA LLEGADO A LA TOTAL DEPENDENCIA DE LA MUJER? DESDE LUEGO ES FALSO QUE LA MUJER SEA INFERIOR: LO QUE PASA ES QUE NO HA TENIDO OPORTUNIDADES PARA DESARROLLARSE...
¿NO?
APENAS SE ESTÁN ABRIENDO LAS PUERTAS DE LA EDUCACIÓN PARA LA MUJER Y HAY PROFESIONES DONDE POR NINGÚN MOTIVO SE LES PERMITE ENTRAR...
¿CÓMO VOY A PERMITIR Q. UNA VIEJA ME MANDE??
EL VERDADERO FONDO DEL PROBLEMA ES LA DEPENDENCIA ECONÓMICA: EL HOMBRE MANTIENE A LA MUJER Y ESO LE DA DERECHO (PIENSA) A EXPLOTARLA...
¡SIGUE GRITANDO Y TE REGRESO CON TU MADRE!!
LA COSA CAMBIA EN DONDE AMBOS TRABAJAN Y AMBOS APORTAN DINERO AL HOGAR, COMO OCURRE EN LOS PAISES SOCIALISTAS: ALLÁ LA IGUALDAD SÍ ES CIERTA!
Playgirl
MARX NO PENSÓ EN ESTO...
ALLÁ EL ESTADO PROPORCIONA GUARDERÍAS ESPECIALIZADAS, DONDE LOS NIÑOS PUEDEN PASAR TODO EL DÍA (O TODA LA SEMANA) SIN QUE NADA LES FALTE... Y LA MUJER PUEDA ESTUDIAR O TRABAJAR IGUAL QUE EL HOMBRE ¿QUIHUBO?

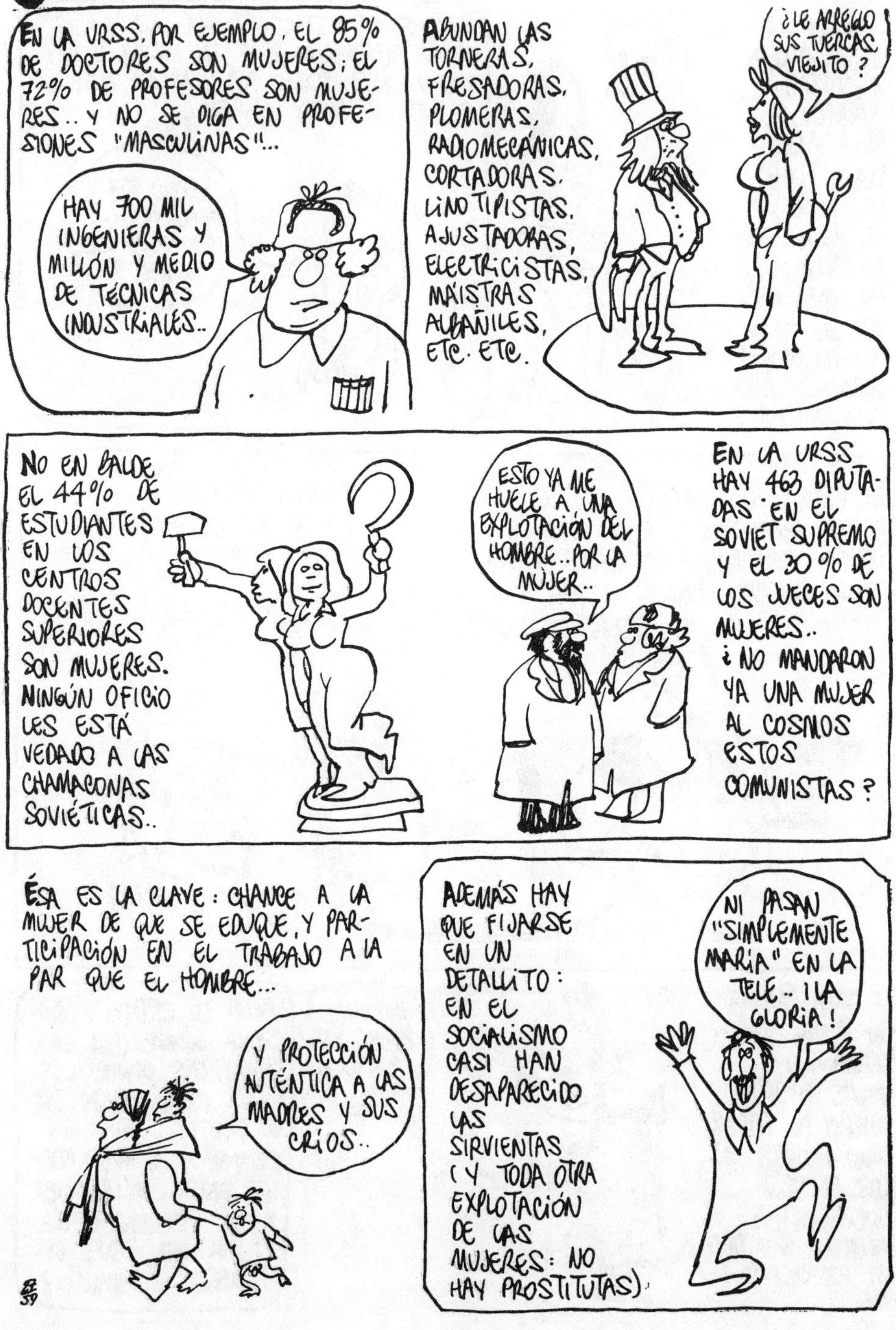
EN LA URSS, POR EJEMPLO, EL 85% DE DOCTORES SON MUJERES; EL 72% DE PROFESORES SON MUJERES.. Y NO SE DIGA EN PROFESIONES "MASCULINAS"...
HAY 700 MIL INGENIERAS Y MILLÓN Y MEDIO DE TÉCNICAS INDUSTRIALES..
ABUNDAN LAS TORNERAS, FRESADORAS, PLOMERAS, RADIOMECÁNICAS, CORTADORAS, LINOTIPISTAS, AJUSTADORAS, ELECTRICISTAS, MAISTRAS ALBAÑILES, ETC. ETC.
¿LE ARREGLO SUS TUERCAS VIEJITO?
NO EN BALDE EL 44% DE ESTUDIANTES EN LOS CENTROS DOCENTES SUPERIORES SON MUJERES. NINGÚN OFICIO LES ESTÁ VEDADO A LAS CHAMACONAS SOVIÉTICAS..
ESTO YA ME HUELE A UNA EXPLOTACIÓN DEL HOMBRE.. POR LA MUJER..
EN LA URSS HAY 463 DIPUTADAS EN EL SOVIET SUPREMO Y EL 30% DE LOS JUECES SON MUJERES..
¿NO MANDARON YA UNA MUJER AL COSMOS ESTOS COMUNISTAS?
ÉSA ES LA CLAVE: CHANCE A LA MUJER DE QUE SE EDUQUE, Y PARTICIPACIÓN EN EL TRABAJO A LA PAR QUE EL HOMBRE...
Y PROTECCIÓN AUTÉNTICA A LAS MADRES Y SUS CRÍOS..
ADEMÁS HAY QUE FIJARSE EN UN DETALLITO: EN EL SOCIALISMO CASI HAN DESAPARECIDO LAS SIRVIENTAS (Y TODA OTRA EXPLOTACIÓN DE LAS MUJERES: NO HAY PROSTITUTAS)
NI PASAN "SIMPLEMENTE MARÍA" EN LA TELE.. ¡LA GLORIA!

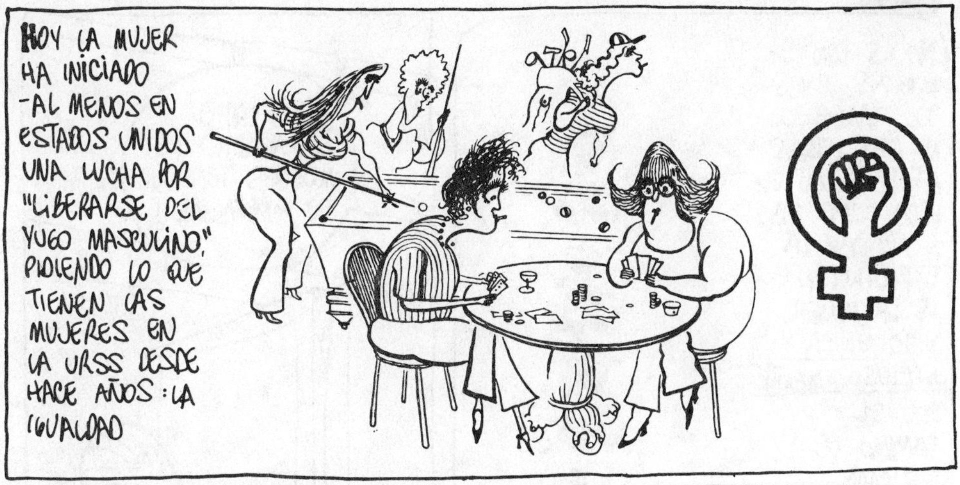
HOY LA MUJER HA INICIADO -AL MENOS EN ESTADOS UNIDOS UNA LUCHA POR "LIBERARSE DEL YUGO MASCULINO" PIDIENDO LO QUE TIENEN LAS MUJERES EN LA URSS DESDE HACE AÑOS: LA IGUALDAD

Las Evas de Austin Requiebran a los Jóvenes Como "Objeto Sexual"

AUSTIN, Texas, 25 de septiembre. (AFP)— Las estudiantes texanas del Movimiento de Liberación de la Mujer sometieron el jueves a sus compañeros varones al tratamiento del que, habitualmente, son "víctimas" ellas y "verdugos" ellos.

Una doble fila de muchachas burlonas comentaba el paso de cada universitario con expresiones como:

—¡Qué bien estás moreno..!

—¡Eso son piernas y no las de mi suegro!

—¡Qué te muerdo, picarón!

—¿Dime, chico, duermes en casa de papito o te das una vuelta por mi piso?

Algunas entusiastas llegaron a pellizcar las asentaderas de los varones, mientras sus compañeras lanzaban admirativos silbidos.

El Movimiento de Liberación de la Mujer había declarado la jornada "Día del Hombre-Objeto Sexual".

La consigna era: "hagan comprender al hombre que también él puede ser tratado como tal objeto". "Tal vez así comiencen a comprender lo que nosotras sentimos cada día cuando nos tratan del mismo modo", explicó una militante.

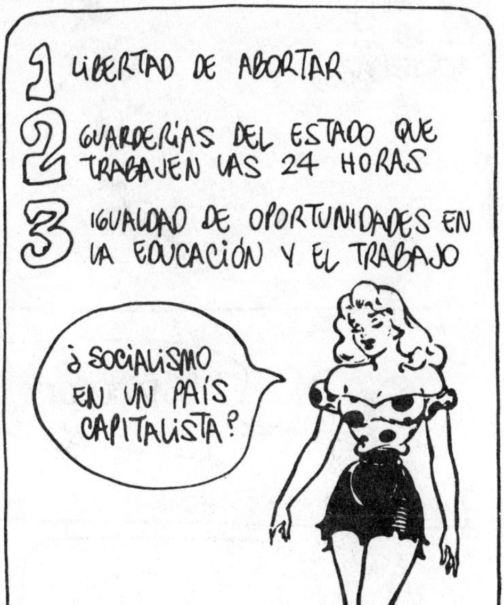
1 LIBERTAD DE ABORTAR
2 GUARDERÍAS DEL ESTADO QUE TRABAJEN LAS 24 HORAS
3 IGUALDAD DE OPORTUNIDADES EN LA EDUCACIÓN Y EL TRABAJO
¿SOCIALISMO EN UN PAÍS CAPITALISTA?

CLARO, A VECES SE HA MANIFESTADO ESA LUCHA EN FORMAS ↑ CHUSCAS (PIDIENDO SUELDO AL MARIDO Y COSAS ASÍ). PERO EL PLANTEAMIENTO GENERAL QUE SE ESTÁN HACIENDO LAS GRINGUITAS ES SERIO Y PROFUNDO, AUNQUE UN POCO ERRÓNEO..

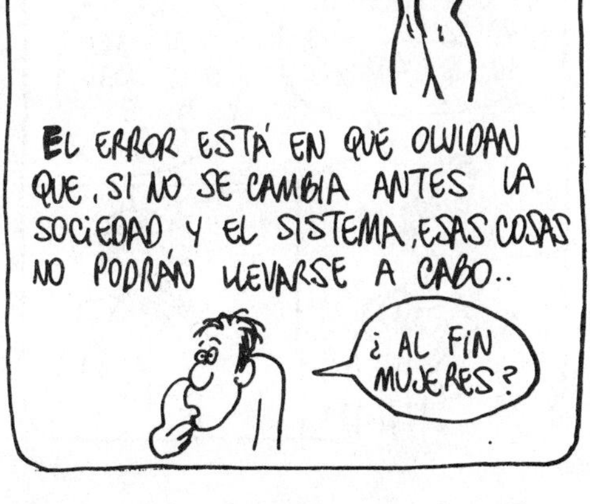
EL ERROR ESTÁ EN QUE OLVIDAN QUE, SI NO SE CAMBIA ANTES LA SOCIEDAD Y EL SISTEMA, ESAS COSAS NO PODRÁN LLEVARSE A CABO..
¿AL FIN MUJERES?

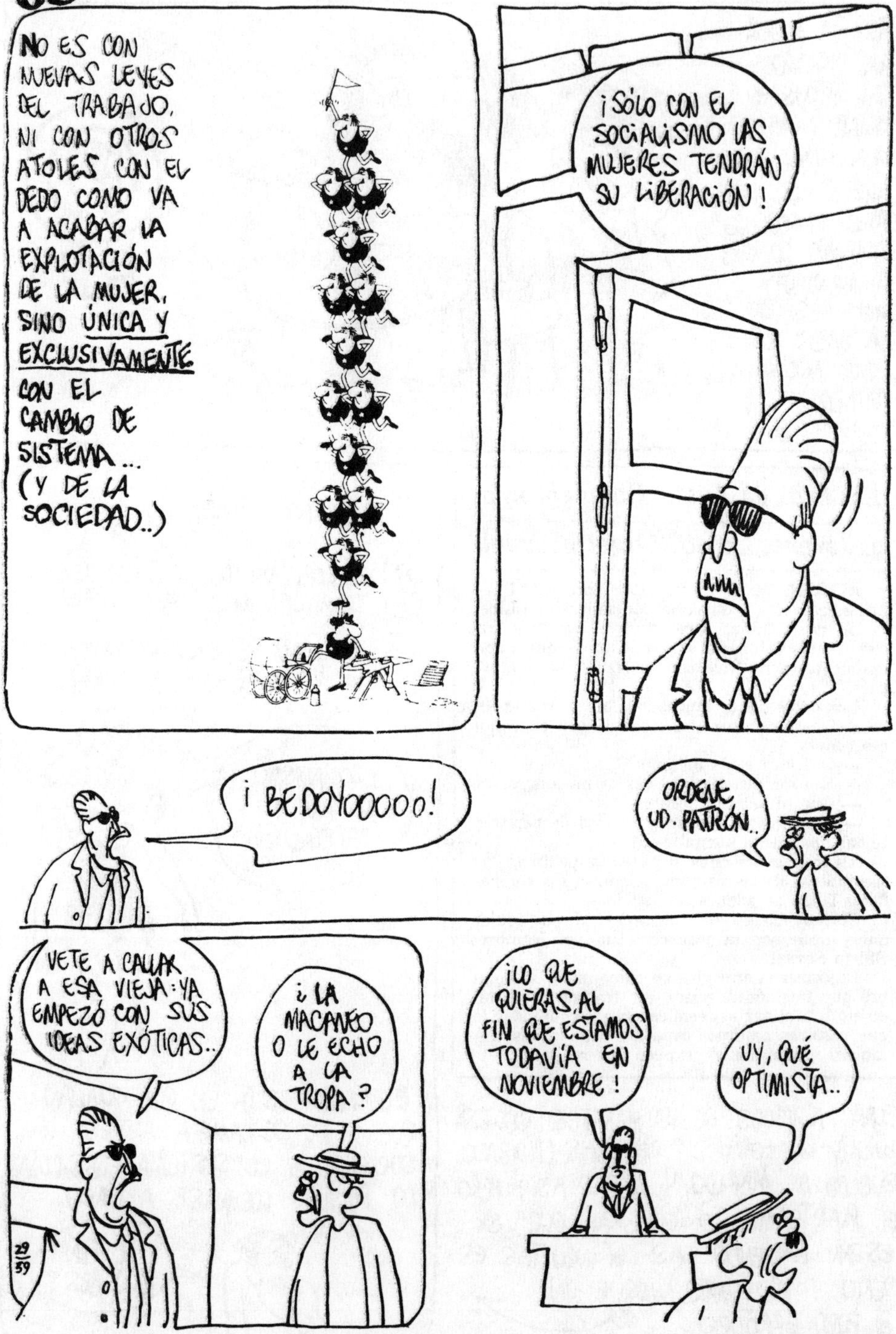
NO ES CON NUEVAS LEYES DEL TRABAJO, NI CON OTROS ATOLES CON EL DEDO COMO VA A ACABAR LA EXPLOTACIÓN DE LA MUJER, SINO ÚNICA Y EXCLUSIVAMENTE CON EL CAMBIO DE SISTEMA... (Y DE LA SOCIEDAD..)
¡SÓLO CON EL SOCIALISMO LAS MUJERES TENDRÁN SU LIBERACIÓN!
¡BEDOYOOOOO!
ORDENE UD. PATRÓN..
VETE A CALLAR A ESA VIEJA: YA EMPEZÓ CON SUS IDEAS EXÓTICAS..
¿LA MACANEO O LE ECHO A LA TROPA?
¡LO QUE QUIERAS, AL FIN QUE ESTAMOS TODAVÍA EN NOVIEMBRE!
UY, QUÉ OPTIMISTA..

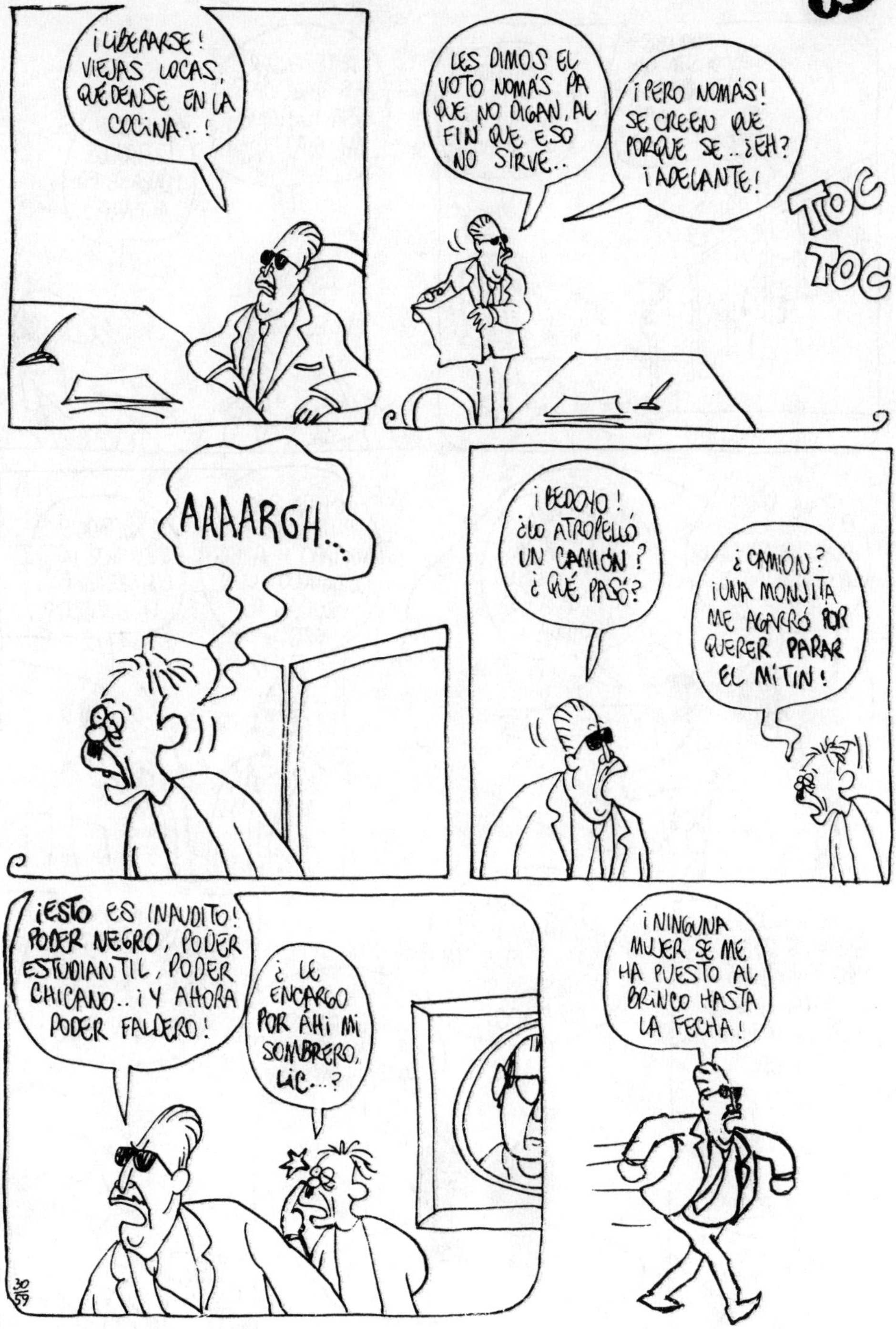
¡LIBERARSE! VIEJAS LOCAS, QUÉDENSE EN LA COCINA..!
LES DIMOS EL VOTO NOMÁS PA QUE NO DIGAN, AL FIN QUE ESO NO SIRVE..
¡PERO NOMÁS! SE CREEN QUE PORQUE SE.. ¿EH? ¡ADELANTE!
TOC TOC
AAAARGH...
¡BEDOYO! ¿LO ATROPELLÓ UN CAMIÓN? ¿QUÉ PASÓ?
¿CAMIÓN? ¡UNA MONJITA ME AGARRÓ POR QUERER PARAR EL MITIN!
¡ESTO ES INAUDITO! PODER NEGRO, PODER ESTUDIANTIL, PODER CHICANO.. ¡Y AHORA PODER FALDERO!
¿LE ENCARGO POR AHÍ MI SOMBRERO, LIC...?
¡NINGUNA MUJER SE ME HA PUESTO AL BRINCO HASTA LA FECHA!
30/59

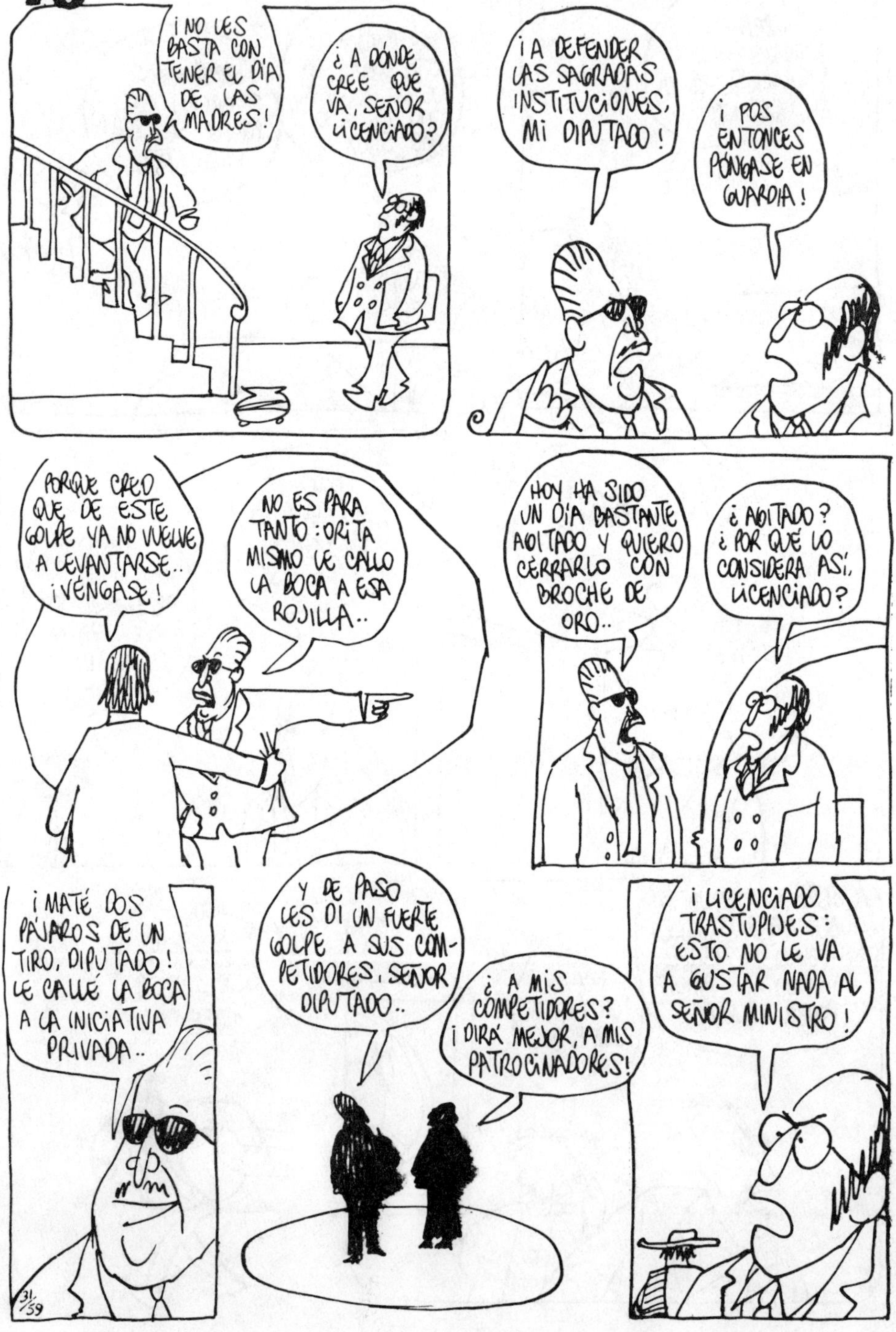
¡NO LES BASTA CON TENER EL DÍA DE LAS MADRES!
¿A DÓNDE CREE QUE VA, SEÑOR LICENCIADO?
¡A DEFENDER LAS SAGRADAS INSTITUCIONES, MI DIPUTADO!
¡POS ENTONCES PÓNGASE EN GUARDIA!
PORQUE CREO QUE DE ESTE GOLPE YA NO VUELVE A LEVANTARSE.. ¡VÉNGASE!
NO ES PARA TANTO: ORITA MISMO LE CALLO LA BOCA A ESA ROJILLA..
HOY HA SIDO UN DÍA BASTANTE AGITADO Y QUIERO CERRARLO CON BROCHE DE ORO..
¿AGITADO? ¿POR QUÉ LO CONSIDERA ASÍ, LICENCIADO?
¡MATÉ DOS PÁJAROS DE UN TIRO, DIPUTADO! LE CALLÉ LA BOCA A LA INICIATIVA PRIVADA..
Y DE PASO LES DI UN FUERTE GOLPE A SUS COMPETIDORES, SEÑOR DIPUTADO..
¿A MIS COMPETIDORES? ¡DIRÁ MEJOR, A MIS PATROCINADORES!
¡LICENCIADO TRASTUPIJES: ESTO NO LE VA A GUSTAR NADA AL SEÑOR MINISTRO!
31/59

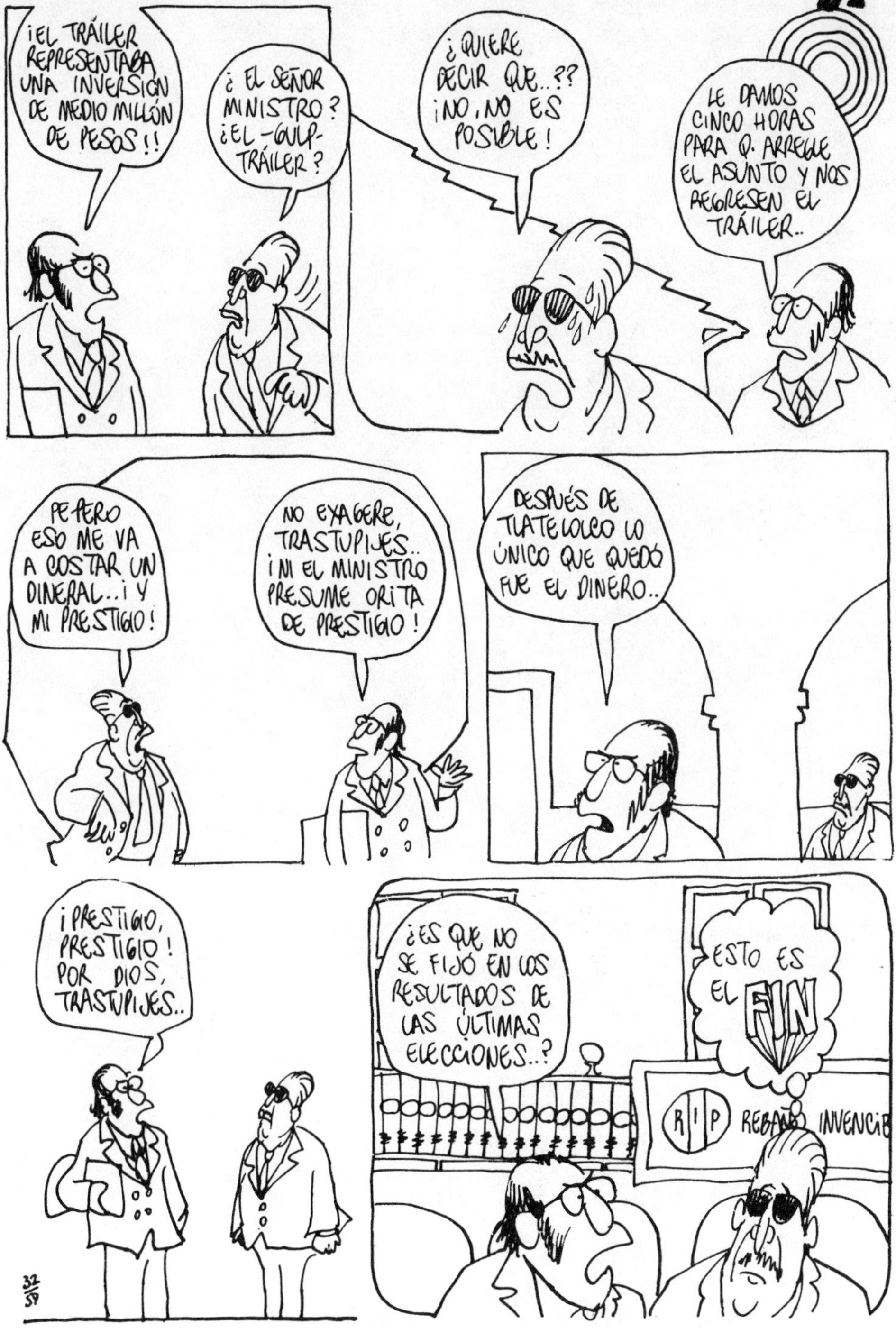
¡EL TRÁILER REPRESENTABA UNA INVERSIÓN DE MEDIO MILLÓN DE PESOS!!
¿EL SEÑOR MINISTRO? ¿EL -GULF- TRÁILER?
¿QUIERE DECIR QUE..?? ¡NO, NO ES POSIBLE!
LE DAMOS CINCO HORAS PARA Q. ARREGLE EL ASUNTO Y NOS REGRESEN EL TRÁILER..
PE-PERO ESO ME VA A COSTAR UN DINERAL..¡Y MI PRESTIGIO!
NO EXAGERE, TRASTUPIJES.. ¡NI EL MINISTRO PRESUME ORITA DE PRESTIGIO!
DESPUÉS DE TLATELOLCO LO ÚNICO QUE QUEDÓ FUE EL DINERO..
¡PRESTIGIO, PRESTIGIO! POR DIOS, TRASTUPIJES..
¿ES QUE NO SE FIJÓ EN LOS RESULTADOS DE LAS ÚLTIMAS ELECCIONES..?
ESTO ES EL FIN
R I P REBAÑO INVENCIB
32/59

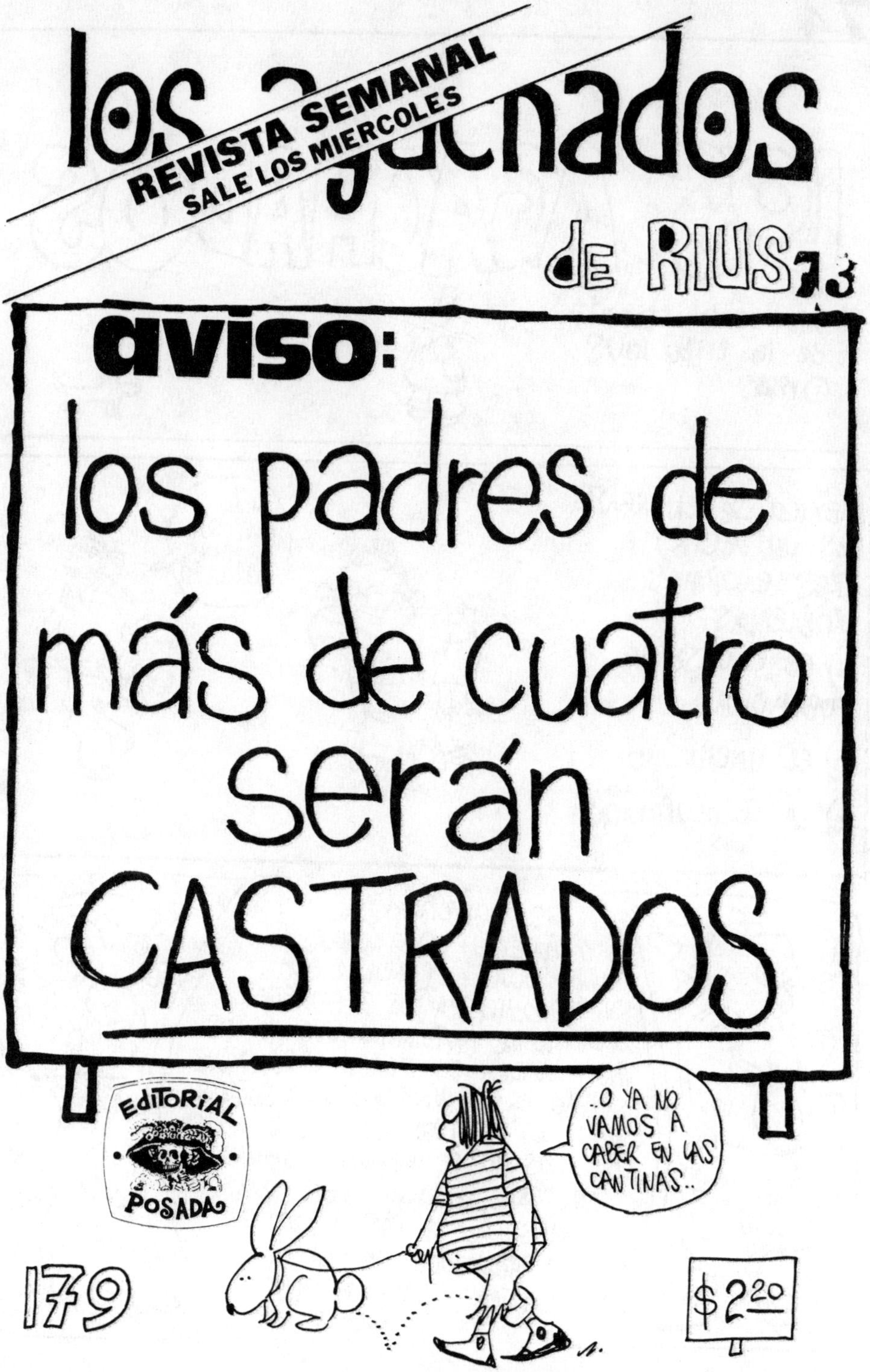
los agachados
REVISTA SEMANAL
SALE LOS MIERCOLES
de RIUS 73
aviso:
los padres de más de cuatro serán CASTRADOS
..O YA NO VAMOS A CABER EN LAS CANTINAS..
EDITORIAL POSADA
179
$2.20

LOS AGACHADOS

una seudohistorieta de la tribu RIUS.
© 1968

MÉXICO SE ENFRENTA (ES UN DECIR) A TRES ENORMES PROBLEMAS:
a) EL EXCESO DE POBLACIÓN
b) EL MACHISMO
c) LA DESOCUPACIÓN

"SI NO REGRESO, LE PONES JORGE..."

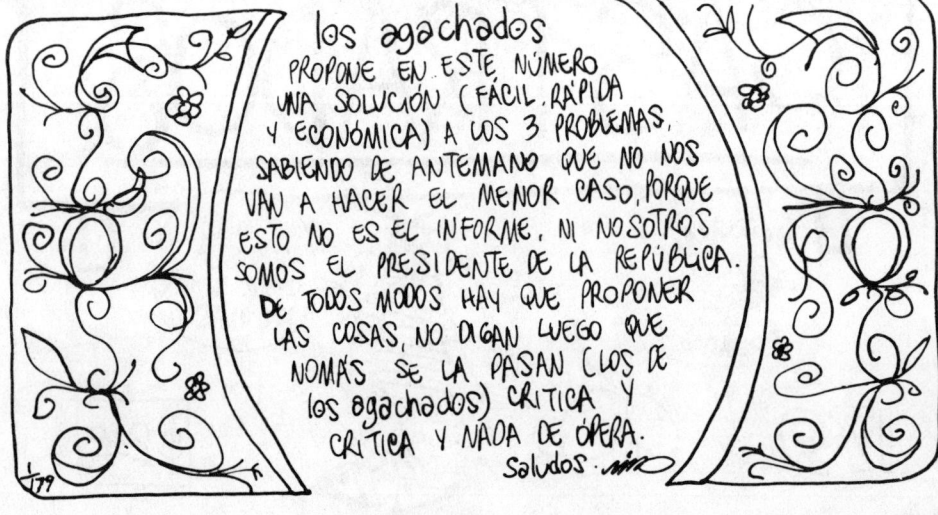

los agachados PROPONE EN ESTE NÚMERO UNA SOLUCIÓN (FÁCIL, RÁPIDA Y ECONÓMICA) A LOS 3 PROBLEMAS, SABIENDO DE ANTEMANO QUE NO NOS VAN A HACER EL MENOR CASO, PORQUE ESTO NO ES EL INFORME, NI NOSOTROS SOMOS EL PRESIDENTE DE LA REPÚBLICA. DE TODOS MODOS HAY QUE PROPONER LAS COSAS, NO DIGAN LUEGO QUE NOMÁS SE LA PASAN (LOS DE los agachados) CRÍTICA Y CRÍTICA Y NADA DE ÓPERA.
saludos.

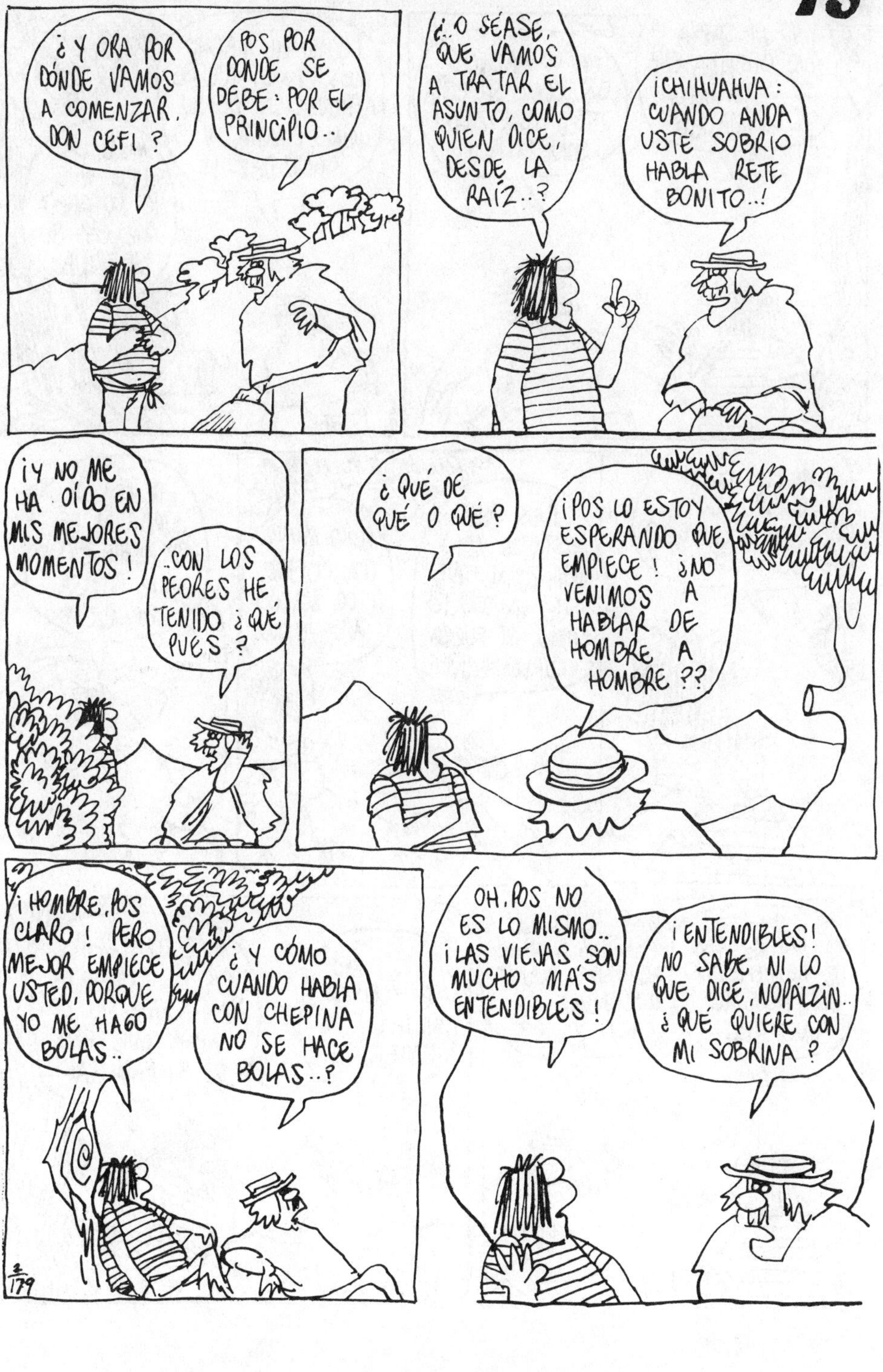
¿Y ORA POR DÓNDE VAMOS A COMENZAR, DON CEFI?
POS POR DONDE SE DEBE: POR EL PRINCIPIO..
¿..O SÉASE, QUE VAMOS A TRATAR EL ASUNTO, COMO QUIEN DICE, DESDE LA RAÍZ..?
¡CHIHUAHUA: CUANDO ANDA USTÉ SOBRIO HABLA RETE BONITO..!
¡Y NO ME HA OÍDO EN MIS MEJORES MOMENTOS!
..CON LOS PEORES HE TENIDO ¿QUÉ PUES?
¿QUÉ DE QUÉ O QUÉ?
¡POS LO ESTOY ESPERANDO QUE EMPIECE! ¿NO VENIMOS A HABLAR DE HOMBRE A HOMBRE??
¡HOMBRE, POS CLARO! PERO MEJOR EMPIECE USTED, PORQUE YO ME HAGO BOLAS..
¿Y CÓMO CUANDO HABLA CON CHEPINA NO SE HACE BOLAS..?
OH, POS NO ES LO MISMO.. ¡LAS VIEJAS SON MUCHO MÁS ENTENDIBLES!
¡ENTENDIBLES! NO SABE NI LO QUE DICE, NOPALZIN.. ¿QUÉ QUIERE CON MI SOBRINA?
2/179

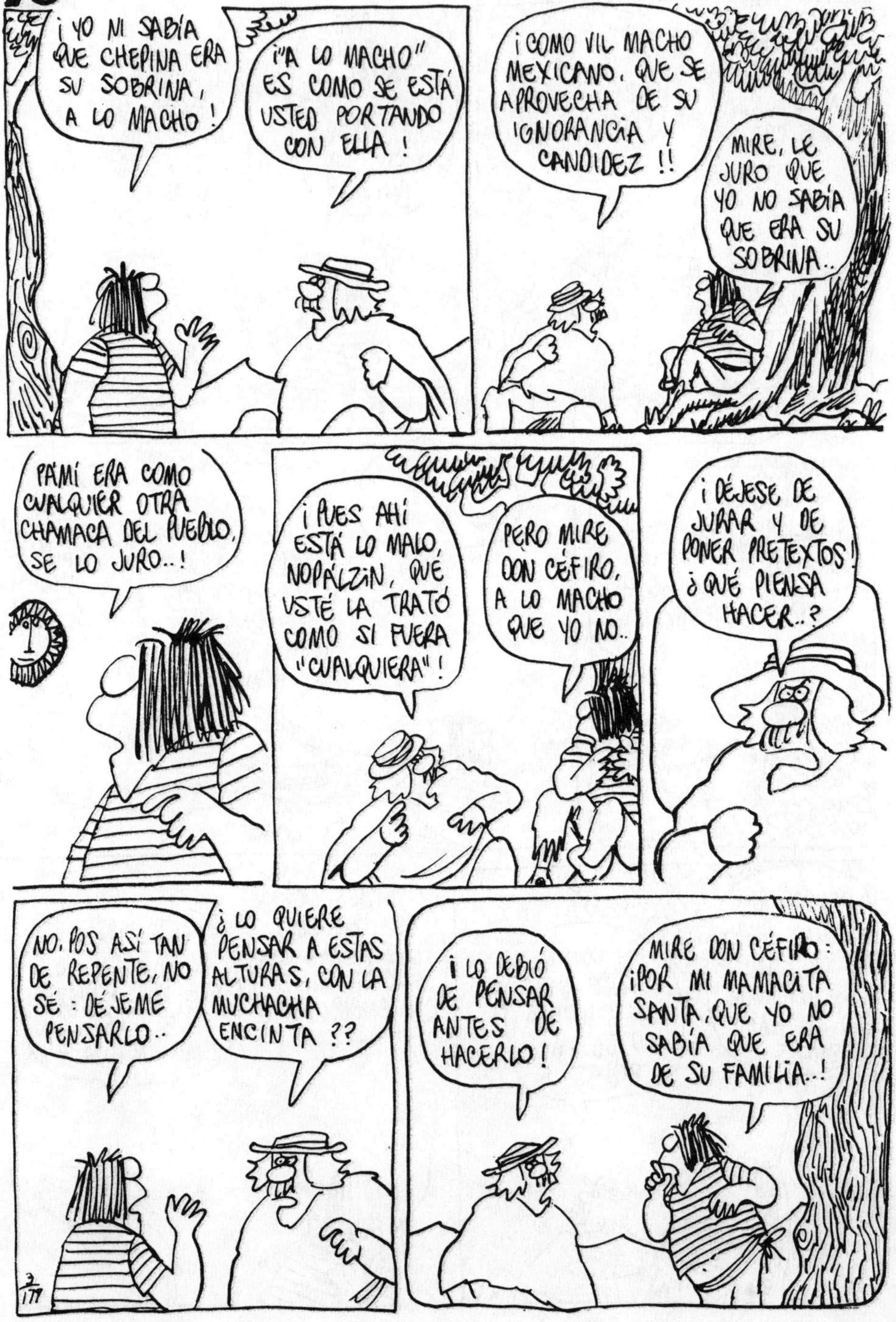
¡YO NI SABÍA QUE CHEPINA ERA SU SOBRINA, A LO MACHO!
¡"A LO MACHO" ES COMO SE ESTÁ USTED PORTANDO CON ELLA!
¡COMO VIL MACHO MEXICANO, QUE SE APROVECHA DE SU IGNORANCIA Y CANDIDEZ!!
MIRE, LE JURO QUE YO NO SABÍA QUE ERA SU SOBRINA..
PA'MÍ ERA COMO CUALQUIER OTRA CHAMACA DEL PUEBLO, SE LO JURO..!
¡PUES AHÍ ESTÁ LO MALO, NOPÁLZIN, QUE USTÉ LA TRATÓ COMO SI FUERA "CUALQUIERA"!
PERO MIRE DON CÉFIRO, A LO MACHO QUE YO NO..
¡DÉJESE DE JURAR Y DE PONER PRETEXTOS! ¿QUÉ PIENSA HACER..?
NO, POS ASÍ TAN DE REPENTE, NO SÉ: DÉJEME PENSARLO..
¿LO QUIERE PENSAR A ESTAS ALTURAS, CON LA MUCHACHA ENCINTA??
¡LO DEBIÓ DE PENSAR ANTES DE HACERLO!
MIRE DON CÉFIRO: ¡POR MI MAMACITA SANTA, QUE YO NO SABÍA QUE ERA DE SU FAMILIA..!

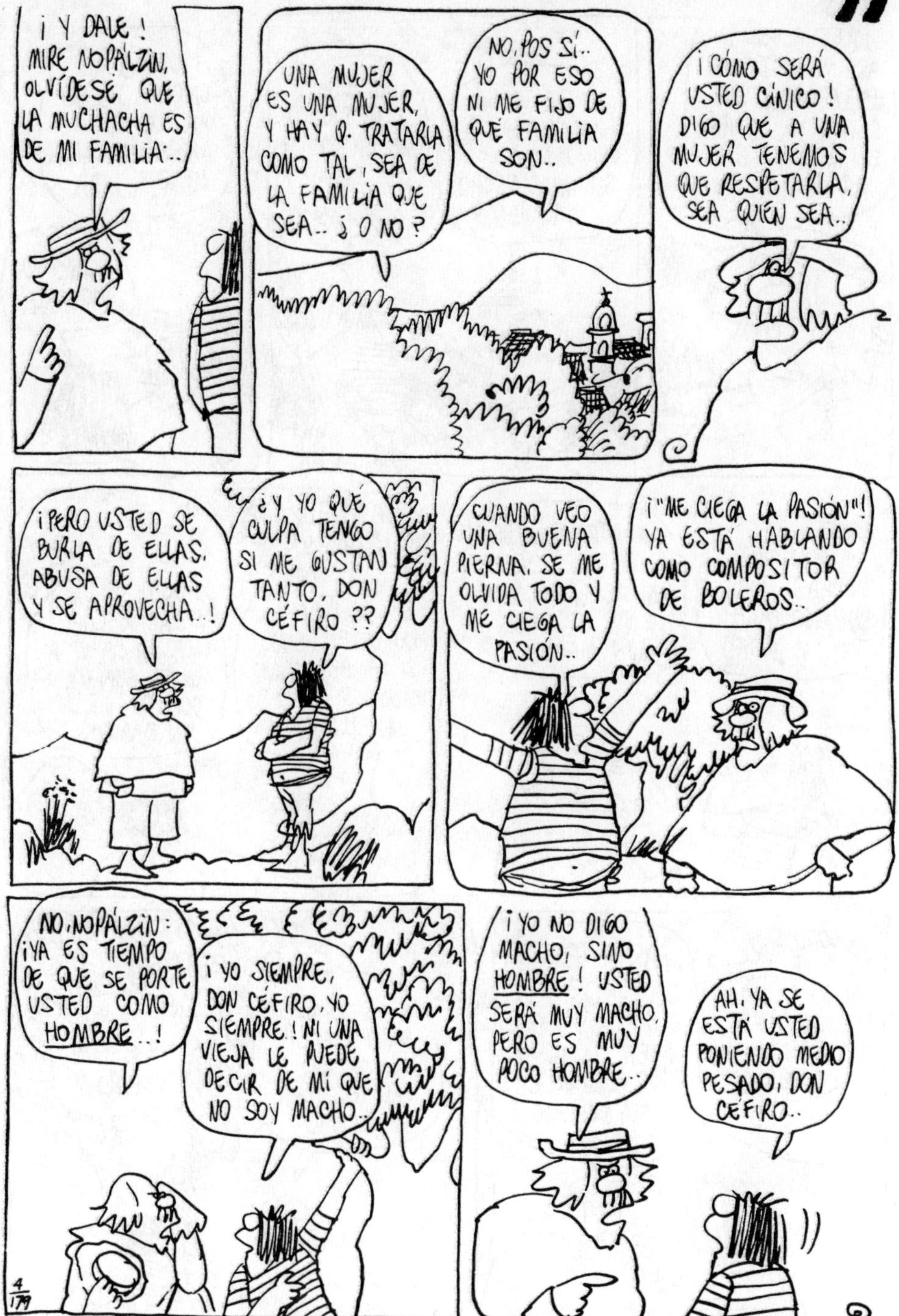
¡Y DALE! MIRE NOPÁLZIN, OLVÍDESE QUE LA MUCHACHA ES DE MI FAMILIA..
UNA MUJER ES UNA MUJER, Y HAY Q. TRATARLA COMO TAL, SEA DE LA FAMILIA QUE SEA.. ¿O NO?
NO, POS SÍ.. YO POR ESO NI ME FIJO DE QUÉ FAMILIA SON..
¡CÓMO SERÁ USTED CÍNICO! DIGO QUE A UNA MUJER TENEMOS QUE RESPETARLA, SEA QUIEN SEA..
¡PERO USTED SE BURLA DE ELLAS, ABUSA DE ELLAS Y SE APROVECHA..!
¿Y YO QUÉ CULPA TENGO SI ME GUSTAN TANTO, DON CÉFIRO??
CUANDO VEO UNA BUENA PIERNA, SE ME OLVIDA TODO Y ME CIEGA LA PASIÓN..
¡"ME CIEGA LA PASIÓN"! YA ESTÁ HABLANDO COMO COMPOSITOR DE BOLEROS..
NO, NOPÁLZIN: ¡YA ES TIEMPO DE QUE SE PORTE USTED COMO HOMBRE..!
¡YO SIEMPRE, DON CÉFIRO, YO SIEMPRE! NI UNA VIEJA LE PUEDE DECIR DE MÍ QUE NO SOY MACHO..
¡YO NO DIGO MACHO, SINO HOMBRE! USTED SERÁ MUY MACHO, PERO ES MUY POCO HOMBRE..
AH, YA SE ESTÁ USTED PONIENDO MEDIO PESADO, DON CÉFIRO..
4/179

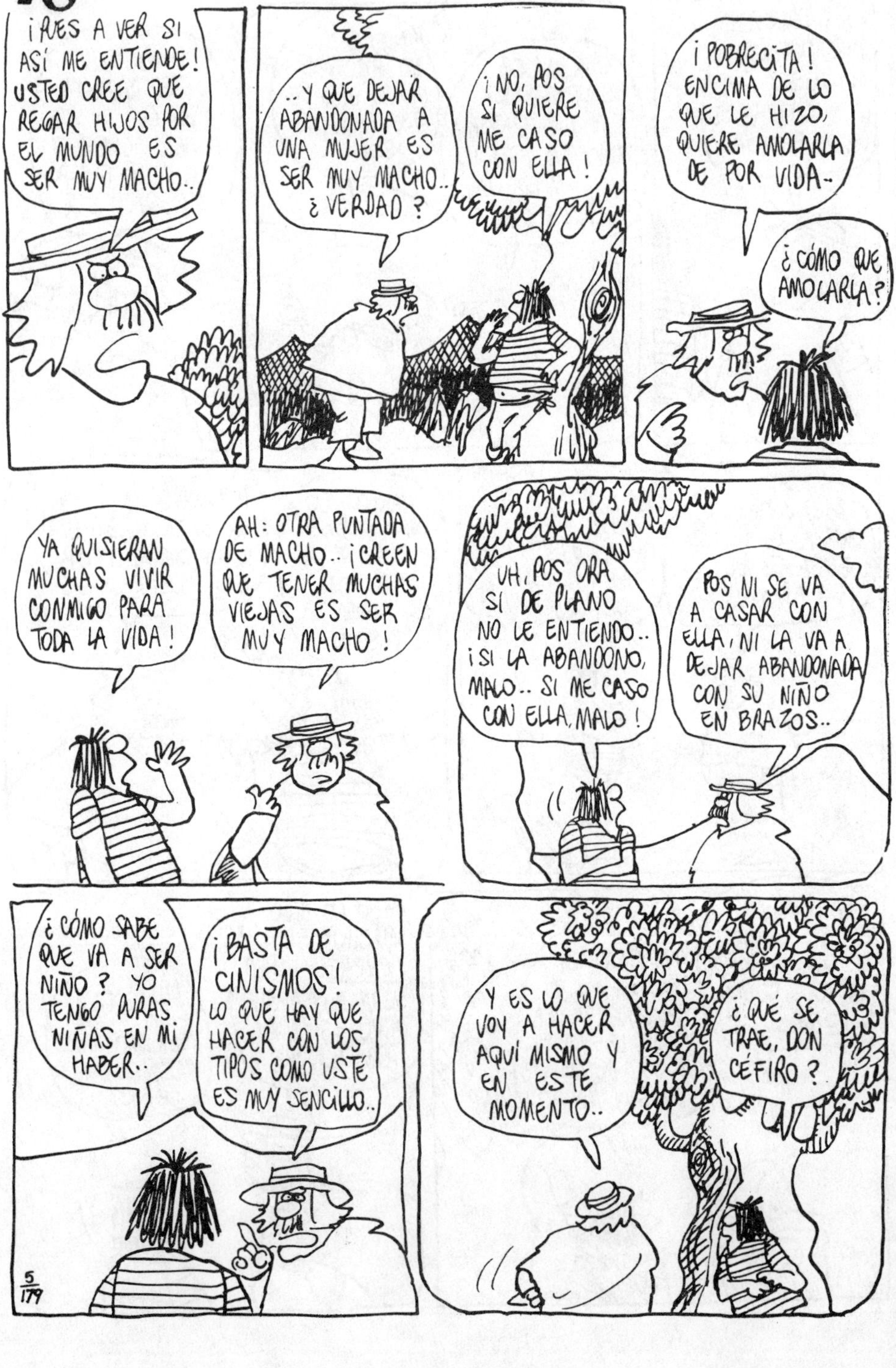
¡PUES A VER SI ASÍ ME ENTIENDE! USTED CREE QUE REGAR HIJOS POR EL MUNDO ES SER MUY MACHO..
..Y QUE DEJAR ABANDONADA A UNA MUJER ES SER MUY MACHO.. ¿VERDAD?
¡NO, POS SI QUIERE ME CASO CON ELLA!
¡POBRECITA! ENCIMA DE LO QUE LE HIZO, QUIERE AMOLARLA DE POR VIDA..
¿CÓMO QUE AMOLARLA?
YA QUISIERAN MUCHAS VIVIR CONMIGO PARA TODA LA VIDA!
AH: OTRA PUNTADA DE MACHO.. ¡CREEN QUE TENER MUCHAS VIEJAS ES SER MUY MACHO!
UH, POS ORA SI DE PLANO NO LE ENTIENDO.. ¡SI LA ABANDONO, MALO.. SI ME CASO CON ELLA, MALO!
POS NI SE VA A CASAR CON ELLA, NI LA VA A DEJAR ABANDONADA CON SU NIÑO EN BRAZOS..
¿CÓMO SABE QUE VA A SER NIÑO? YO TENGO PURAS NIÑAS EN MI HABER..
¡BASTA DE CINISMOS! LO QUE HAY QUE HACER CON LOS TIPOS COMO USTÉ ES MUY SENCILLO..
Y ES LO QUE VOY A HACER AQUÍ MISMO Y EN ESTE MOMENTO..
¿QUÉ SE TRAE, DON CÉFIRO?
5/179

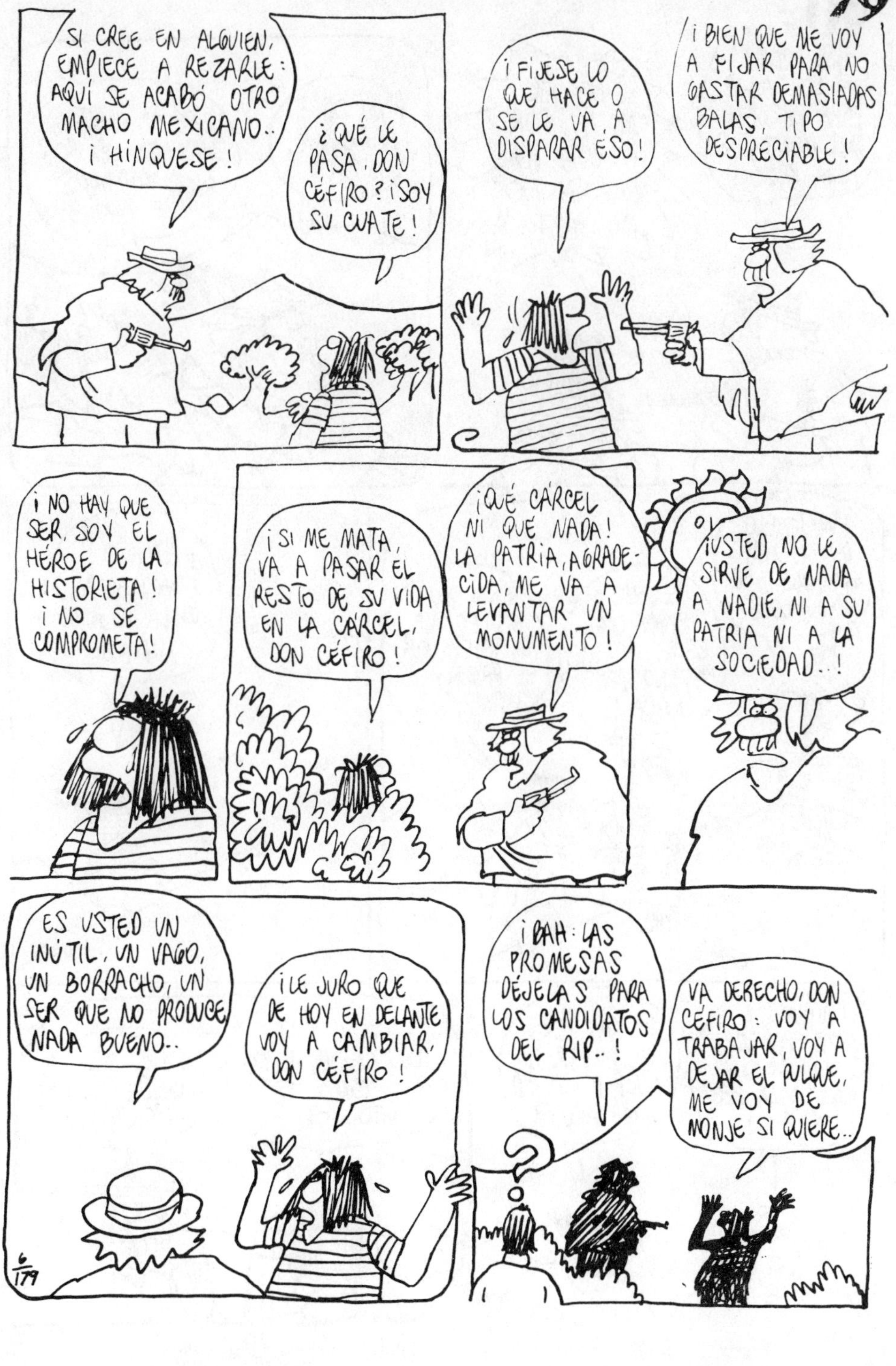
SI CREE EN ALGUIEN, EMPIECE A REZARLE: AQUÍ SE ACABÓ OTRO MACHO MEXICANO.. ¡HINQUESE!
¿QUÉ LE PASA, DON CÉFIRO? ¡SOY SU CUATE!
¡FIJESE LO QUE HACE O SE LE VA A DISPARAR ESO!
¡BIEN QUE ME VOY A FIJAR PARA NO GASTAR DEMASIADAS BALAS, TIPO DESPRECIABLE!
¡NO HAY QUE SER, SOY EL HÉROE DE LA HISTORIETA! ¡NO SE COMPROMETA!
¡SI ME MATA, VA A PASAR EL RESTO DE SU VIDA EN LA CÁRCEL, DON CÉFIRO!
¡QUÉ CÁRCEL NI QUE NADA! LA PATRIA, AGRADECIDA, ME VA A LEVANTAR UN MONUMENTO!
¡USTED NO LE SIRVE DE NADA A NADIE, NI A SU PATRIA NI A LA SOCIEDAD..!
ES USTED UN INÚTIL, UN VAGO, UN BORRACHO, UN SER QUE NO PRODUCE NADA BUENO..
¡LE JURO QUE DE HOY EN DELANTE VOY A CAMBIAR, DON CÉFIRO!
¡BAH: LAS PROMESAS DÉJELAS PARA LOS CANDIDATOS DEL RIP..!
VA DERECHO, DON CÉFIRO: VOY A TRABAJAR, VOY A DEJAR EL PULQUE, ME VOY DE MONJE SI QUIERE..
6/179

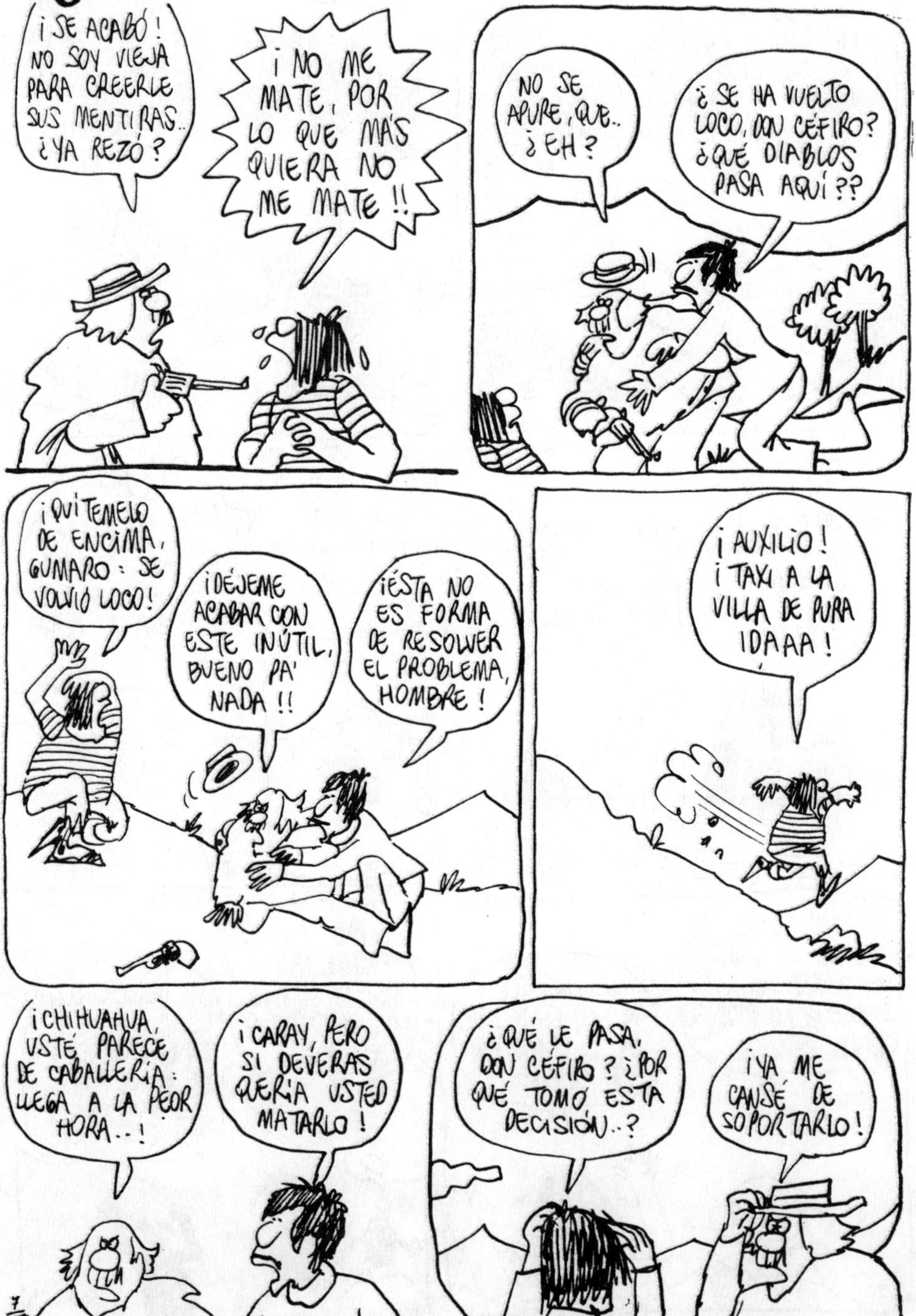
¡SE ACABÓ! NO SOY VIEJA PARA CREERLE SUS MENTIRAS.. ¿YA REZÓ?
¡NO ME MATE, POR LO QUE MÁS QUIERA NO ME MATE!!
NO SE APURE, QUE.. ¿EH?
¿SE HA VUELTO LOCO, DON CÉFIRO? ¿QUÉ DIABLOS PASA AQUÍ??
¡QUÍTEMELO DE ENCIMA, GUMARO: SE VOLVIÓ LOCO!
¡DÉJEME ACABAR CON ESTE INÚTIL, BUENO PA' NADA!!
¡ÉSTA NO ES FORMA DE RESOLVER EL PROBLEMA, HOMBRE!
¡AUXILIO! ¡TAXI A LA VILLA DE PURA IDAAA!
¡CHIHUAHUA, USTÉ PARECE DE CABALLERÍA: LLEGA A LA PEOR HORA..!
¡CARAY, PERO SI DEVERAS QUERÍA USTED MATARLO!
¿QUÉ LE PASA, DON CÉFIRO? ¿POR QUÉ TOMÓ ESTA DECISIÓN..?
¡YA ME CANSÉ DE SOPORTARLO!
7/179

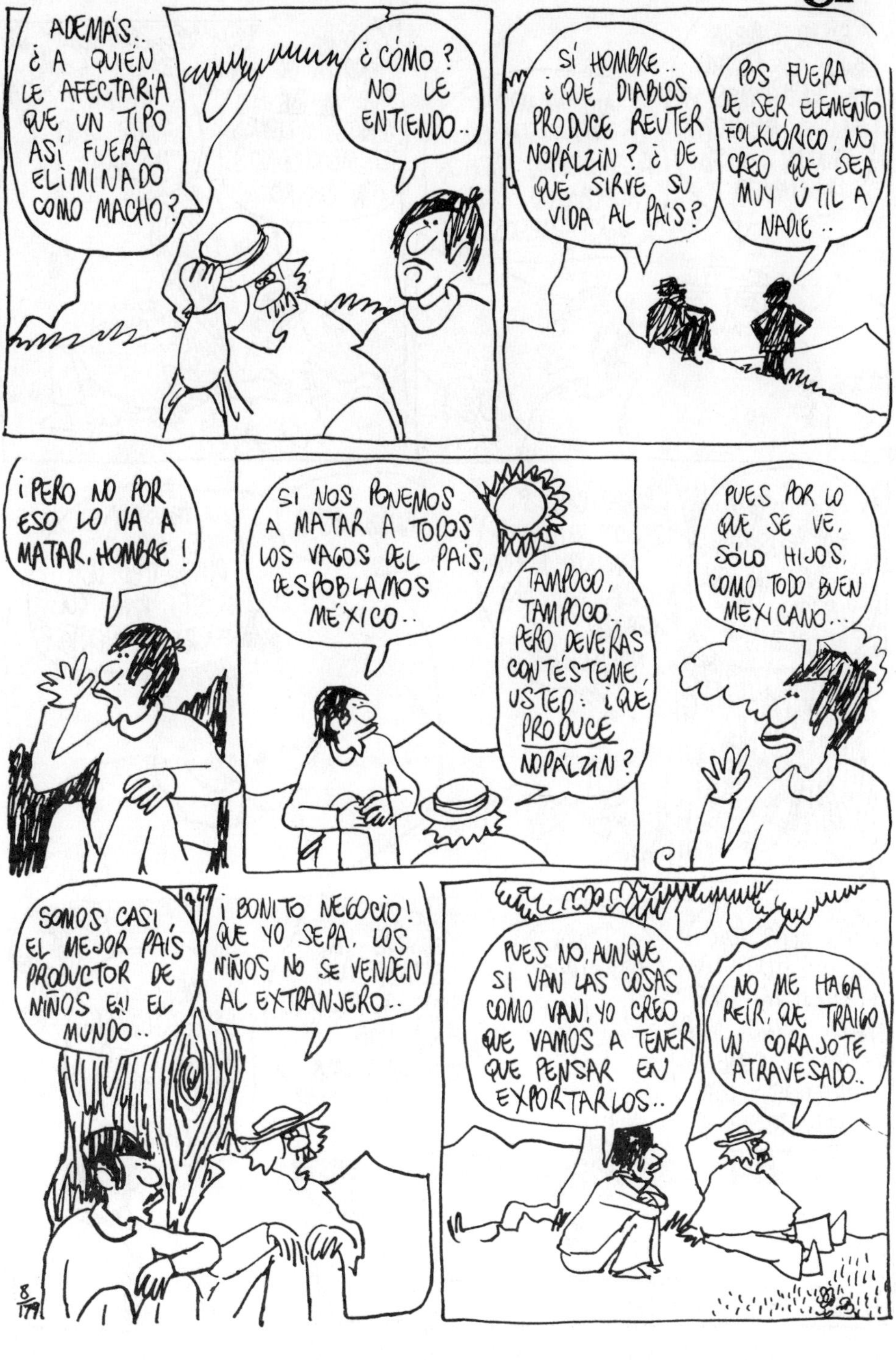
ADEMÁS.. ¿A QUIÉN LE AFECTARÍA QUE UN TIPO ASÍ FUERA ELIMINADO COMO MACHO?
¿CÓMO? NO LE ENTIENDO..
SÍ HOMBRE.. ¿QUÉ DIABLOS PRODUCE REUTER NOPÁLZIN? ¿DE QUÉ SIRVE SU VIDA AL PAÍS?
POS FUERA DE SER ELEMENTO FOLKLÓRICO, NO CREO QUE SEA MUY ÚTIL A NADIE..
¡PERO NO POR ESO LO VA A MATAR, HOMBRE!
SI NOS PONEMOS A MATAR A TODOS LOS VAGOS DEL PAÍS, DESPOBLAMOS MÉXICO..
TAMPOCO, TAMPOCO.. PERO DEVERAS CONTÉSTEME USTED: ¿QUÉ PRODUCE NOPÁLZIN?
PUES POR LO QUE SE VE, SÓLO HIJOS, COMO TODO BUEN MEXICANO..
SOMOS CASI EL MEJOR PAÍS PRODUCTOR DE NIÑOS EN EL MUNDO..
¡BONITO NEGOCIO! QUE YO SEPA, LOS NIÑOS NO SE VENDEN AL EXTRANJERO..
PUES NO, AUNQUE SI VAN LAS COSAS COMO VAN, YO CREO QUE VAMOS A TENER QUE PENSAR EN EXPORTARLOS..
NO ME HAGA REÍR, QUE TRAIGO UN CORAJOTE ATRAVESADO..
8/179

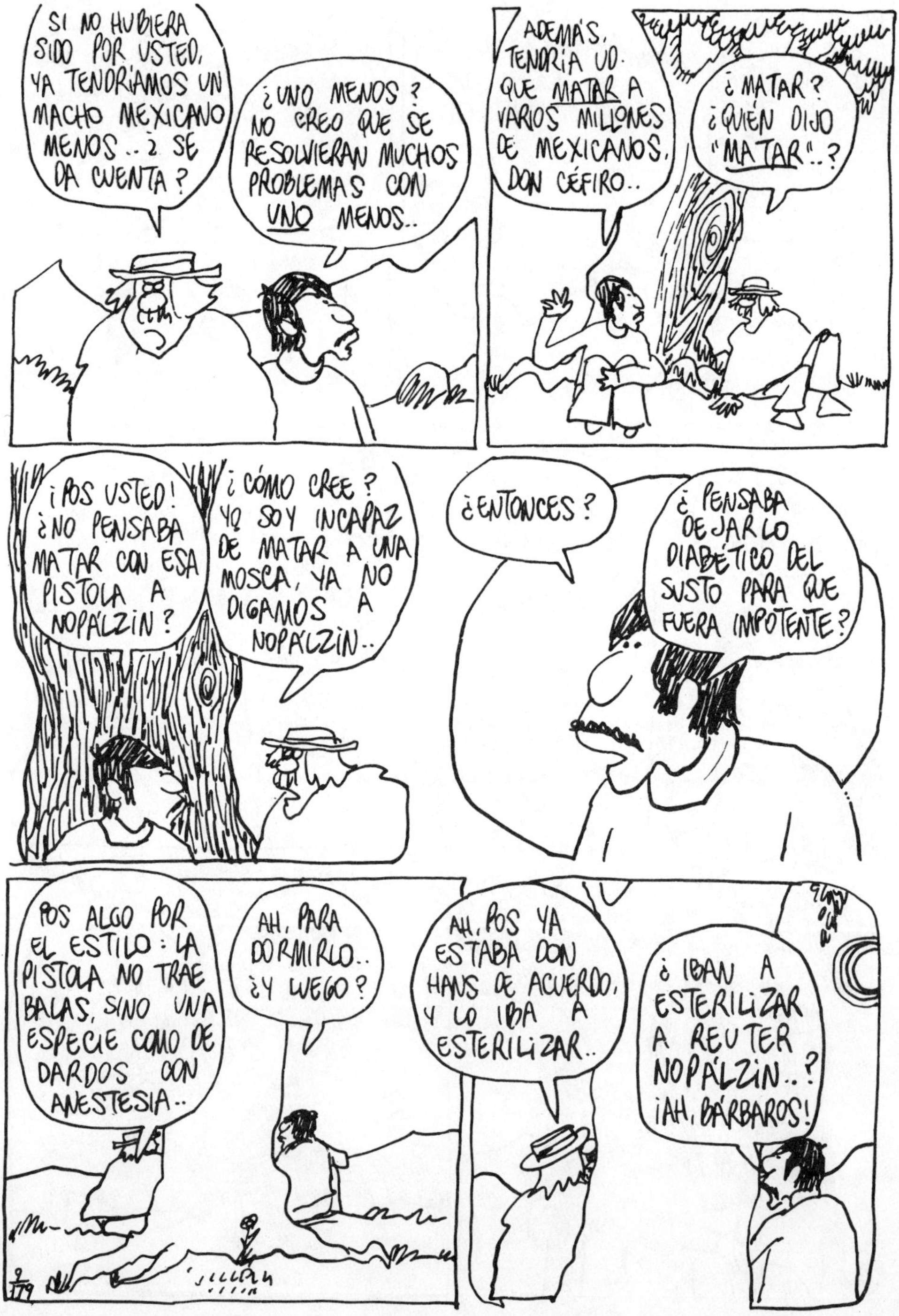
SI NO HUBIERA SIDO POR USTED, YA TENDRÍAMOS UN MACHO MEXICANO MENOS.. ¿SE DA CUENTA?
¿UNO MENOS? NO CREO QUE SE RESOLVIERAN MUCHOS PROBLEMAS CON UNO MENOS..
ADEMÁS, TENDRÍA UD. QUE MATAR A VARIOS MILLONES DE MEXICANOS, DON CÉFIRO..
¿MATAR? ¿QUIÉN DIJO "MATAR"..?
¡POS USTED! ¿NO PENSABA MATAR CON ESA PISTOLA A NOPÁLZIN?
¿CÓMO CREE? YO SOY INCAPAZ DE MATAR A UNA MOSCA, YA NO DIGAMOS A NOPÁLZIN..
¿ENTONCES?
¿PENSABA DEJARLO DIABÉTICO DEL SUSTO PARA QUE FUERA IMPOTENTE?
POS ALGO POR EL ESTILO: LA PISTOLA NO TRAE BALAS, SINO UNA ESPECIE COMO DE DARDOS CON ANESTESIA..
AH, PARA DORMIRLO.. ¿Y LUEGO?
AH, POS YA ESTABA DON HANS DE ACUERDO, Y LO IBA A ESTERILIZAR..
¿IBAN A ESTERILIZAR A REUTER NOPÁLZIN..? ¡AH, BÁRBAROS!

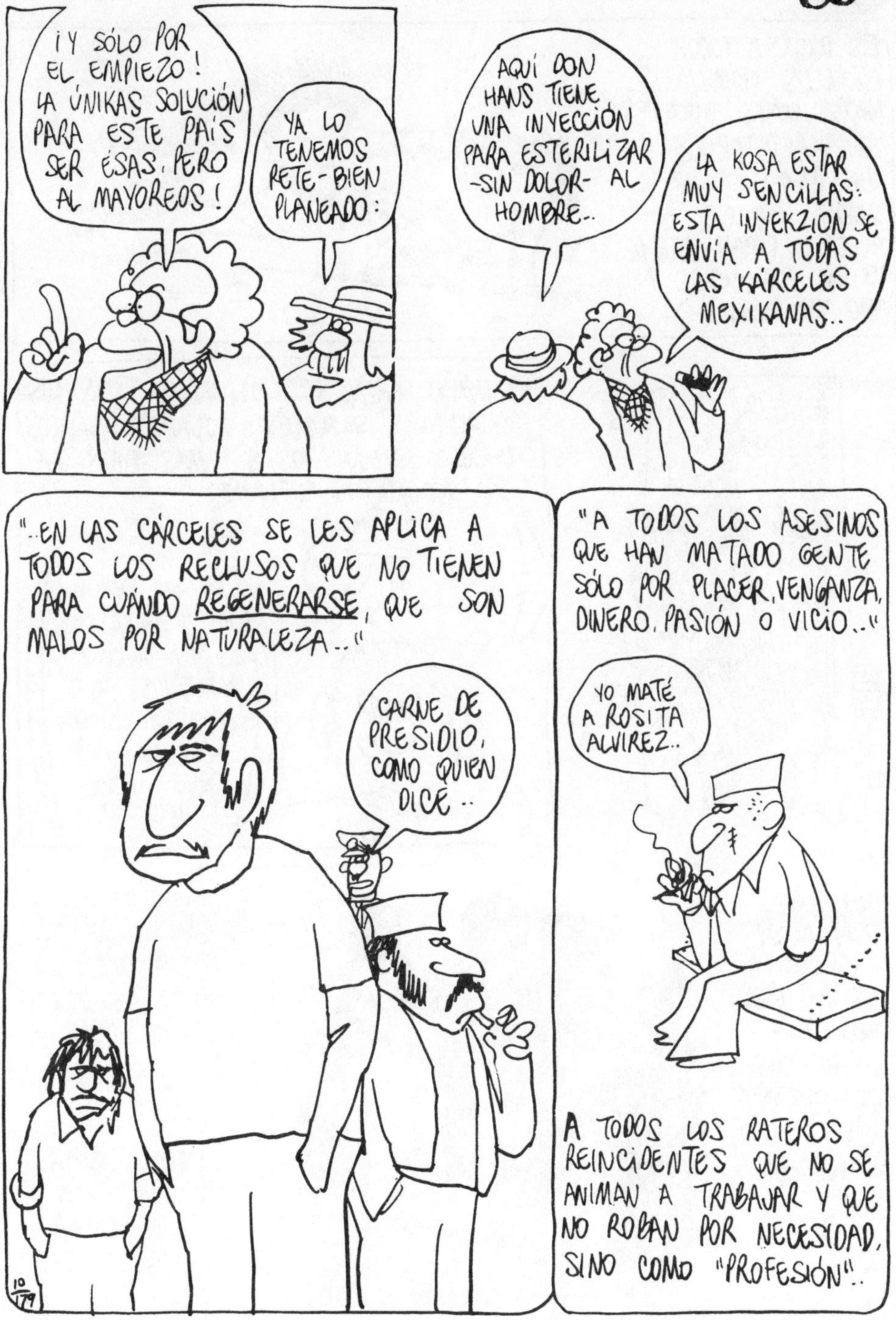
¡Y SÓLO POR EL EMPIEZO! LA ÚNIKAS SOLUCIÓN PARA ESTE PAÍS SER ÉSAS, PERO AL MAYOREOS!
YA LO TENEMOS RETE-BIEN PLANEADO:
AQUÍ DON HANS TIENE UNA INYECCIÓN PARA ESTERILIZAR -SIN DOLOR- AL HOMBRE..
LA KOSA ESTAR MUY SENCILLAS: ESTA INYEKZION SE ENVÍA A TÓDAS LAS KÁRCELES MEXIKANAS..
"..EN LAS CÁRCELES SE LES APLICA A TODOS LOS RECLUSOS QUE NO TIENEN PARA CUÁNDO REGENERARSE, QUE SON MALOS POR NATURALEZA.."
CARNE DE PRESIDIO, COMO QUIEN DICE..
10/79
"A TODOS LOS ASESINOS QUE HAN MATADO GENTE SÓLO POR PLACER, VENGANZA, DINERO, PASIÓN O VICIO.."
YO MATÉ A ROSITA ALVIREZ..
A TODOS LOS RATEROS REINCIDENTES QUE NO SE ANIMAN A TRABAJAR Y QUE NO ROBAN POR NECESIDAD, SINO COMO "PROFESIÓN"..

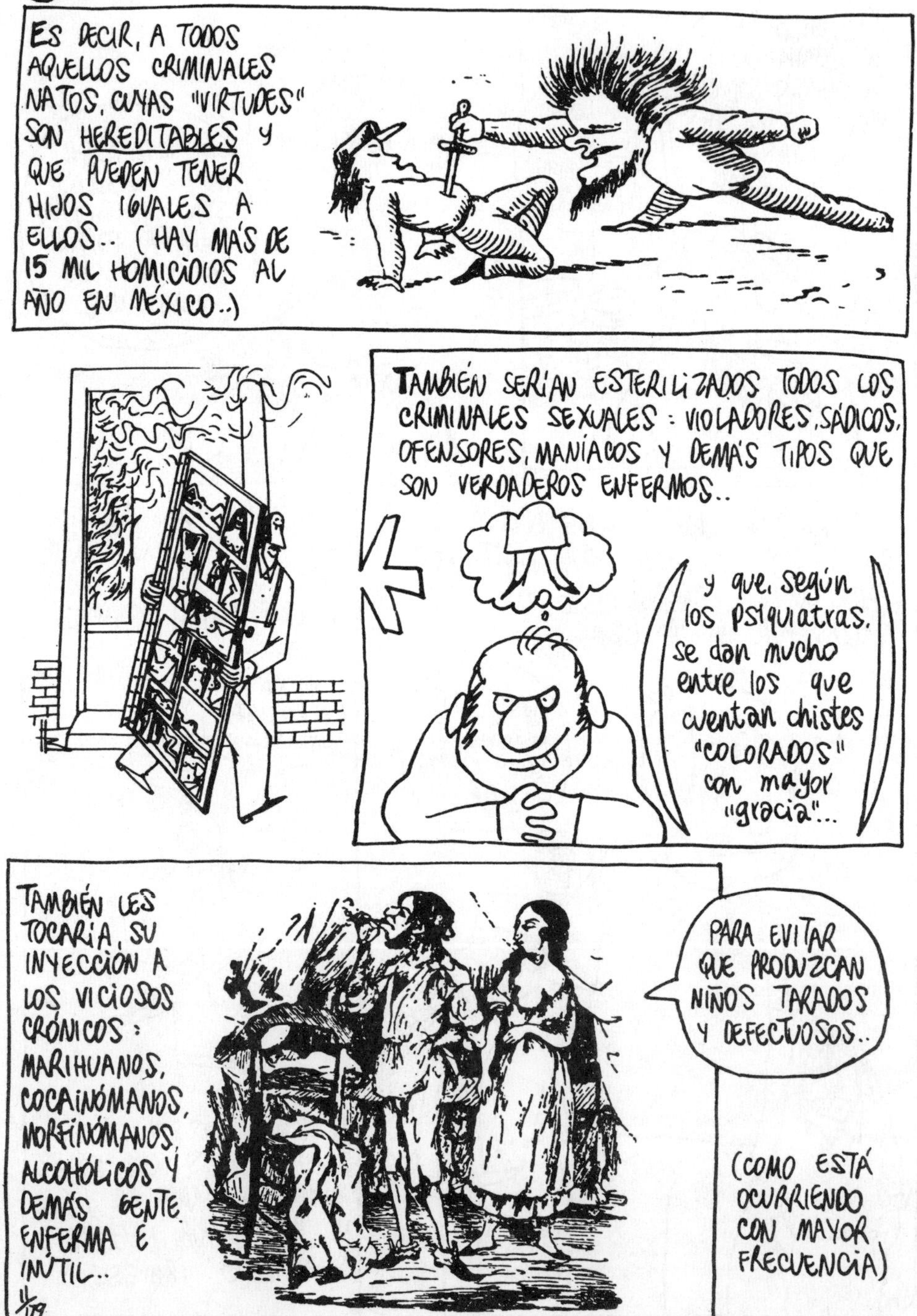
ES DECIR, A TODOS AQUELLOS CRIMINALES NATOS, CUYAS "VIRTUDES" SON HEREDITABLES Y QUE PUEDEN TENER HIJOS IGUALES A ELLOS.. (HAY MÁS DE 15 MIL HOMICIDIOS AL AÑO EN MÉXICO..)
TAMBIÉN SERÍAN ESTERILIZADOS TODOS LOS CRIMINALES SEXUALES: VIOLADORES, SÁDICOS, OFENSORES, MANIACOS Y DEMÁS TIPOS QUE SON VERDADEROS ENFERMOS..
y que, según los psiquiatras, se dan mucho entre los que cuentan chistes "COLORADOS" con mayor "gracia"...
TAMBIÉN LES TOCARÍA SU INYECCIÓN A LOS VICIOSOS CRÓNICOS: MARIHUANOS, COCAINÓMANOS, MORFINÓMANOS, ALCOHÓLICOS Y DEMÁS GENTE ENFERMA E INÚTIL..
11/79
PARA EVITAR QUE PRODUZCAN NIÑOS TARADOS Y DEFECTUOSOS..
(COMO ESTÁ OCURRIENDO CON MAYOR FRECUENCIA)

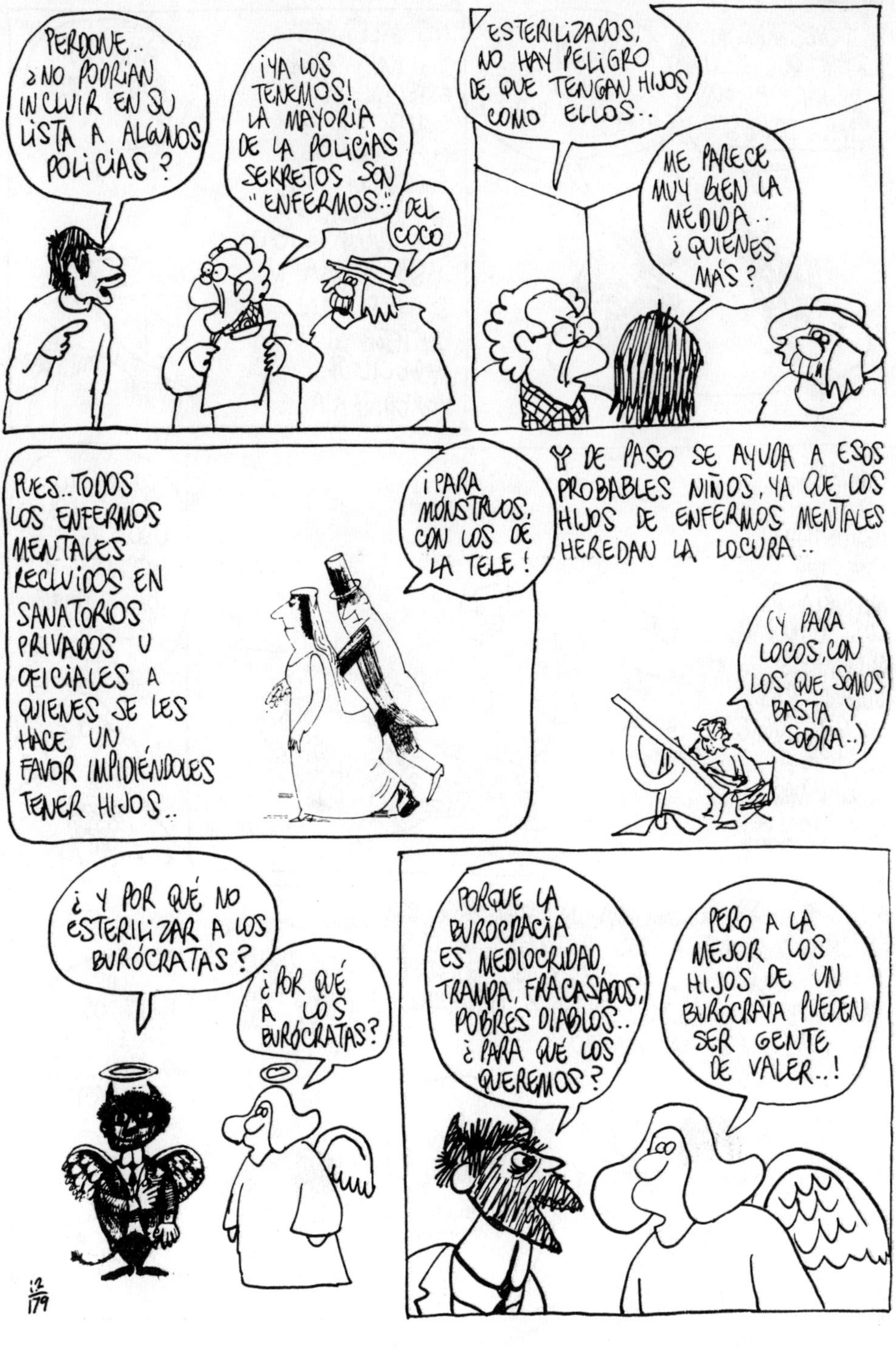
PERDONE.. ¿NO PODRIAN INCLUIR EN SU LISTA A ALGUNOS POLICIAS?
¡YA LOS TENEMOS! LA MAYORIA DE LA POLICIAS SEKRETOS SON "ENFERMOS."
DEL COCO
ESTERILIZADOS, NO HAY PELIGRO DE QUE TENGAN HIJOS COMO ELLOS..
ME PARECE MUY BIEN LA MEDIDA.. ¿QUIENES MÁS?
PUES.. TODOS LOS ENFERMOS MENTALES RECLUIDOS EN SANATORIOS PRIVADOS U OFICIALES A QUIENES SE LES HACE UN FAVOR IMPIDIÉNDOLES TENER HIJOS..
¡PARA MONSTRUOS, CON LOS DE LA TELE!
Y DE PASO SE AYUDA A ESOS PROBABLES NIÑOS, YA QUE LOS HIJOS DE ENFERMOS MENTALES HEREDAN LA LOCURA..
(Y PARA LOCOS, CON LOS QUE SOMOS BASTA Y SOBRA..)
¿Y POR QUÉ NO ESTERILIZAR A LOS BURÓCRATAS?
¿POR QUÉ A LOS BURÓCRATAS?
PORQUE LA BUROCRACIA ES MEDIOCRIDAD, TRAMPA, FRACASADOS, POBRES DIABLOS.. ¿PARA QUÉ LOS QUEREMOS?
PERO A LA MEJOR LOS HIJOS DE UN BURÓCRATA PUEDEN SER GENTE DE VALER..!
12 / 179

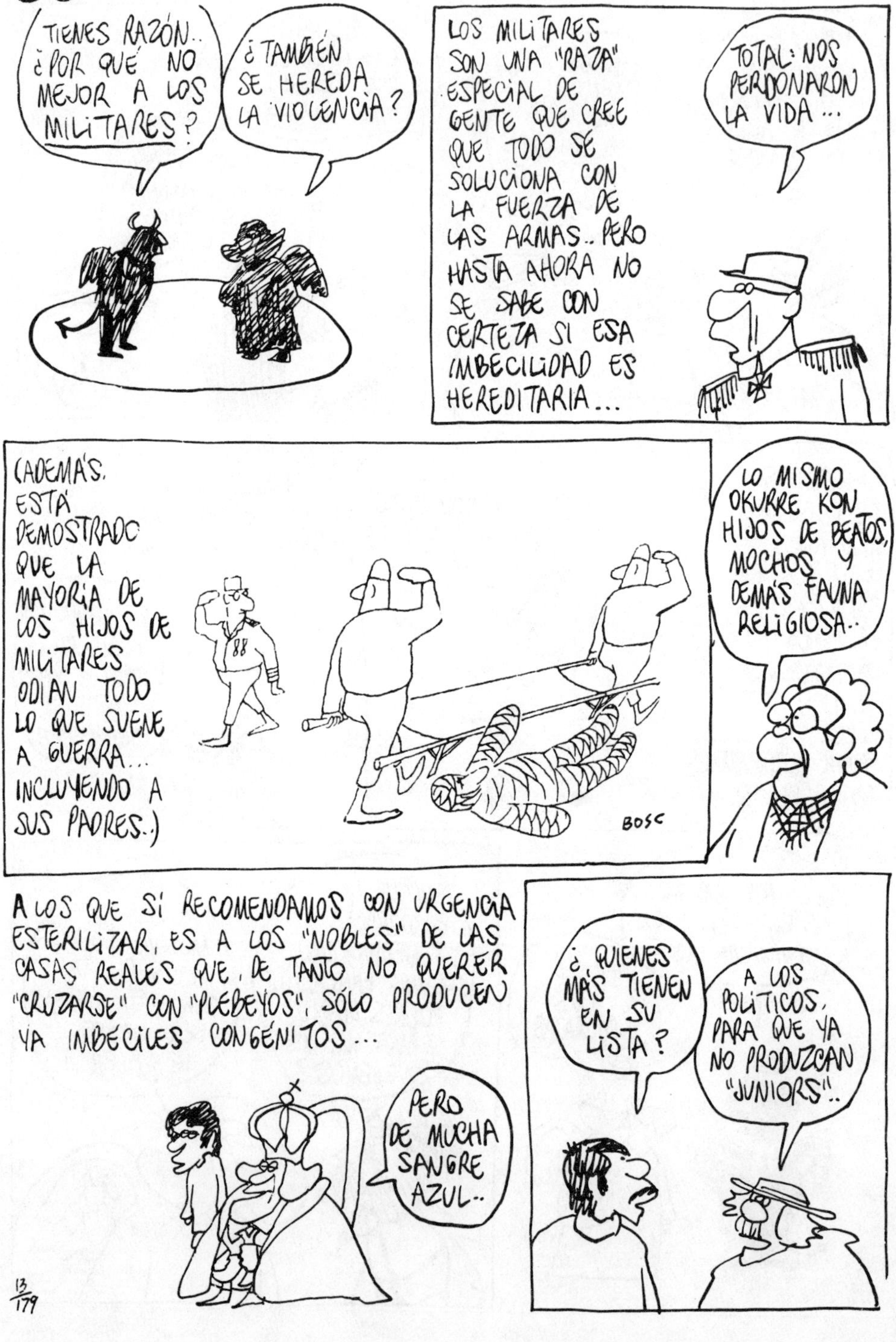
TIENES RAZÓN.. ¿POR QUÉ NO MEJOR A LOS MILITARES?
¿TAMBIÉN SE HEREDA LA VIOLENCIA?
LOS MILITARES SON UNA "RAZA" ESPECIAL DE GENTE QUE CREE QUE TODO SE SOLUCIONA CON LA FUERZA DE LAS ARMAS.. PERO HASTA AHORA NO SE SABE CON CERTEZA SI ESA IMBECILIDAD ES HEREDITARIA...
TOTAL: NOS PERDONARON LA VIDA...
(ADEMÁS. ESTÁ DEMOSTRADO QUE LA MAYORÍA DE LOS HIJOS DE MILITARES ODIAN TODO LO QUE SUENE A GUERRA... INCLUYENDO A SUS PADRES..)
88
BOSC
LO MISMO OKURRE KON HIJOS DE BEATOS, MOCHOS Y DEMÁS FAUNA RELIGIOSA..
A LOS QUE SÍ RECOMENDAMOS CON URGENCIA ESTERILIZAR, ES A LOS "NOBLES" DE LAS CASAS REALES QUE, DE TANTO NO QUERER "CRUZARSE" CON "PLEBEYOS", SÓLO PRODUCEN YA IMBÉCILES CONGÉNITOS...
PERO DE MUCHA SANGRE AZUL..
¿QUIÉNES MÁS TIENEN EN SU LISTA?
A LOS POLÍTICOS, PARA QUE YA NO PRODUZCAN "JUNIORS"..

13/179

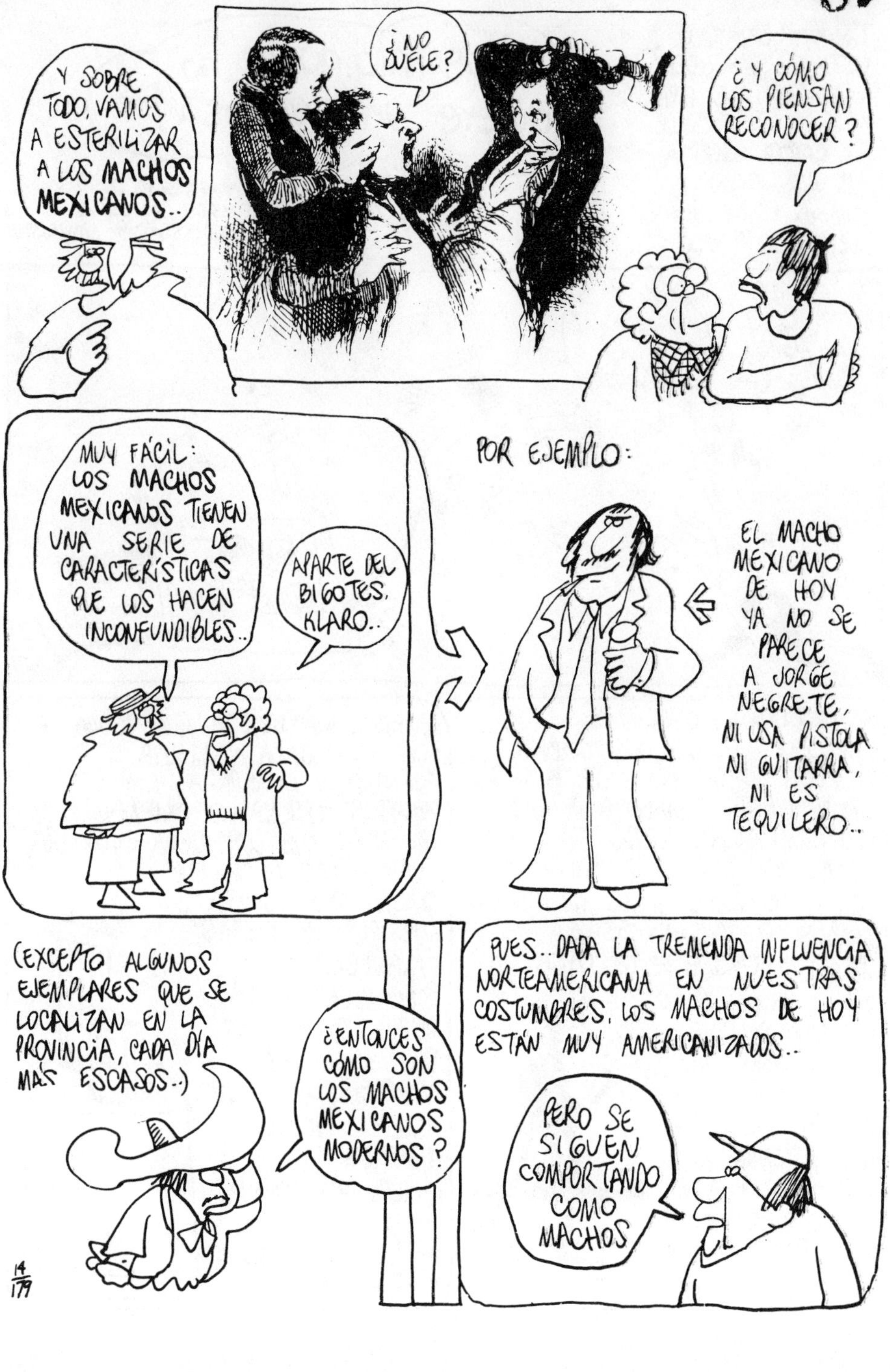
Y SOBRE TODO, VAMOS A ESTERILIZAR A LOS MACHOS MEXICANOS..
¿NO DUELE?
¿Y CÓMO LOS PIENSAN RECONOCER?
MUY FÁCIL: LOS MACHOS MEXICANOS TIENEN UNA SERIE DE CARACTERÍSTICAS QUE LOS HACEN INCONFUNDIBLES..
APARTE DEL BIGOTES, KLARO..
POR EJEMPLO:
EL MACHO MEXICANO DE HOY YA NO SE PARECE A JORGE NEGRETE, NI USA PISTOLA NI GUITARRA, NI ES TEQUILERO..
(EXCEPTO ALGUNOS EJEMPLARES QUE SE LOCALIZAN EN LA PROVINCIA, CADA DÍA MÁS ESCASOS..)
¿ENTONCES CÓMO SON LOS MACHOS MEXICANOS MODERNOS?
PUES.. DADA LA TREMENDA INFLUENCIA NORTEAMERICANA EN NUESTRAS COSTUMBRES, LOS MACHOS DE HOY ESTÁN MUY AMERICANIZADOS..
PERO SE SIGUEN COMPORTANDO COMO MACHOS
14/179

TAN AMERICANIZADO ESTÁ EL MARIDO MEXICANO, QUE BIEN PUEDE DESTINÁRSELE LA **CARTA** ESCRITA POR UNA JOVEN ESPOSA GRINGA Y QUE LLEVA POR TÍTULO:

¡dios mío, quién no quiere una esposa! *

* escrita por Judith Brady cuando su esposo aún estudiaba Universidad

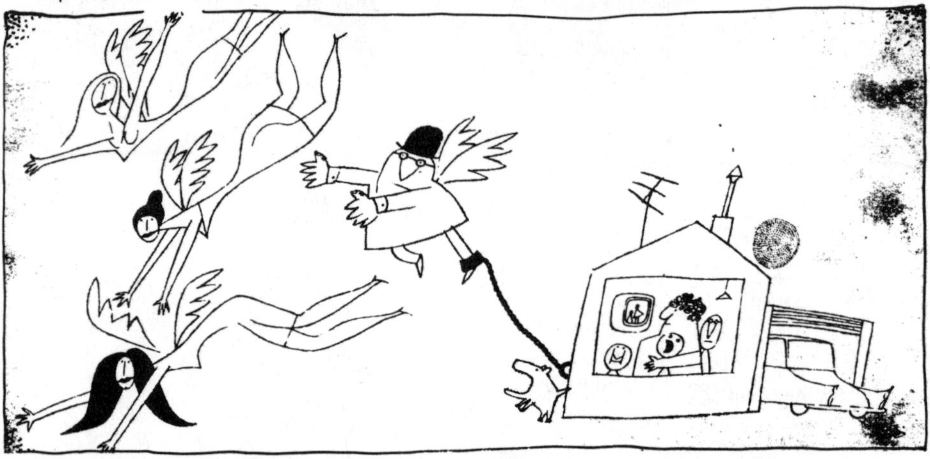

"QUIERO UNA ESPOSA.
QUIERO UNA ESPOSA QUE TRABAJE MIENTRAS YO ESTUDIO CUIDE A LOS NIÑOS Y ESTÉ PENDIENTE DE LAS CITAS CON EL DENTISTA.
QUIERO UNA ESPOSA QUE ALIMENTE BIEN A MIS HIJOS Y LOS MANTENGA LIMPIOS. QUIERO UNA ESPOSA QUE SE ENCARGUE DE LA CASA, VIGILE LAS TAREAS ESCOLARES, LLEVE A LOS NIÑOS AL PARQUE Y...
QUIERO UNA ESPOSA QUE ATIENDA A LOS NIÑOS CUANDO ESTÁN ENFERMOS (Y YO ESTOY OCUPADO.)

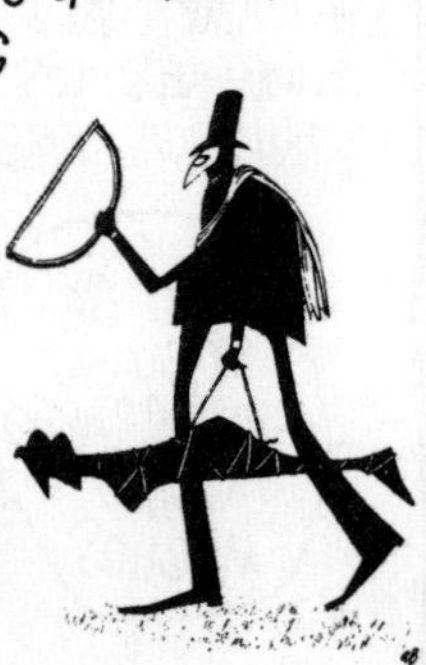

15
179

QUIERO UNA ESPOSA QUE TENGA LA ROPA PLANCHADA Y LIMPIA, ZURCIDA Y GUARDADA, Y MIS OBJETOS PERSONALES ORDENADOS DE TAL MODO, QUE LOS PUEDA ENCONTRAR CUANDO LOS NECESITE..
QUIERO UNA ESPOSA QUE PLANEE DIETAS BALANCEADAS, ECONÓMICAS, Y POR SUPUESTO QUE COCINE BIEN, HAGA LAS COMPRAS, LIMPIE EL PISO Y LAVE LOS TRASTES..
QUIERO UNA ESPOSA QUE NO SE QUEJE Y SEPA ESCUCHARME SI ALGO NO VA BIEN...

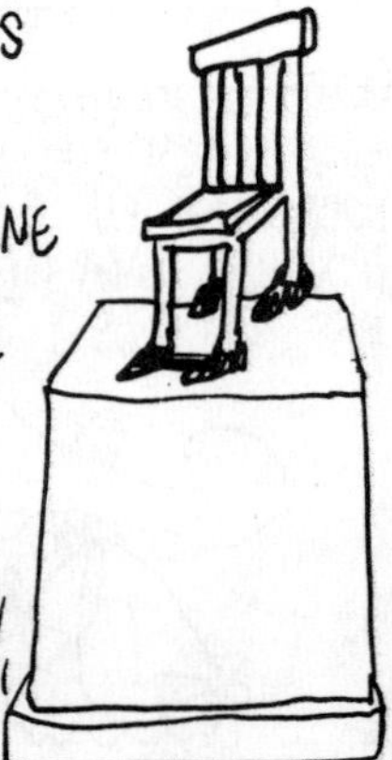

QUIERO UNA ESPOSA QUE ATIENDA LOS DETALLES DE MI VIDA SOCIAL Y SE LLEVE BIEN CON MIS AMIGOS...
QUIERO UNA ESPOSA QUE ENTIENDA MIS NECESIDADES SEXUALES Y NO DEMANDE ATENCIONES CUANDO NO ESTOY DE HUMOR..
QUIERO UNA ESPOSA QUE ASUMA LA RESPONSABILIDAD DEL CONTROL DE LA NATALIDAD PUES NO DESEO MUCHOS NIÑOS; UNA ESPOSA QUE PERMANEZCA FIEL PUES NO QUIERO QUE LOS CELOS PERTURBEN MI TRABAJO INTELECTUAL..
QUIERO UNA ESPOSA QUE ENTIENDA QUE, DESPUÉS DE TODO, NO DEBO ADHERIRME ESTRICTAMENTE A LA MONOGAMIA; Y SI POR CASUALIDAD ENCUENTRO UNA PERSONA MÁS APTA PARA DESARROLLAR SU PAPEL, DESEO TENER LA LIBERTAD DE CANJEARLA..
(NATURALMENTE, AL DIVORCIARME ESPERO QUE ELLA SE HAGA RESPONSABLE DE LOS NIÑOS).
CUANDO TERMINE MIS ESTUDIOS Y EMPIECE YO A TRABAJAR, QUIERO QUE MI ESPOSA DEJE EL SUYO PARA DEDICARSE DE LLENO A LOS QUEHACERES DE LA CASA..."

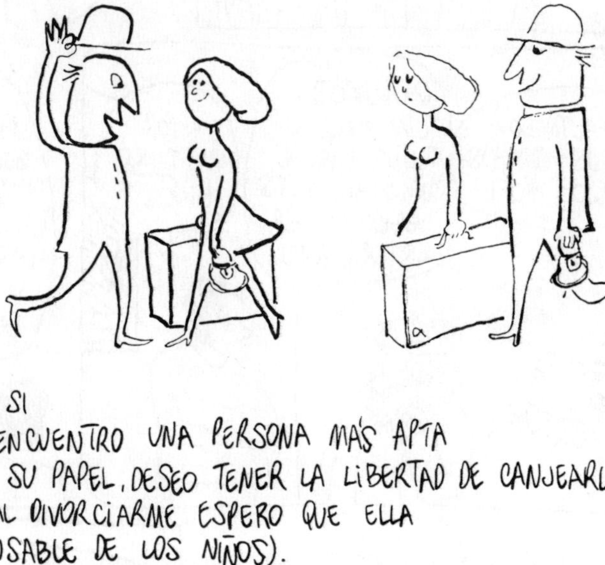

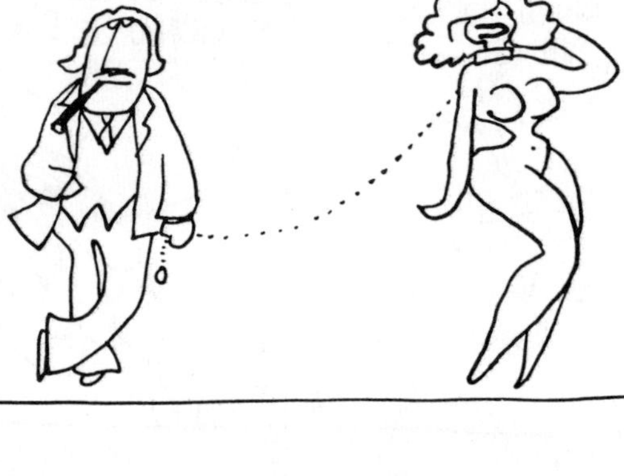

¿ES USTED UNO DE ESOS ESPOSOS?

16/179

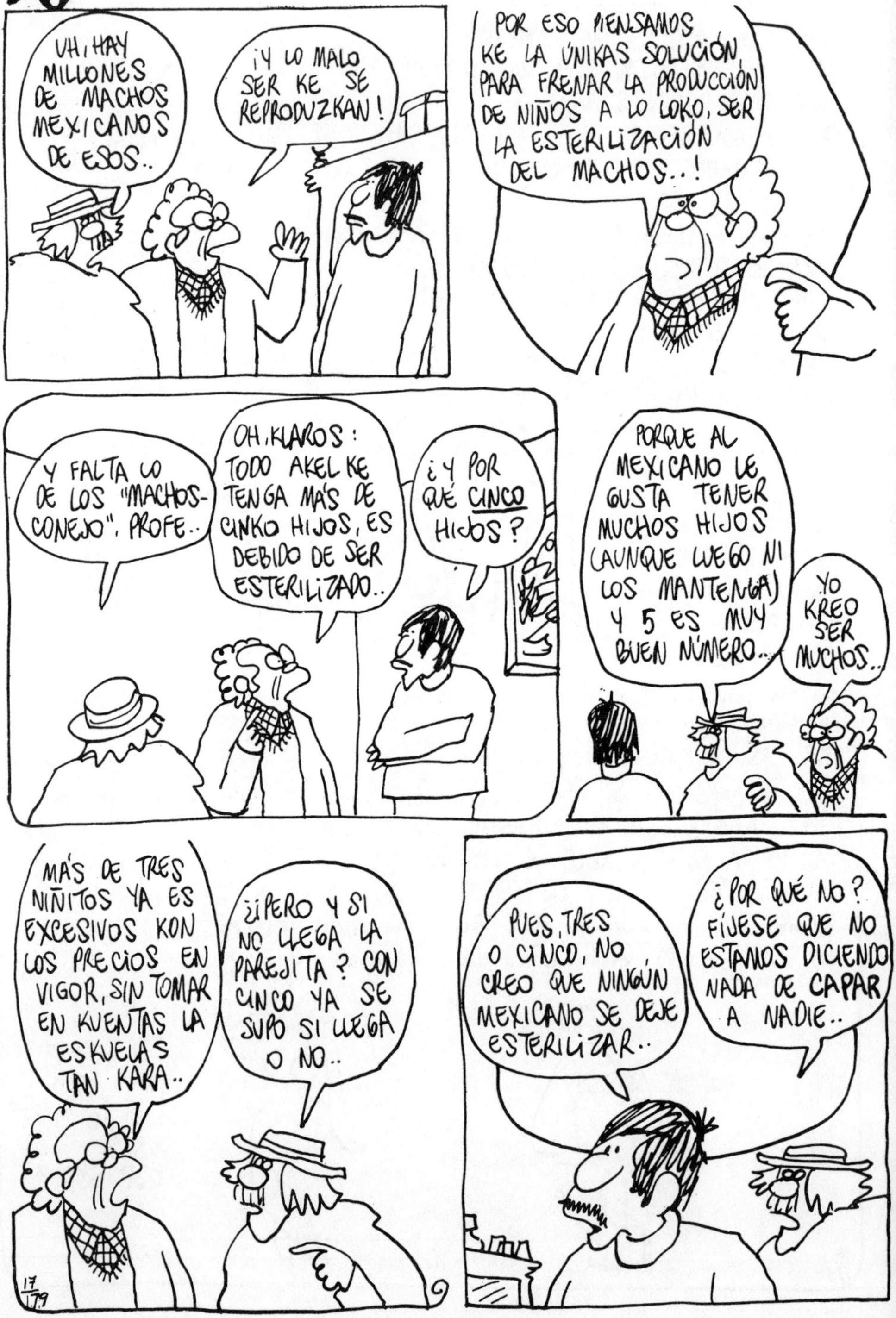
UH, HAY MILLONES DE MACHOS MEXICANOS DE ESOS..
¡Y LO MALO SER KE SE REPRODUZKAN!
POR ESO PIENSAMOS KE LA ÚNIKAS SOLUCIÓN, PARA FRENAR LA PRODUCCIÓN DE NIÑOS A LO LOKO, SER LA ESTERILIZACIÓN DEL MACHOS..!
Y FALTA LO DE LOS "MACHOS-CONEJO", PROFE..
OH, KLAROS: TODO AKEL KE TENGA MÁS DE CINKO HIJOS, ES DEBIDO DE SER ESTERILIZADO..
¿Y POR QUÉ CINCO HIJOS?
PORQUE AL MEXICANO LE GUSTA TENER MUCHOS HIJOS (AUNQUE LUEGO NI LOS MANTENGA) Y 5 ES MUY BUEN NÚMERO..
YO KREO SER MUCHOS..
MÁS DE TRES NIÑITOS YA ES EXCESIVOS KON LOS PRECIOS EN VIGOR, SIN TOMAR EN KUENTAS LA ESKUELAS TAN KARA..
¿¡PERO Y SI NO LLEGA LA PAREJITA? CON CINCO YA SE SUPO SI LLEGA O NO..
PUES, TRES O CINCO, NO CREO QUE NINGÚN MEXICANO SE DEJE ESTERILIZAR..
¿POR QUÉ NO? FÍJESE QUE NO ESTAMOS DICIENDO NADA DE CAPAR A NADIE..
17/1/79

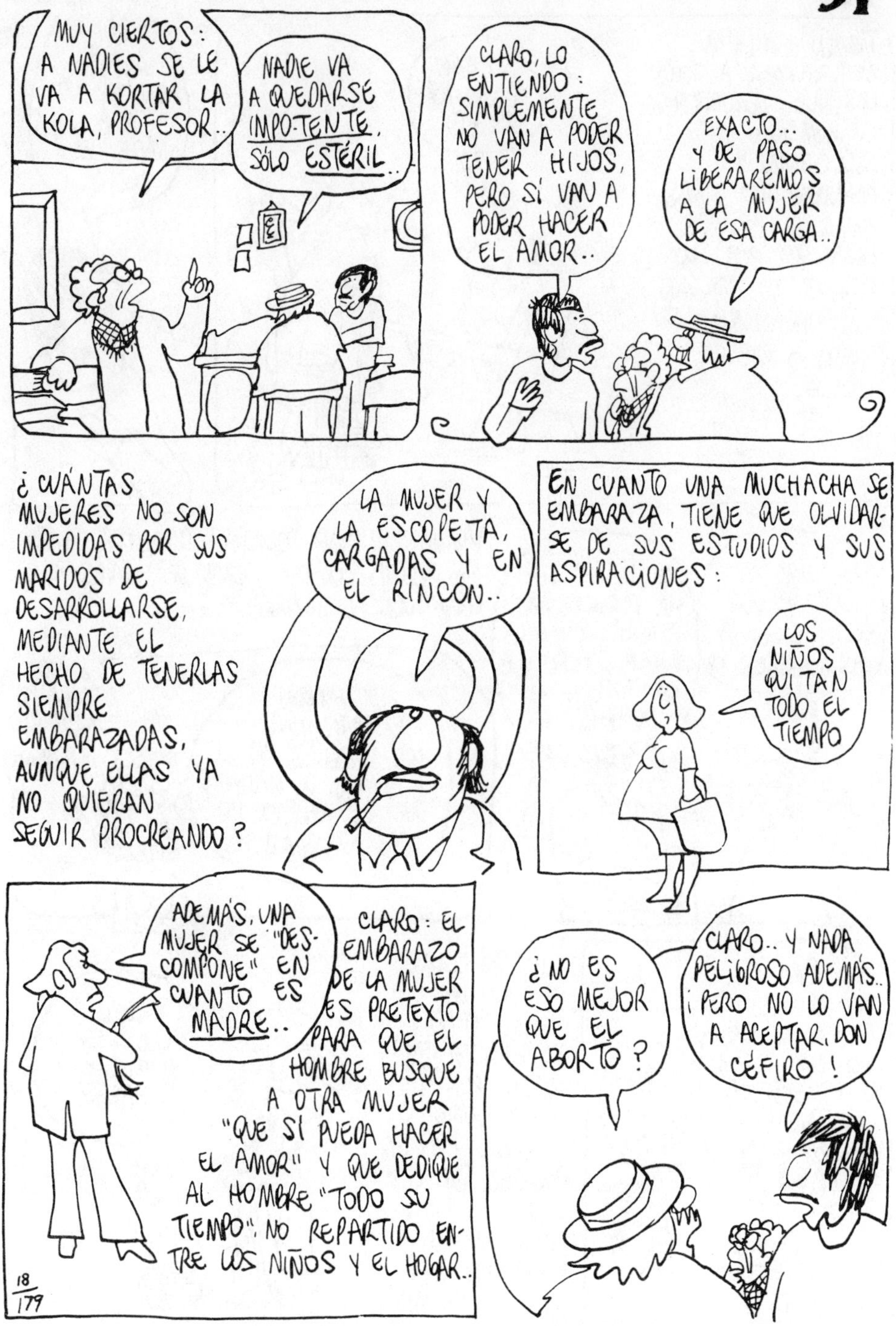
MUY CIERTOS: A NADIES SE LE VA A KORTAR LA KOLA, PROFESOR..
NADIE VA A QUEDARSE IMPO-TENTE, SÓLO ESTÉRIL..
CLARO, LO ENTIENDO: SIMPLEMENTE NO VAN A PODER TENER HIJOS, PERO SÍ VAN A PODER HACER EL AMOR..
EXACTO... Y DE PASO LIBERAREMOS A LA MUJER DE ESA CARGA..
¿CUÁNTAS MUJERES NO SON IMPEDIDAS POR SUS MARIDOS DE DESARROLLARSE, MEDIANTE EL HECHO DE TENERLAS SIEMPRE EMBARAZADAS, AUNQUE ELLAS YA NO QUIERAN SEGUIR PROCREANDO?
LA MUJER Y LA ESCOPETA, CARGADAS Y EN EL RINCÓN..
EN CUANTO UNA MUCHACHA SE EMBARAZA, TIENE QUE OLVIDARSE DE SUS ESTUDIOS Y SUS ASPIRACIONES:
LOS NIÑOS QUITAN TODO EL TIEMPO
ADEMÁS, UNA MUJER SE "DES-COMPONE" EN CUANTO ES MADRE..
CLARO: EL EMBARAZO DE LA MUJER ES PRETEXTO PARA QUE EL HOMBRE BUSQUE A OTRA MUJER "QUE SÍ PUEDA HACER EL AMOR" Y QUE DEDIQUE AL HOMBRE "TODO SU TIEMPO", NO REPARTIDO ENTRE LOS NIÑOS Y EL HOGAR..
18/179
¿NO ES ESO MEJOR QUE EL ABORTO?
CLARO.. Y NADA PELIGROSO ADEMÁS.. ¡PERO NO LO VAN A ACEPTAR, DON CÉFIRO!

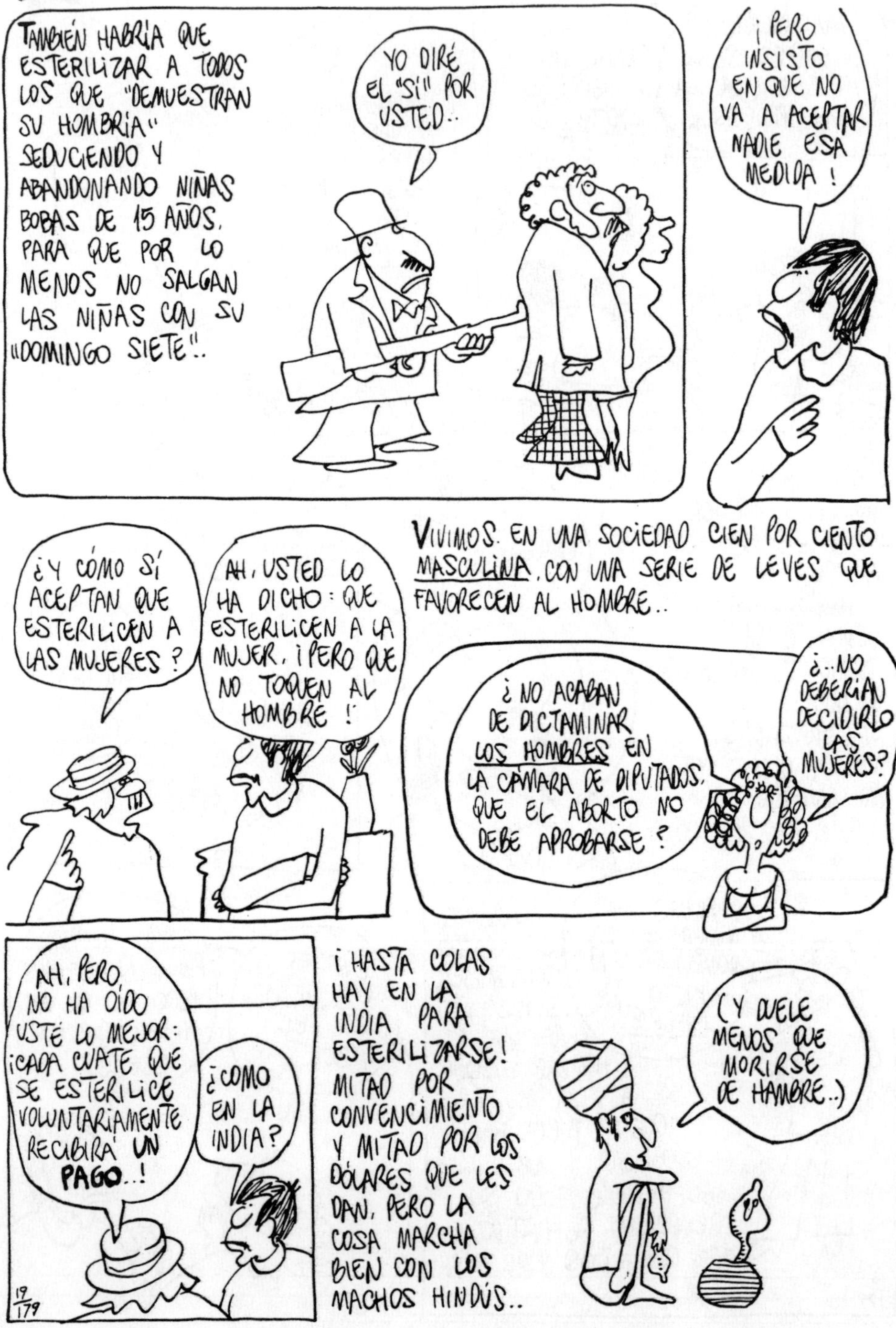
TAMBIÉN HABRÍA QUE ESTERILIZAR A TODOS LOS QUE "DEMUESTRAN SU HOMBRÍA" SEDUCIENDO Y ABANDONANDO NIÑAS BOBAS DE 15 AÑOS. PARA QUE POR LO MENOS NO SALGAN LAS NIÑAS CON SU "DOMINGO SIETE"..
YO DIRÉ EL "SÍ" POR USTED..
¡ PERO INSISTO EN QUE NO VA A ACEPTAR NADIE ESA MEDIDA !
¿Y CÓMO SÍ ACEPTAN QUE ESTERILICEN A LAS MUJERES ?
AH, USTED LO HA DICHO: QUE ESTERILICEN A LA MUJER. ¡PERO QUE NO TOQUEN AL HOMBRE !
VIVIMOS EN UNA SOCIEDAD CIEN POR CIENTO MASCULINA, CON UNA SERIE DE LEYES QUE FAVORECEN AL HOMBRE..
¿ NO ACABAN DE DICTAMINAR LOS HOMBRES EN LA CÁMARA DE DIPUTADOS, QUE EL ABORTO NO DEBE APROBARSE ?
¿..NO DEBERÍAN DECIDIRLO LAS MUJERES?
AH, PERO, NO HA OÍDO USTÉ LO MEJOR: ¡CADA CUATE QUE SE ESTERILICE VOLUNTARIAMENTE RECIBIRÁ UN PAGO..!
¿COMO EN LA INDIA?
19/179
¡ HASTA COLAS HAY EN LA INDIA PARA ESTERILIZARSE ! MITAD POR CONVENCIMIENTO Y MITAD POR LOS DÓLARES QUE LES DAN, PERO LA COSA MARCHA BIEN CON LOS MACHOS HINDÚS..
(Y DUELE MENOS QUE MORIRSE DE HAMBRE..)

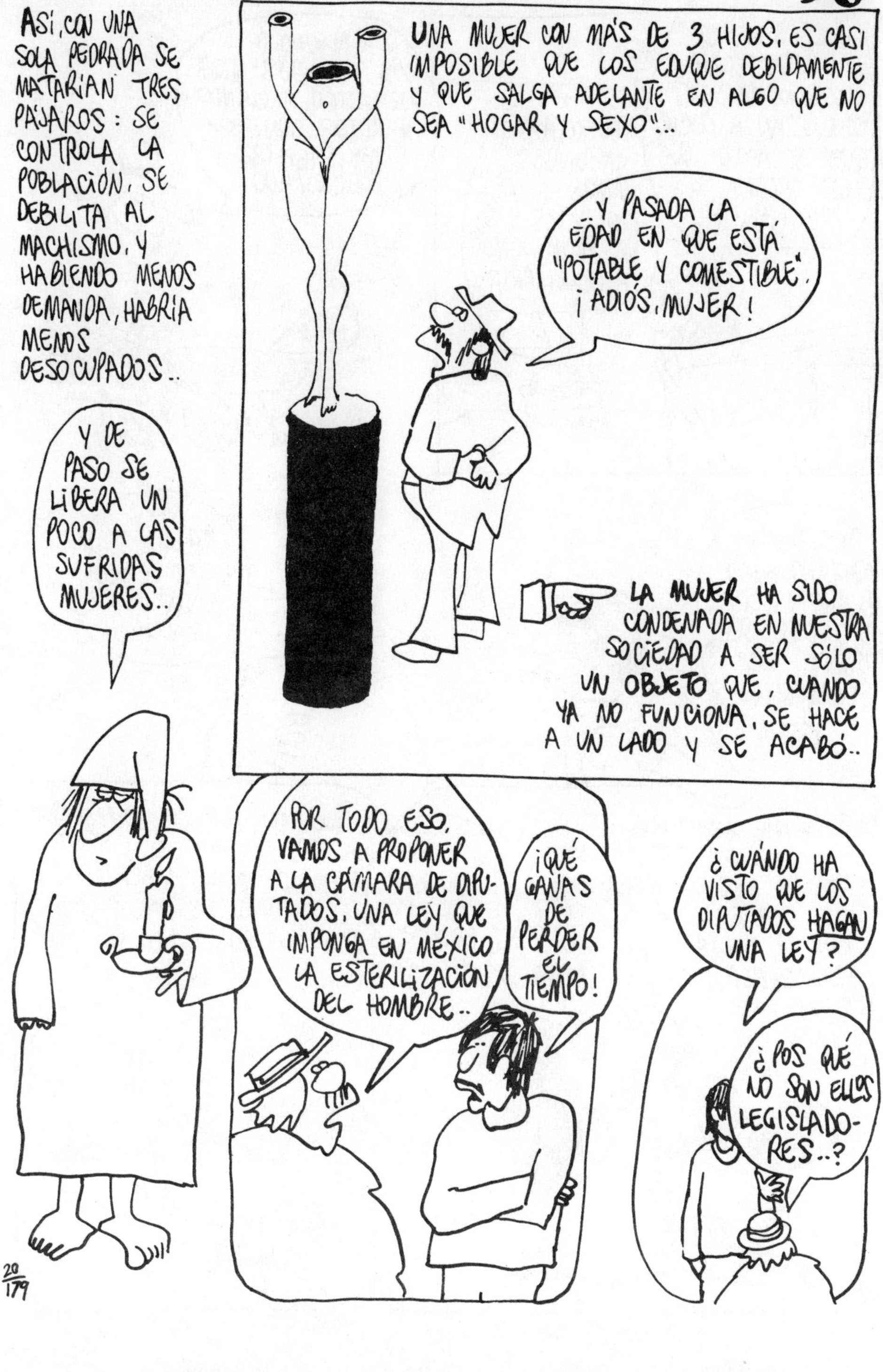
ASÍ, CON UNA SOLA PEDRADA SE MATARÍAN TRES PÁJAROS: SE CONTROLA LA POBLACIÓN, SE DEBILITA AL MACHISMO, Y HABIENDO MENOS DEMANDA, HABRÍA MENOS DESOCUPADOS..
Y DE PASO SE LIBERA UN POCO A LAS SUFRIDAS MUJERES..
UNA MUJER CON MÁS DE 3 HIJOS, ES CASI IMPOSIBLE QUE LOS EDUQUE DEBIDAMENTE Y QUE SALGA ADELANTE EN ALGO QUE NO SEA "HOGAR Y SEXO"..
..Y PASADA LA EDAD EN QUE ESTÁ "POTABLE Y COMESTIBLE", ¡ADIÓS, MUJER!
LA MUJER HA SIDO CONDENADA EN NUESTRA SOCIEDAD A SER SÓLO UN OBJETO QUE, CUANDO YA NO FUNCIONA, SE HACE A UN LADO Y SE ACABÓ..
POR TODO ESO, VAMOS A PROPONER A LA CÁMARA DE DIPUTADOS, UNA LEY QUE IMPONGA EN MÉXICO LA ESTERILIZACIÓN DEL HOMBRE..
¡QUÉ GANAS DE PERDER EL TIEMPO!
¿CUÁNDO HA VISTO QUE LOS DIPUTADOS HAGAN UNA LEY?
¿POS QUÉ NO SON ELLOS LEGISLADORES..?
20/179

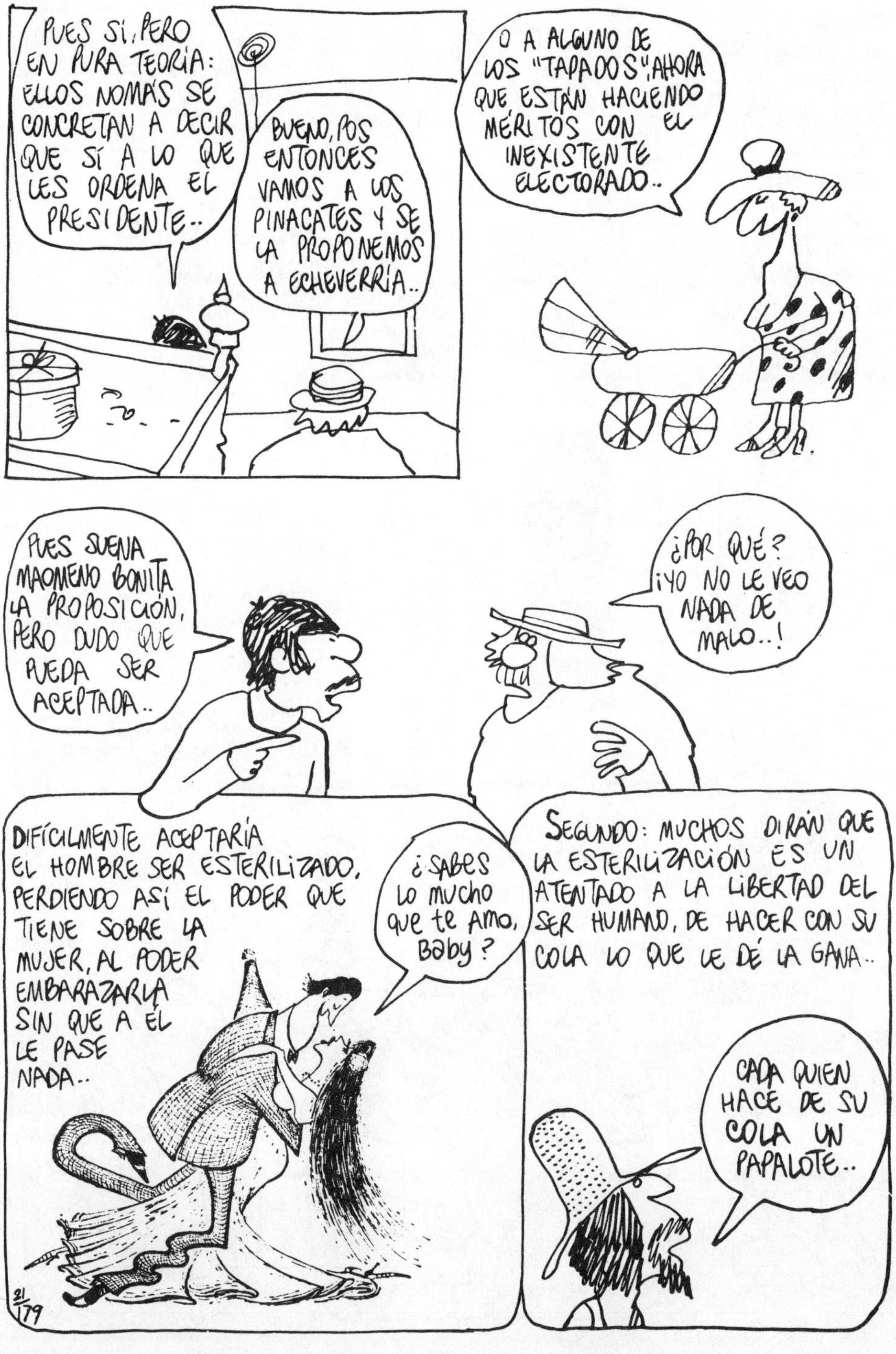
PUES SÍ, PERO EN PURA TEORÍA: ELLOS NOMÁS SE CONCRETAN A DECIR QUE SÍ A LO QUE LES ORDENA EL PRESIDENTE..
BUENO, POS ENTONCES VAMOS A LOS PINACATES Y SE LA PROPONEMOS A ECHEVERRÍA..
O A ALGUNO DE LOS "TAPADOS", AHORA QUE ESTÁN HACIENDO MÉRITOS CON EL INEXISTENTE ELECTORADO..
PUES SUENA MAOMENO BONITA LA PROPOSICIÓN, PERO DUDO QUE PUEDA SER ACEPTADA..
¿POR QUÉ? ¡YO NO LE VEO NADA DE MALO..!
DIFÍCILMENTE ACEPTARÍA EL HOMBRE SER ESTERILIZADO, PERDIENDO ASÍ EL PODER QUE TIENE SOBRE LA MUJER, AL PODER EMBARAZARLA SIN QUE A ÉL LE PASE NADA..
¿sabes lo mucho que te amo, Baby?
21/179
SEGUNDO: MUCHOS DIRÁN QUE LA ESTERILIZACIÓN ES UN ATENTADO A LA LIBERTAD DEL SER HUMANO, DE HACER CON SU COLA LO QUE LE DÉ LA GANA..
CADA QUIEN HACE DE SU COLA UN PAPALOTE..

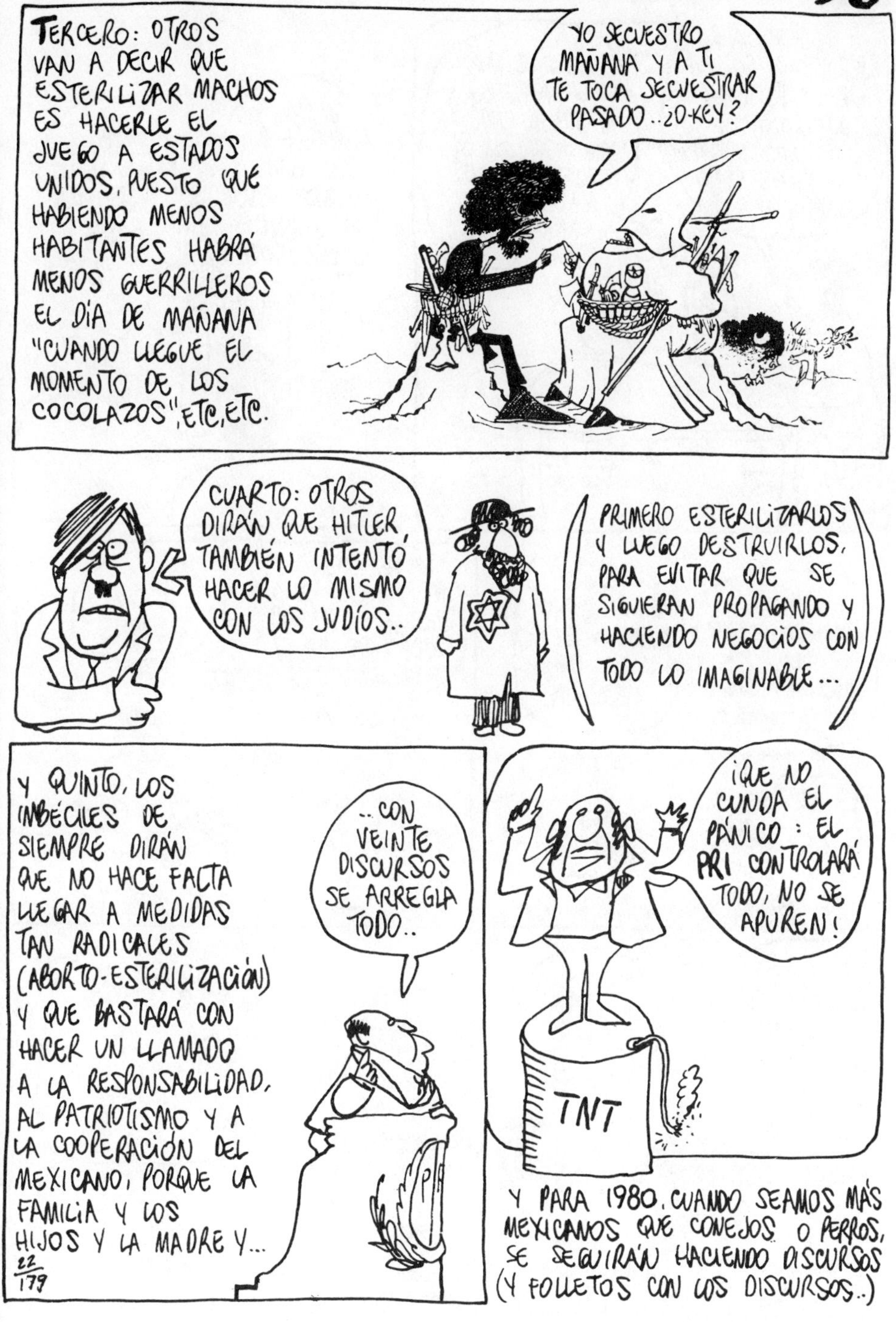
TERCERO: OTROS VAN A DECIR QUE ESTERILIZAR MACHOS ES HACERLE EL JUEGO A ESTADOS UNIDOS, PUESTO QUE HABIENDO MENOS HABITANTES HABRÁ MENOS GUERRILLEROS EL DÍA DE MAÑANA "CUANDO LLEGUE EL MOMENTO DE LOS COCOLAZOS", ETC, ETC.
YO SECUESTRO MAÑANA Y A TI TE TOCA SECUESTRAR PASADO.. ¿O-KEY?
CUARTO: OTROS DIRÁN QUE HITLER TAMBIÉN INTENTÓ HACER LO MISMO CON LOS JUDÍOS..
PRIMERO ESTERILIZARLOS Y LUEGO DESTRUIRLOS, PARA EVITAR QUE SE SIGUIERAN PROPAGANDO Y HACIENDO NEGOCIOS CON TODO LO IMAGINABLE...
Y QUINTO, LOS IMBÉCILES DE SIEMPRE DIRÁN QUE NO HACE FALTA LLEGAR A MEDIDAS TAN RADICALES (ABORTO-ESTERILIZACIÓN) Y QUE BASTARÁ CON HACER UN LLAMADO A LA RESPONSABILIDAD, AL PATRIOTISMO Y A LA COOPERACIÓN DEL MEXICANO, PORQUE LA FAMILIA Y LOS HIJOS Y LA MADRE Y...
..CON VEINTE DISCURSOS SE ARREGLA TODO..
PRI
22/179
¡QUE NO CUNDA EL PÁNICO: EL PRI CONTROLARÁ TODO, NO SE APUREN!
TNT
Y PARA 1980, CUANDO SEAMOS MÁS MEXICANOS QUE CONEJOS O PERROS, SE SEGUIRÁN HACIENDO DISCURSOS (Y FOLLETOS CON LOS DISCURSOS..)

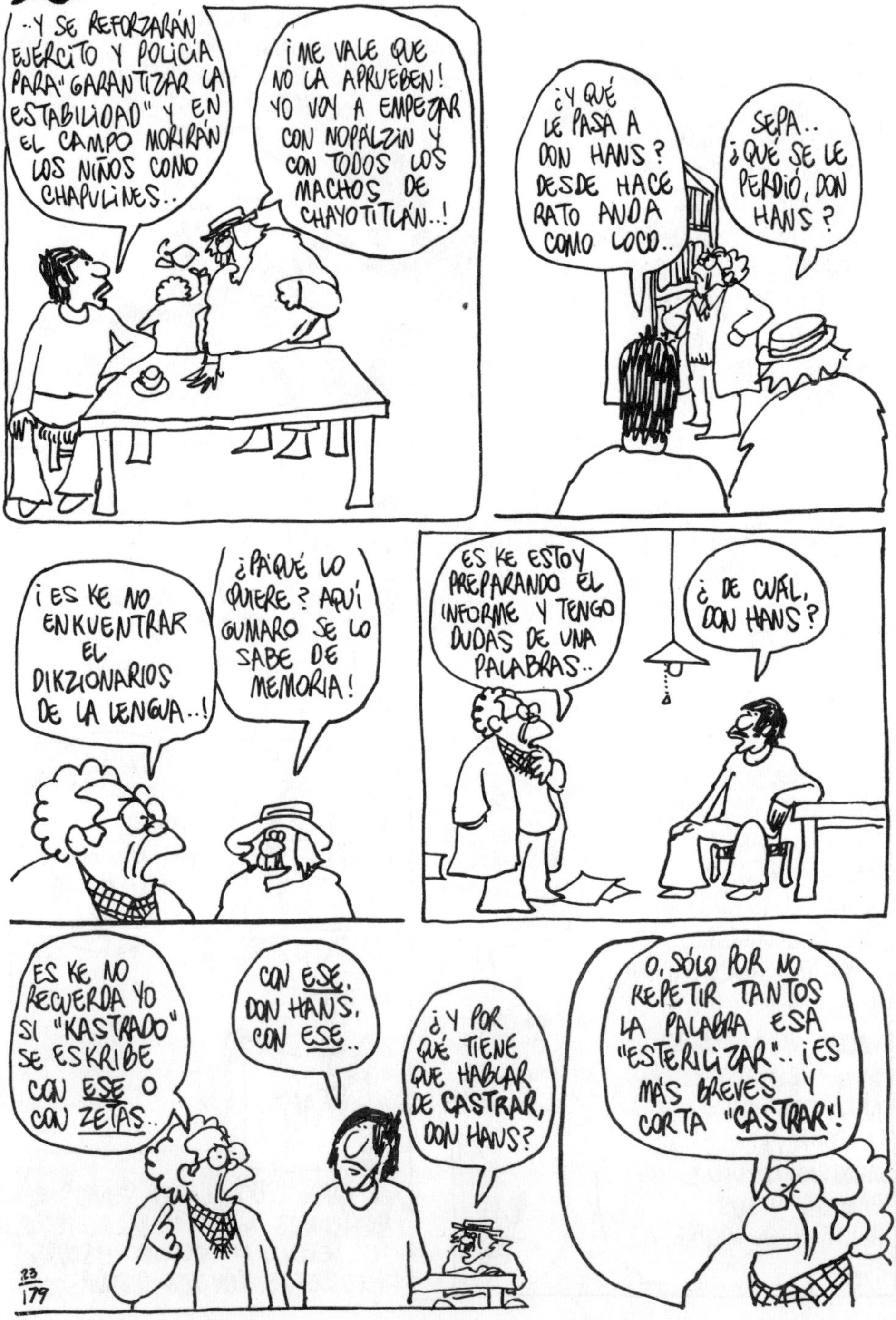
..Y SE REFORZARÁN EJÉRCITO Y POLICÍA PARA "GARANTIZAR LA ESTABILIDAD" Y EN EL CAMPO MORIRÁN LOS NIÑOS COMO CHAPULINES..
¡ME VALE QUE NO LA APRUEBEN! YO VOY A EMPEZAR CON NOPALZIN Y CON TODOS LOS MACHOS DE CHAYOTITLÁN..!
¿Y QUÉ LE PASA A DON HANS? DESDE HACE RATO ANDA COMO LOCO..
SEPA.. ¿QUÉ SE LE PERDIÓ, DON HANS?
¡ES KE NO ENKUENTRAR EL DIKZIONARIOS DE LA LENGUA..!
¿PÁ'QUÉ LO QUIERE? AQUÍ GUMARO SE LO SABE DE MEMORIA!
ES KE ESTOY PREPARANDO EL INFORME Y TENGO DUDAS DE UNA PALABRAS..
¿DE CUÁL, DON HANS?
ES KE NO RECUERDA YO SI "KASTRADO" SE ESKRIBE CON ESE O CON ZETAS..
CON ESE, DON HANS, CON ESE..
¿Y POR QUÉ TIENE QUE HABLAR DE CASTRAR, DON HANS?
O, SÓLO POR NO REPETIR TANTOS LA PALABRA ESA "ESTERILIZAR".. ¡ES MÁS BREVES Y CORTA "CASTRAR"!
23
179

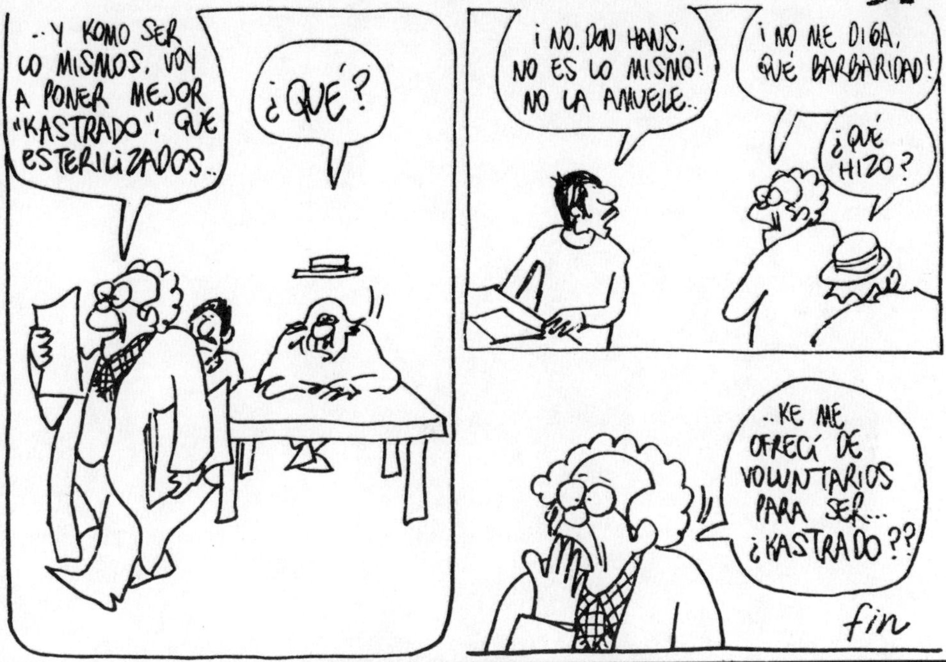
..Y KOMO SER LO MISMOS, VOY A PONER MEJOR "KASTRADO", QUE ESTERILIZADOS..
¿QUÉ?
¡NO, DON HANS, NO ES LO MISMO! NO LA AMUELE..
¡NO ME DIGA, QUÉ BARBARIDAD!
¿QUÉ HIZO?
..KE ME OFRECÍ DE VOLUNTARIOS PARA SER... ¿KASTRADO??
fin

mi experiencia como varón vasectomizado

Siempre, en las pláticas de cantina donde llegaba a salir en la plática el tema de la VASECTOMÍA, los amigos se pronunciaban a favor de que se practicara... pero en los demás. No recuerdo haber sabido de nadie, casado desde luego, que optara por practicarse la sencilla operación, pese a que ya tenían más de seis hijos. Algunos inclusive rechazaban indignados la posibilidad de que sus sufridas esposas se hicieran un nudo en las Trompas de Falopio. ¡ Qué esperanza !

Cuando a los 65 años volví a convertirme en padre, a la semana de tan fausto acontecimiento tomé la decisión de hacerme la vasectomía. Fue con el mismo médico que había atendido a mi mujer y en el mismo sanatorio. El resultado fue sorprendente, pues, contrario a lo que yo pensaba, el deseo sexual –y su manifestación pragmática como erección– no disminuyeron en lo más mínimo. Por el contrario, las cosas se me dan mejor que antes de la operación. (Que de paso sirve para checar si no hay problemas que lamentar en la próstata).

De modo y manera que, a los amigos que NO quieren ya tener hijos o que no quieren llevarse sustos en su soltería activa, les recomiendo ingresen al Club de los Vasectomizados. **el autor.**

los agachados de RIUS

99

ESA IDIOTEZ LLAMADA MODA

$3.50

LOS AGACHADOS / OPUS 279

ideas, monos y textos: RIUS
color: LUIS CHÁVEZ PEÓN
© 1968 EDITORIAL POSADA

EL HOMBRE ES UN ANIMAL RIDÍCULO, DIJO ALGUIEN...

¿EL HOMBRE NADA MÁS? ¿Y DÓNDE DEJAN A LA MUJER?

BUENO: EL MACHISMO DICE "EL HOMBRE" POR QUERER DECIR "EL HOMBRE Y LA MUJER". PERO EL DICHO SE REFIERE A AMBOS DOS: HOMBRES Y MUJERES SON ANIMALES RIDÍCULOS, PORQUE SON LOS ÚNICOS ANIMALES QUE CAUSAN RISA AL CUBRIRSE EL CUERPO DE TRAPOS...

SI QUIERE REÍRSE DE UN ANIMAL, VÍSTALO...

EL HOMBRE NACE DESNUDO Y PROTESTANDO: NINGÚN ANIMAL ES TAN INDEFENSO COMO EL HOMBRE AL NACER...

¿QUIÉN PRENDIÓ LA LUZ!!?

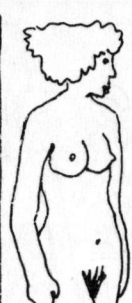

...Y NINGÚN OTRO TARDA TANTO EN APRENDER A DEFENDERSE POR SÍ MISMO. TOMEMOS POR EJEMPLO AL HOMBRE Y AL ELEFANTE:

AMBOS DOTADOS DE UNA INTELIGENCIA "SUPERIOR..."

..Y AMBOS CON EL MISMO PROMEDIO DE VIDA..

SIN EMBARGO, UN BEBÉ-ELEFANTE DE CINCO AÑOS ESTÁ MÁS PREPARADO PARA LA VIDA, QUE UN NIÑO DE CINCO AÑOS: EL NIÑO NO PUEDE DEFENDERSE EN NINGÚN ASPECTO..

UNA DE LAS RAZONES DE LA INUTILIDAD DEL HOMBRE ES QUE NACE SIN NINGUNA "CUBIERTA" PROTECTORA... NO TRAE PIELES, NI CONCHA, NI ESCAMAS, NI PELO (CASI) Y SÓLO LLEGA AL MUNDO CON UNA PIEL QUE SE IRRITA POR NADA..

¡Y ES EL "REY" DE LA CREACIÓN!

DE ACUERDO CON DARWIN, EL HOMBRE PRIMITIVO TENÍA MÁS PELO, PERO LO FUE PERDIENDO EN EL PROCESO DE LA "SELECCIÓN NATURAL"... ¿CÓMO?

102

Es decir, los miembros de cada sexo escogían como compañeros a los que tenían MENOS pelo (por razones estéticas) y poco a poco se fue perdiendo el pelo...

Pero también hay la otra teoría —que no se cuatrapea con la de Darwin— de que el hombre perdió su pelo a causa del uso de la ropa.

AUNQUE QUEDAMOS MUCHOS QUE PARECEMOS CHANGOS...

¿POR QUÉ EMPEZAMOS A CUBRIRNOS EL CUERPO?

Estudios que se han hecho a partir de Darwin entre las tribus primitivas en África, Asia, Oceanía y América, han coincidido en una cosa:

NADIE SE TAPA PARA PROTEGERSE...

NI POR PUDOR...

...SINO PARA ADORNARSE!

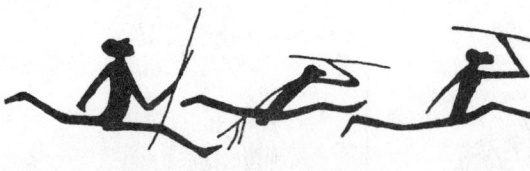

Ninguna tribu primitiva o ninguno de los pueblos pobladores del mundo se cubría ni le andaba poniendo portabustos a las mujeres: la razón de la ropa era siempre DECORARSE...

SE DA TODAVÍA EL CASO DE LOS HABITANTES DE LA TIERRA DEL FUEGO, QUE PESE AL FRÍO BAJO CERO QUE HACE, ANDAN DESNUDOS...

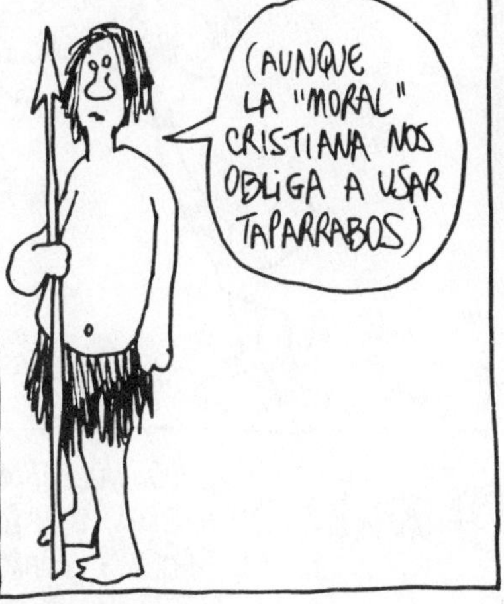
(AUNQUE LA "MORAL" CRISTIANA NOS OBLIGA A USAR TAPARRABOS)

PLATÓN MISMO ACONSEJABA A LOS GRIEGOS NO USAR NADA DE ROPA PARA TENER BUENA SALUD, "SOBRE TODO EN PIES Y CABEZA, SIN OTRA PROTECCIÓN QUE LA PROVEÍDA POR LA NATURALEZA"...

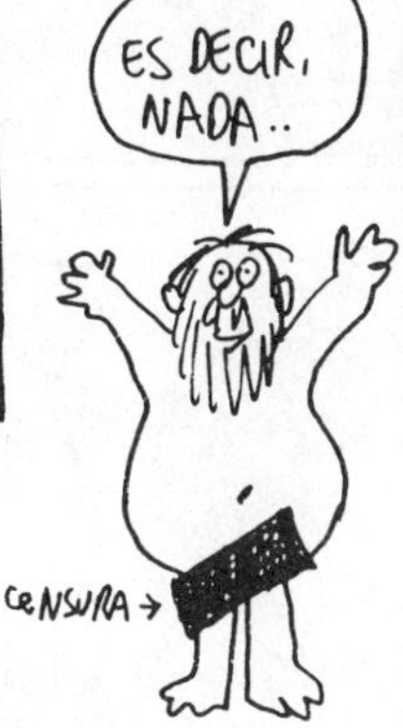
ES DECIR, NADA..
CENSURA →

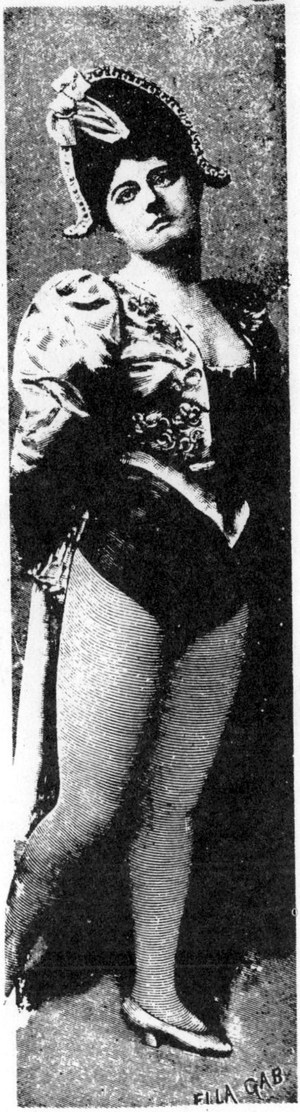

SI LLEGAMOS PUES A LAS SUBLIMES RIDICULECES DE TODOS CONOCIDAS, ELLO HA SIDO, NO POR <u>NECESIDAD</u> DE CUBRIRNOS, SINO POR LA VIL Y PURA SATISFACCIÓN DE NUESTRO EGO...

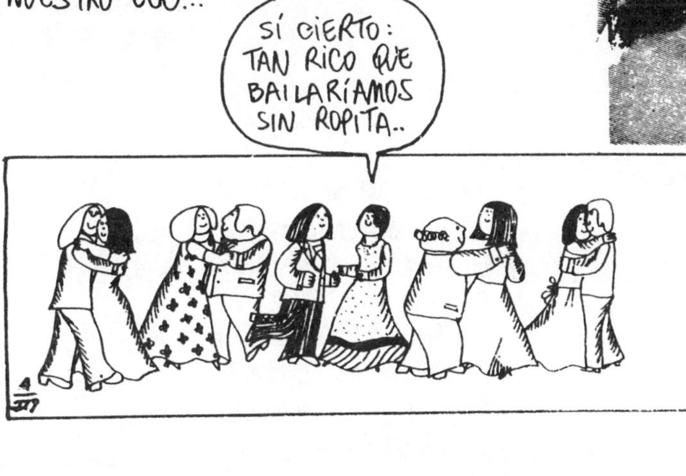
SÍ CIERTO: TAN RICO QUE BAILARÍAMOS SIN ROPITA..

¿ACASO NO NOS DESPOJAMOS DE LA ROPA CUANDO QUEREMOS ESTAR "A GUSTO"? ¿ENTONCES?

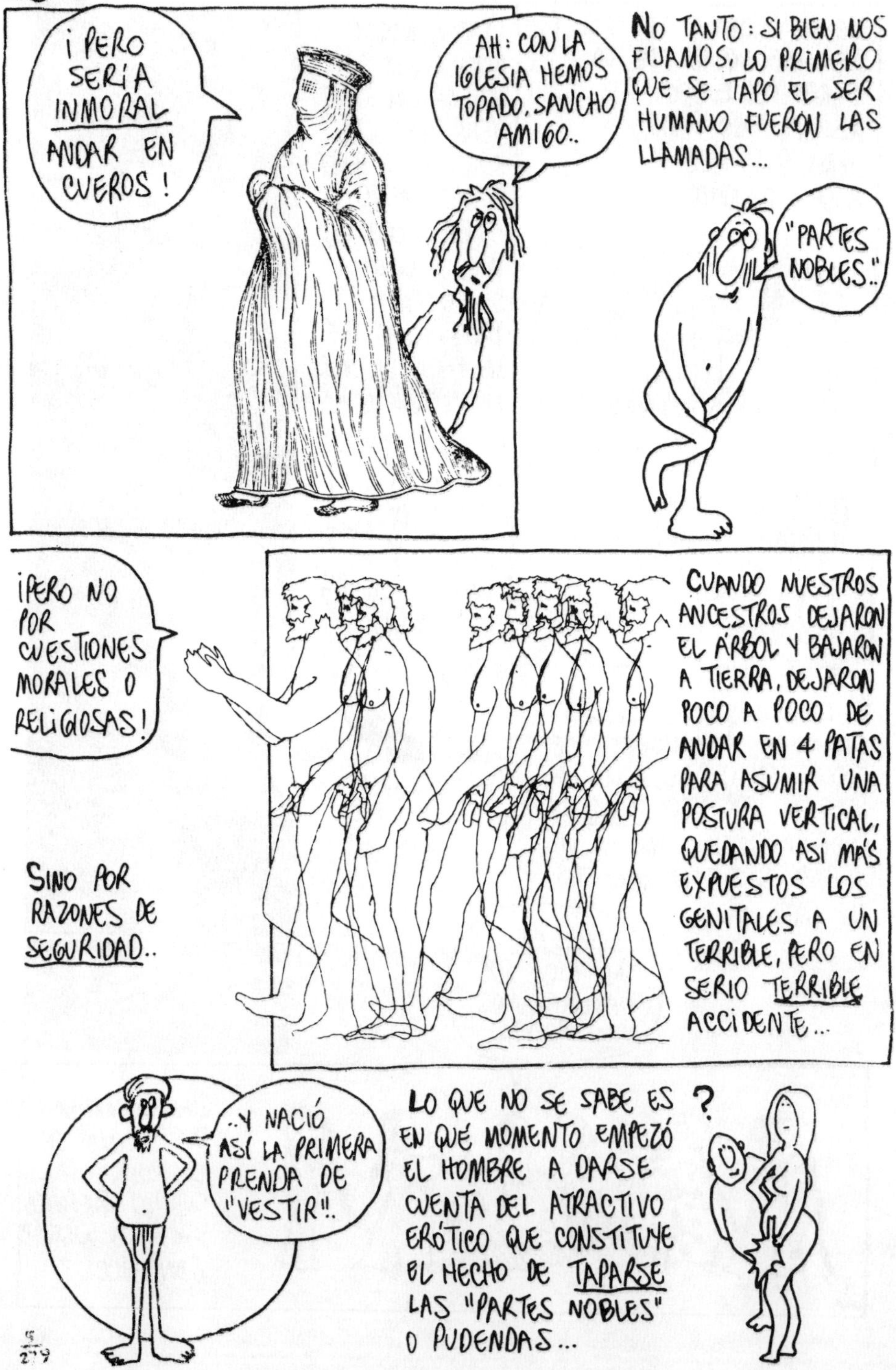
¡PERO SERÍA INMORAL ANDAR EN CUEROS!
AH: CON LA IGLESIA HEMOS TOPADO, SANCHO AMIGO..
NO TANTO: SI BIEN NOS FIJAMOS, LO PRIMERO QUE SE TAPÓ EL SER HUMANO FUERON LAS LLAMADAS...
"PARTES NOBLES"..
¡PERO NO POR CUESTIONES MORALES O RELIGIOSAS!
SINO POR RAZONES DE SEGURIDAD..
CUANDO NUESTROS ANCESTROS DEJARON EL ÁRBOL Y BAJARON A TIERRA, DEJARON POCO A POCO DE ANDAR EN 4 PATAS PARA ASUMIR UNA POSTURA VERTICAL, QUEDANDO ASÍ MÁS EXPUESTOS LOS GENITALES A UN TERRIBLE, PERO EN SERIO TERRIBLE ACCIDENTE...
..Y NACIÓ ASÍ LA PRIMERA PRENDA DE "VESTIR"!..
LO QUE NO SE SABE ES EN QUÉ MOMENTO EMPEZÓ EL HOMBRE A DARSE CUENTA DEL ATRACTIVO ERÓTICO QUE CONSTITUYE EL HECHO DE TAPARSE LAS "PARTES NOBLES" O PUDENDAS...
?

HUBO, INCLUSIVE UNA ÉPOCA -QUE DURÓ MEDIO SIGLO- EN QUE EL <u>HOMBRE</u> SE VISTIÓ LLAMANDO LA ATENCIÓN HACIA SUS GENITALES, MÁS QUE LA MUJER: ¡EL HOMBRE ERA EL QUE LUCÍA LAS PIERNAS!

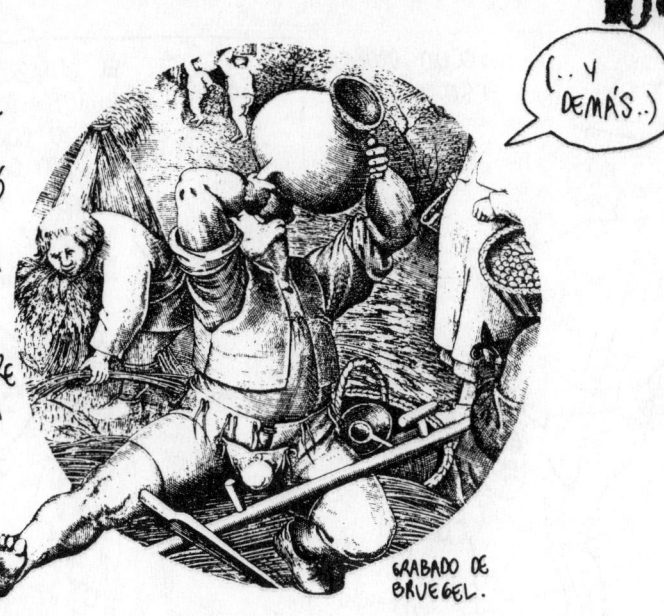

(..Y DEMÁS..)

GRABADO DE BRUEGEL.

PARECERÍA QUE LA MODA ERA UN FENÓMENO FEMENINO, PERO NO: RESULTA QUE LOS QUE PRIMERO CAYERON EN LOS DICTADOS DE LA MODA FUERON LOS

¡HOMBRES...!

ES EL HOMBRE, NO LA MUJER, EL QUE USA LA ROPA PARA EXHIBIR SU CUERPO CON VESTIDOS ENTALLADÍSIMOS!

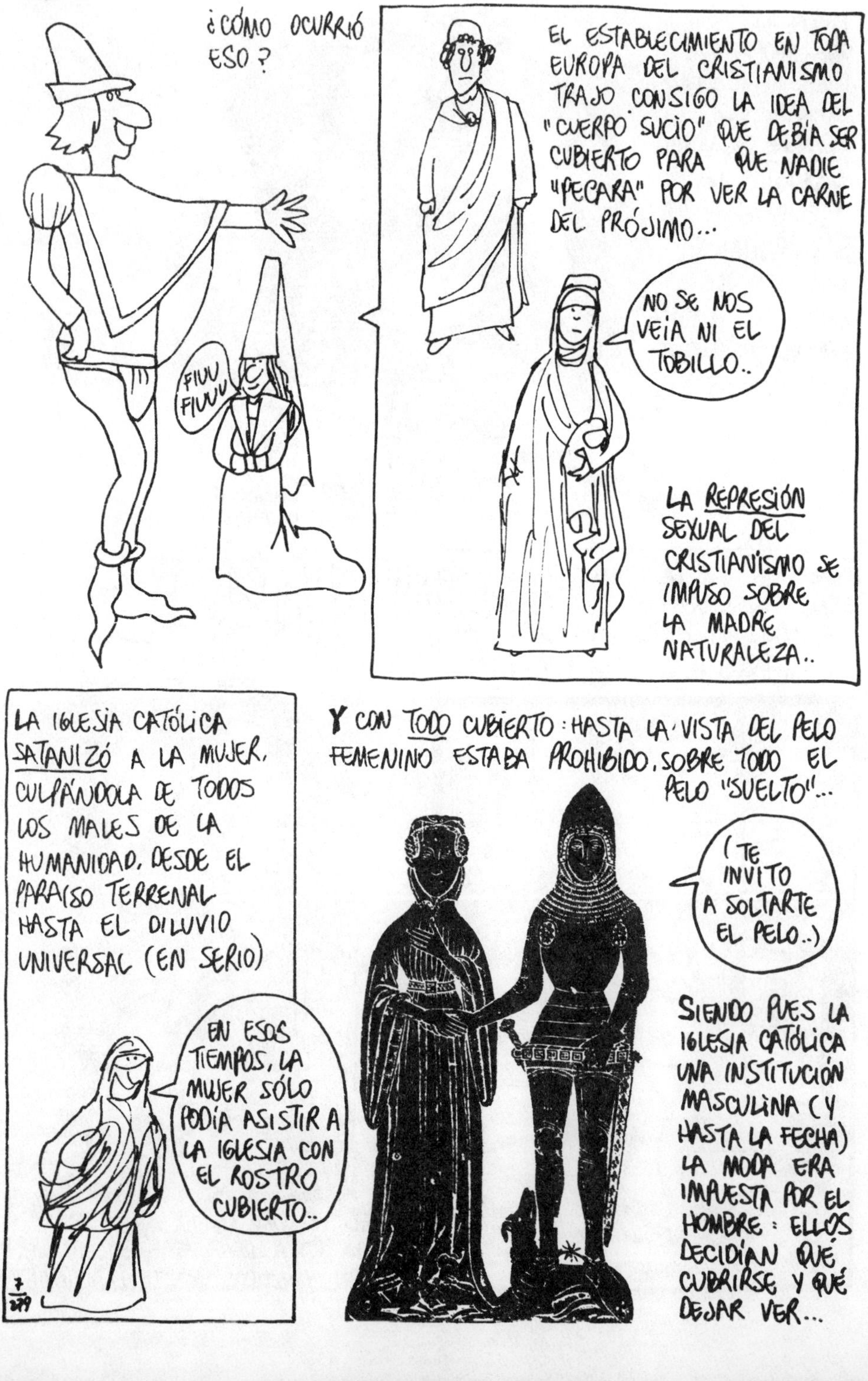
¿CÓMO OCURRIÓ ESO?
FIUU FIUUU
EL ESTABLECIMIENTO EN TODA EUROPA DEL CRISTIANISMO TRAJO CONSIGO LA IDEA DEL "CUERPO SUCIO" QUE DEBÍA SER CUBIERTO PARA QUE NADIE "PECARA" POR VER LA CARNE DEL PRÓJIMO...
NO SE NOS VEÍA NI EL TOBILLO..
LA REPRESIÓN SEXUAL DEL CRISTIANISMO SE IMPUSO SOBRE LA MADRE NATURALEZA..
LA IGLESIA CATÓLICA SATANIZÓ A LA MUJER, CULPÁNDOLA DE TODOS LOS MALES DE LA HUMANIDAD, DESDE EL PARAÍSO TERRENAL HASTA EL DILUVIO UNIVERSAL (EN SERIO)
EN ESOS TIEMPOS, LA MUJER SÓLO PODÍA ASISTIR A LA IGLESIA CON EL ROSTRO CUBIERTO..
Y CON TODO CUBIERTO: HASTA LA VISTA DEL PELO FEMENINO ESTABA PROHIBIDO, SOBRE TODO EL PELO "SUELTO"...
(TE INVITO A SOLTARTE EL PELO..)
SIENDO PUES LA IGLESIA CATÓLICA UNA INSTITUCIÓN MASCULINA (Y HASTA LA FECHA) LA MODA ERA IMPUESTA POR EL HOMBRE: ELLOS DECIDÍAN QUÉ CUBRIRSE Y QUÉ DEJAR VER...

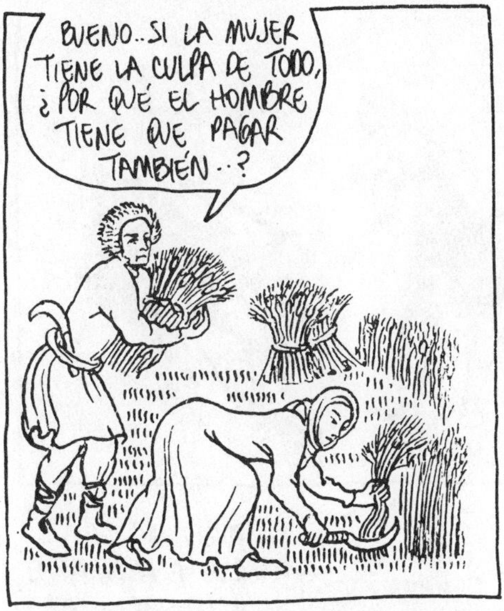
BUENO.. SI LA MUJER TIENE LA CULPA DE TODO, ¿POR QUÉ EL HOMBRE TIENE QUE PAGAR TAMBIÉN..?

FUE ENTONCES (SIGLO 14) CUANDO SE PRODUJO ESA EXTRAÑA MODA EN EL HOMBRE, DE ANDAR MOSTRANDO CON POSTIZOS Y TODO SUS PARTES NOBLES Y SENTIMENTALES EN PÚBLICO DE LA GENTE..

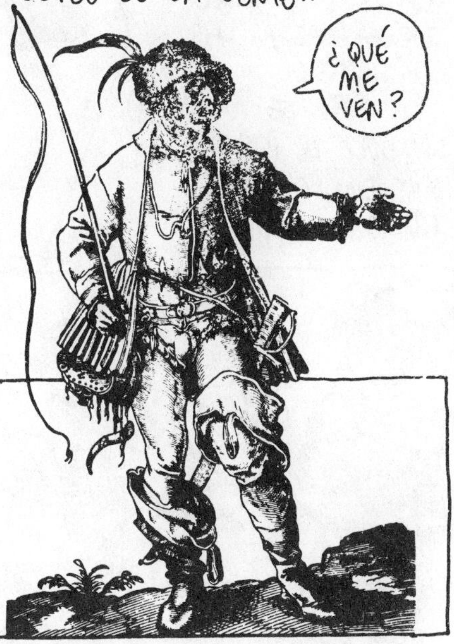
¿QUÉ ME VEN?

HASTA QUE LA IGLESIA INTERVINO Y PROHIBIÓ TAMAÑAS "INMORALIDADES", IMPONIÉNDOLE AL HOMBRE EL USO DE UN FALDÓN "QUE CUBRA AL MENOS DE LA RODILLA HACIA ARRIBA SIN PROVOCAR TENTACIONES" (chaucier)

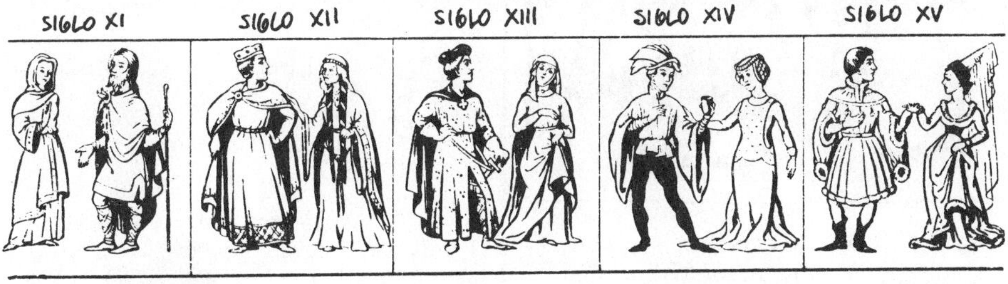
SIGLO XI
SIGLO XII
SIGLO XIII
SIGLO XIV
SIGLO XV

ESTE PATRIARCADO DE LA MODA DEL HOMBRE QUE SE ADORNA, LUCE Y SE MUESTRA COMO EL SEDUCTOR Y EL AMO, PERSISTE POR VARIOS SIGLOS. PARA LA MUJER PERSISTE LA MALDICIÓN BÍBLICA: LE ESTÁ 8/272 PROHIBIDO EXHIBIRSE...

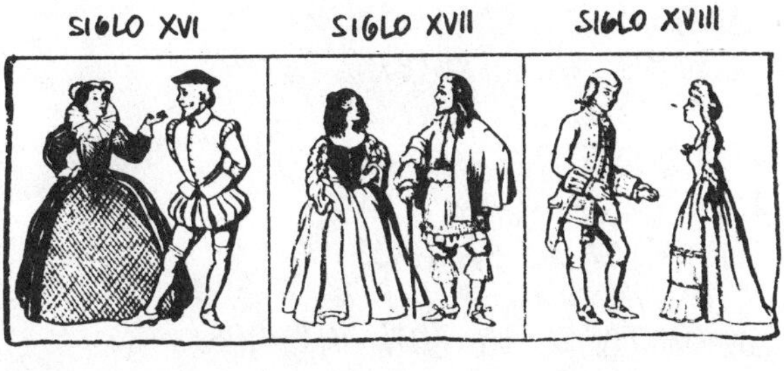
SIGLO XVI
SIGLO XVII
SIGLO XVIII

108

SON LOS SIGLOS DE LAS PEORES RIDICULECES DE LA MODA: EL HOMBRE SE MAQUILLA, SE PERFUMA, SE ARREGLA EL PELO, SE DEPILA Y SE PONE ENCIMA HASTA LAS CORTINAS...

LA ROPA SE VUELVE UN SÍMBOLO DE PODER Y A MÁS DINERO, MÁS TRAPOS ENCIMA...

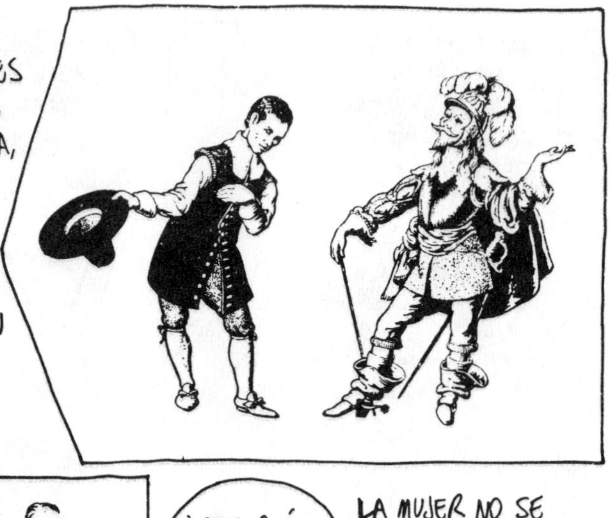

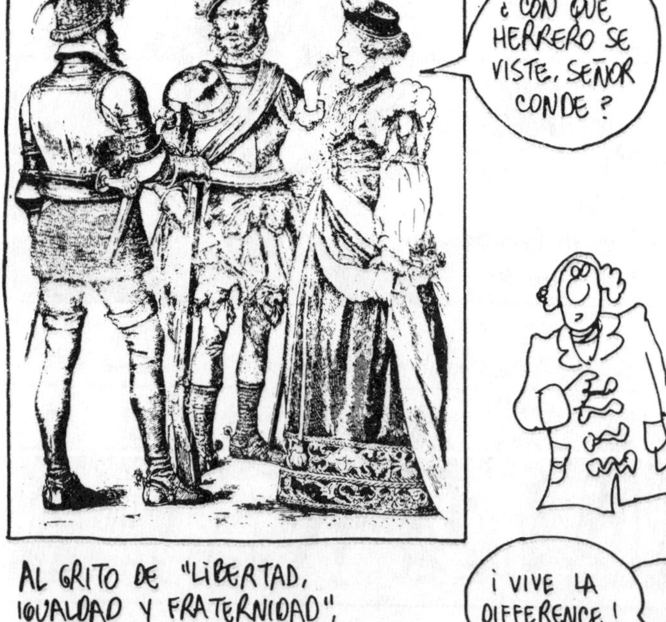
¿CON QUÉ HERRERO SE VISTE, SEÑOR CONDE?

LA MUJER NO SE ATREVE A REBELARSE Y SI LO HACE, LA ACUSAN DE BRUJA O DE POSEÍDA POR SATÁN

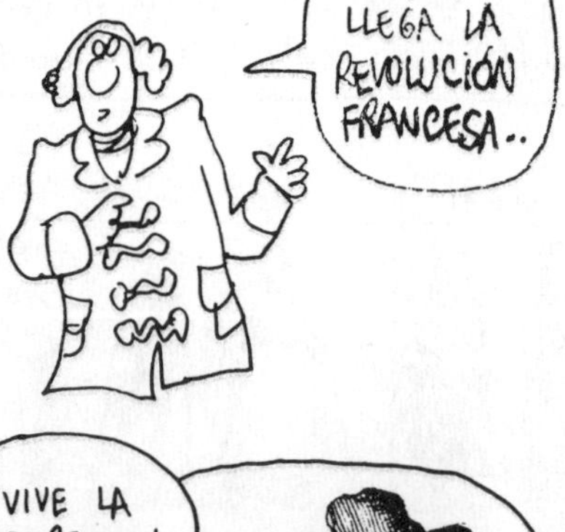
HASTA QUE LLEGA LA REVOLUCIÓN FRANCESA..

AL GRITO DE "LIBERTAD, IGUALDAD Y FRATERNIDAD", LAS MUJERES, COMO NUNCA SE HABÍA VISTO, SALEN A LA CALLE CON ROPAS ESCOTADAS QUE ANTES SÓLO ERAN PERMITIDAS EN LOS SALONES DE BAILE...

ALGUNAS LLEGAN A LA OSADÍA DE QUITARSE LA ROPA INTERIOR...

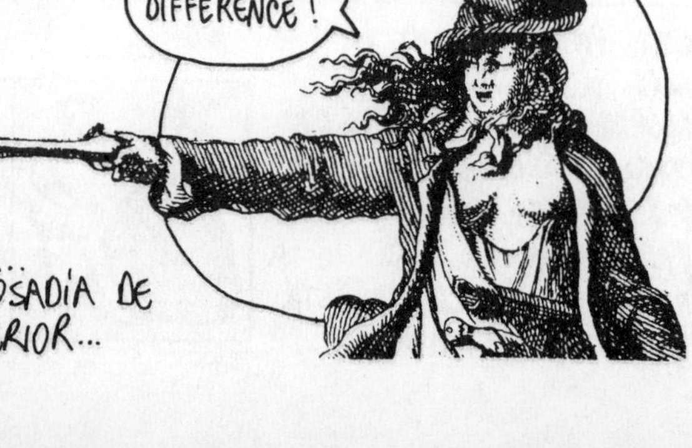
¡VIVE LA DIFFERENCE!

9/372

109

NACEN LOS "ATREVIDOS" ESCOTES Y ASOMAN LAS PIERNAS, LOS RÍGIDOS CORSÉS DESAPARECEN Y POR FIN ALGUIEN INVENTA POR AHÍ LOS CÓMODOS PANTALONES PARA EL HOMBRE...

PERO LA LIBERTAD DURA UN SUSPIRO Y TRAS LA DERROTA DE NAPOLEÓN SE ESTABLECE UN NUEVO PODER MUNDIAL: INGLATERRA LA PURITANA...

Y A LA MODA "IMPERIO" QUE PERMITÍA CIERTA LIBERTAD DE MOVIMIENTO, LE SIGUE LA RÍGIDA Y PURITANA MODA VICTORIANA...

ASÍ LLAMADA POR LA REINA VICTORIA DE INGLATERRA, QUE IMPONE A TODO MUNDO LA ROPA INTERIOR, LOS CORSÉS Y UN SINFÍN DE TELAS, INCLUYENDO LA IDIOTA CORBATA...

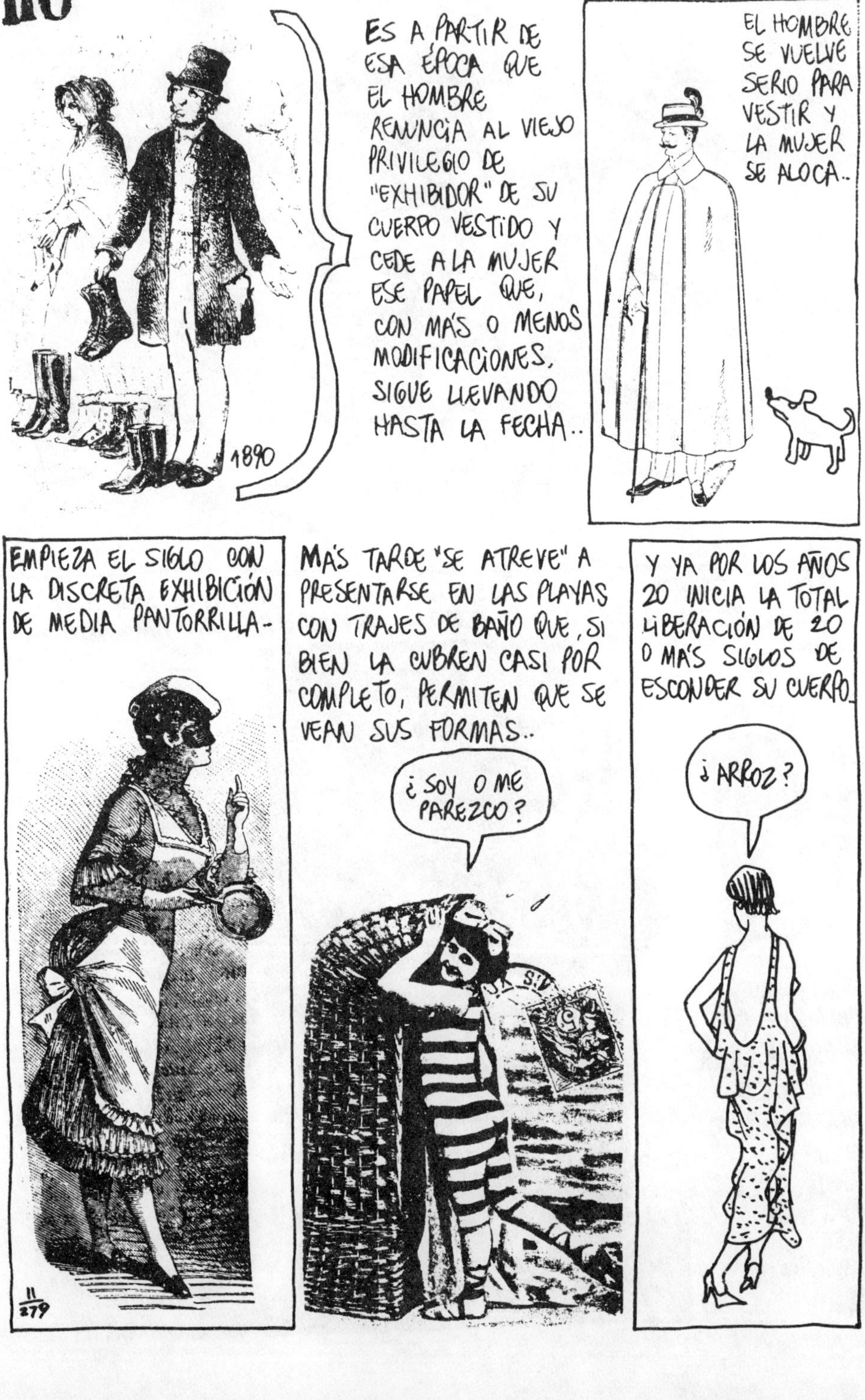

1890
ES A PARTIR DE ESA ÉPOCA QUE EL HOMBRE RENUNCIA AL VIEJO PRIVILEGIO DE "EXHIBIDOR" DE SU CUERPO VESTIDO Y CEDE A LA MUJER ESE PAPEL QUE, CON MÁS O MENOS MODIFICACIONES, SIGUE LLEVANDO HASTA LA FECHA..
EL HOMBRE SE VUELVE SERIO PARA VESTIR Y LA MUJER SE ALOCA..
EMPIEZA EL SIGLO CON LA DISCRETA EXHIBICIÓN DE MEDIA PANTORRILLA-
11/279
MÁS TARDE "SE ATREVE" A PRESENTARSE EN LAS PLAYAS CON TRAJES DE BAÑO QUE, SI BIEN LA CUBREN CASI POR COMPLETO, PERMITEN QUE SE VEAN SUS FORMAS..
¿SOY O ME PAREZCO?
Y YA POR LOS AÑOS 20 INICIA LA TOTAL LIBERACIÓN DE 20 O MÁS SIGLOS DE ESCONDER SU CUERPO_
¿ARROZ?

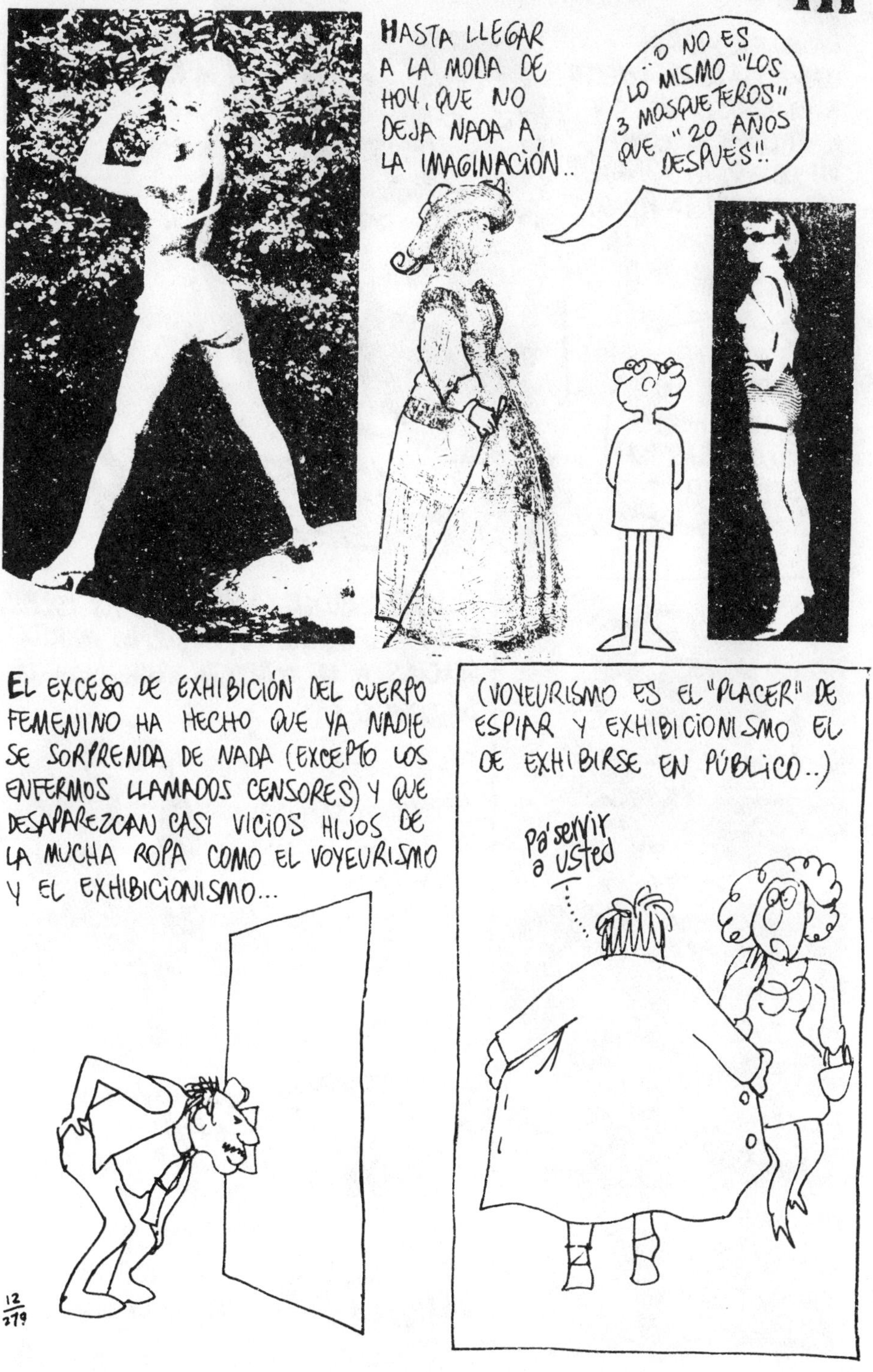
HASTA LLEGAR A LA MODA DE HOY, QUE NO DEJA NADA A LA IMAGINACIÓN..
...O NO ES LO MISMO "LOS 3 MOSQUETEROS" QUE "20 AÑOS DESPUÉS"!!
EL EXCESO DE EXHIBICIÓN DEL CUERPO FEMENINO HA HECHO QUE YA NADIE SE SORPRENDA DE NADA (EXCEPTO LOS ENFERMOS LLAMADOS CENSORES) Y QUE DESAPAREZCAN CASI VICIOS HIJOS DE LA MUCHA ROPA COMO EL VOYEURISMO Y EL EXHIBICIONISMO...
12/279
(VOYEURISMO ES EL "PLACER" DE ESPIAR Y EXHIBICIONISMO EL DE EXHIBIRSE EN PÚBLICO..)
Pa'servir a usted

LA MUJER HA ASÍ CONQUISTADO EL DERECHO A EXHIBIRSE GRATIS Y A UTILIZARSE COMO UN OBJETO. PERO TAMBIÉN EL CUERPO HA PASADO A SER -GRACIAS A LA MODA- UN MEDIO DE VIDA..

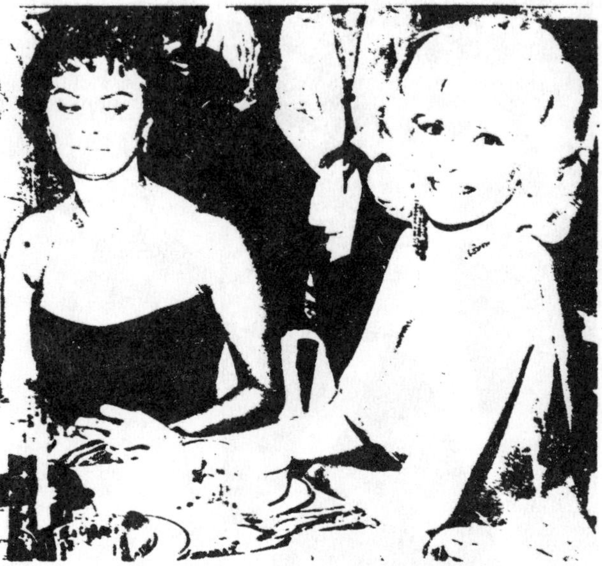

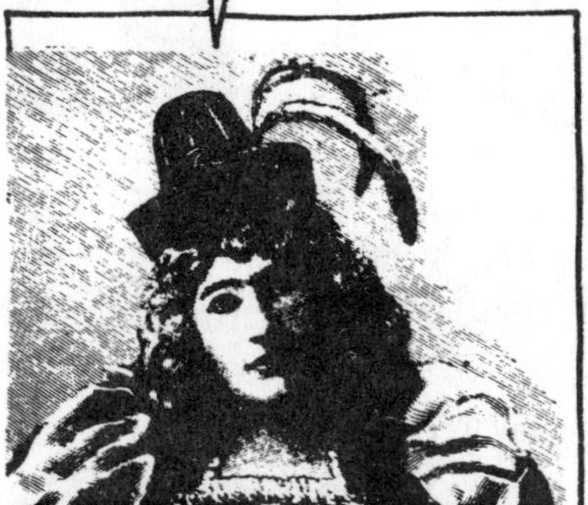
¿CUÁNTAS ACTRICES NO SE HAN HECHO MILLONARIAS CON SU CUERPO?

¿CUÁNTAS MUJERES ANALFABETAS, POBRES E IGNORANTES ~~NO~~ HAN PESCADO MARIDO GRACIAS A LA CORRECTA EXHIBICIÓN DE SU CUERPO?

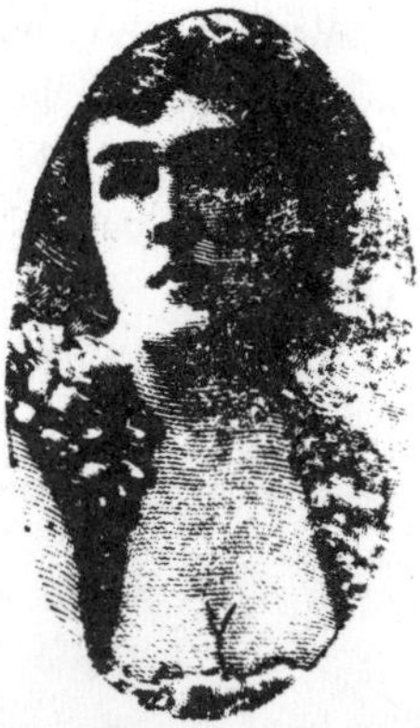
TODO SE LO DEBO A SAN LOVABLE..

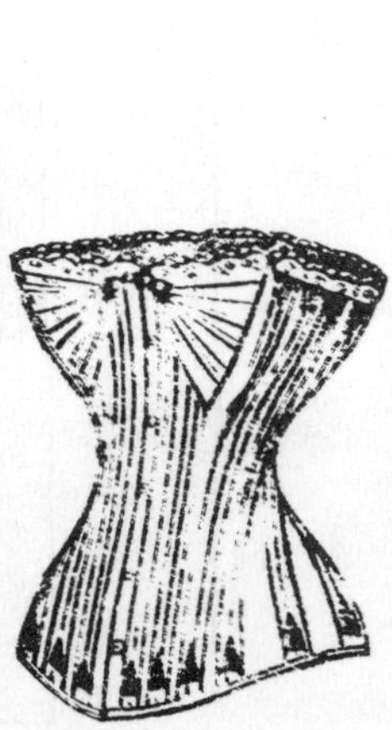

PERO, LIBERADA DEL CORSÉ Y LA REPRESIÓN RELIGIOSA, LA MUJER PASA, SIN DARSE CUENTA, A OTRO TIPO DE OPRESIÓN QUE ES LA <u>ESCLAVITUD</u> DE LA MODA. ¿NO LO CREEN..? AH...

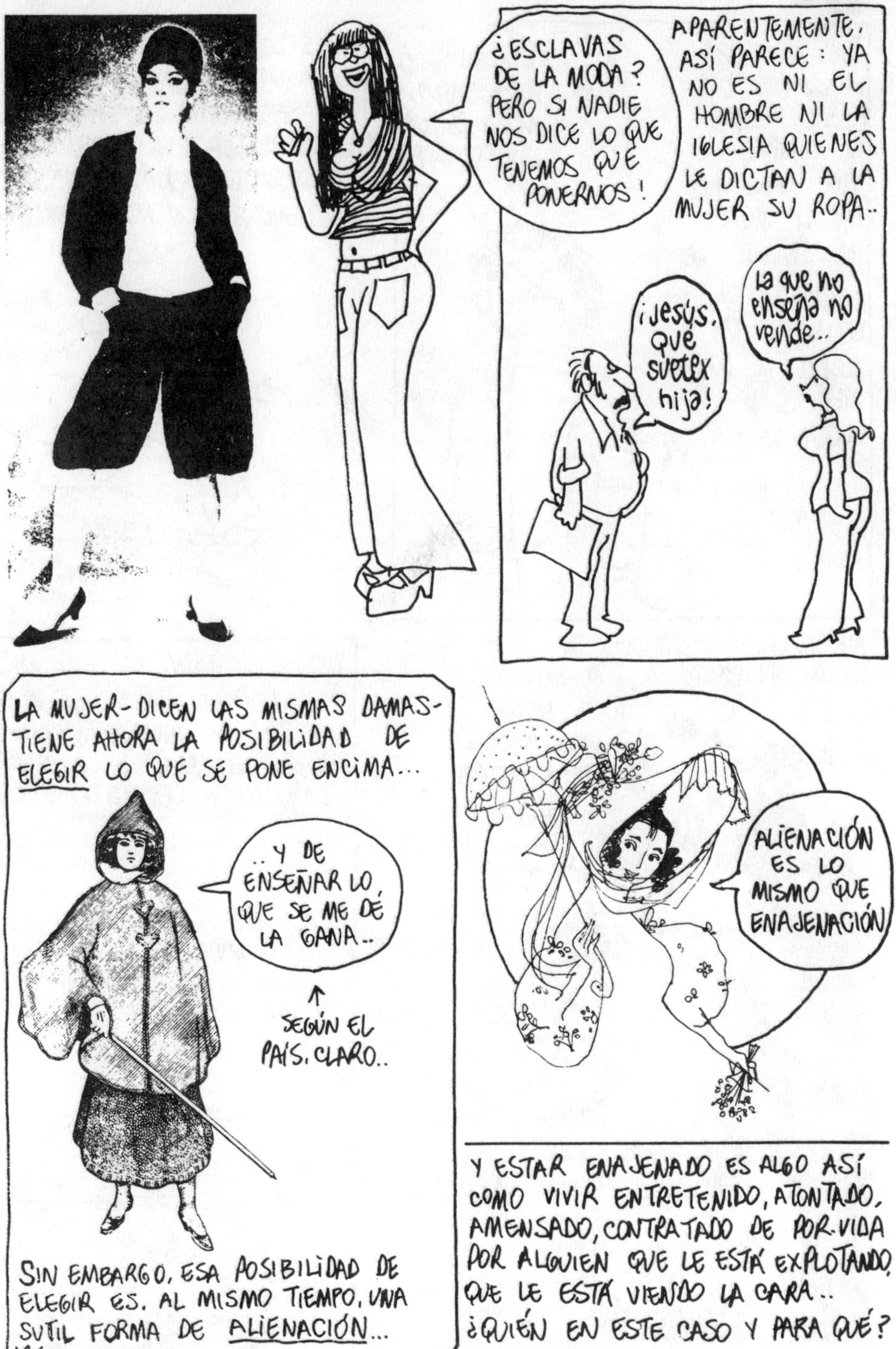
¿ESCLAVAS DE LA MODA? PERO SI NADIE NOS DICE LO QUE TENEMOS QUE PONERNOS!
APARENTEMENTE, ASÍ PARECE: YA NO ES NI EL HOMBRE NI LA IGLESIA QUIENES LE DICTAN A LA MUJER SU ROPA..
¡JESÚS, QUÉ SUETEX HIJA!
LA QUE NO ENSEÑA NO VENDE..
LA MUJER-DICEN LAS MISMAS DAMAS-TIENE AHORA LA POSIBILIDAD DE ELEGIR LO QUE SE PONE ENCIMA...
..Y DE ENSEÑAR LO QUE SE ME DÉ LA GANA..
SEGÚN EL PAÍS, CLARO..
SIN EMBARGO, ESA POSIBILIDAD DE ELEGIR ES, AL MISMO TIEMPO, UNA SUTIL FORMA DE ALIENACIÓN...
14/279
ALIENACIÓN ES LO MISMO QUE ENAJENACIÓN
Y ESTAR ENAJENADO ES ALGO ASÍ COMO VIVIR ENTRETENIDO, ATONTADO, AMENSADO, CONTRATADO DE POR VIDA POR ALGUIEN QUE LE ESTÁ EXPLOTANDO, QUE LE ESTÁ VIENDO LA CARA.. ¿QUIÉN EN ESTE CASO Y PARA QUÉ?

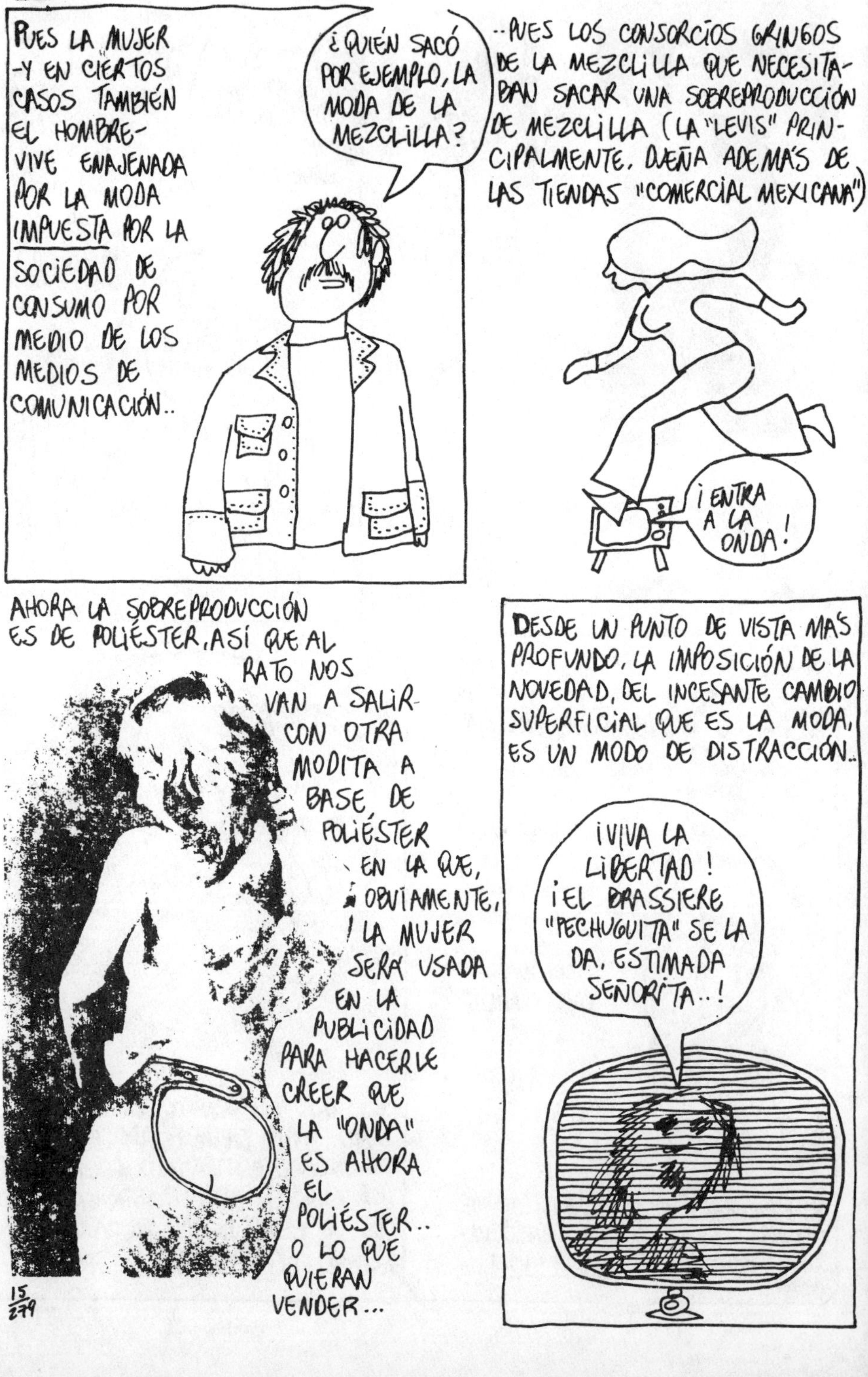
PUES LA MUJER -Y EN CIERTOS CASOS TAMBIÉN EL HOMBRE- VIVE ENAJENADA POR LA MODA IMPUESTA POR LA SOCIEDAD DE CONSUMO POR MEDIO DE LOS MEDIOS DE COMUNICACIÓN..
¿QUIÉN SACÓ POR EJEMPLO, LA MODA DE LA MEZCLILLA?
..PUES LOS CONSORCIOS GRINGOS DE LA MEZCLILLA QUE NECESITABAN SACAR UNA SOBREPRODUCCIÓN DE MEZCLILLA (LA "LEVIS" PRINCIPALMENTE, DUEÑA ADEMÁS DE LAS TIENDAS "COMERCIAL MEXICANA")
¡ENTRA A LA ONDA!
AHORA LA SOBREPRODUCCIÓN ES DE POLIÉSTER, ASÍ QUE AL RATO NOS VAN A SALIR CON OTRA MODITA A BASE DE POLIÉSTER EN LA QUE, OBVIAMENTE, LA MUJER SERÁ USADA EN LA PUBLICIDAD PARA HACERLE CREER QUE LA "ONDA" ES AHORA EL POLIÉSTER.. O LO QUE QUIERAN VENDER...
15/279
DESDE UN PUNTO DE VISTA MÁS PROFUNDO, LA IMPOSICIÓN DE LA NOVEDAD, DEL INCESANTE CAMBIO SUPERFICIAL QUE ES LA MODA, ES UN MODO DE DISTRACCIÓN..
¡VIVA LA LIBERTAD! ¡EL BRASSIERE "PECHUGUITA" SE LA DA, ESTIMADA SEÑORITA..!

POR EL AFÁN DE VESTIRSE A LA MODA, LA MUJER OLVIDA TODO, Y SOBRE TODO SU PAPEL EN EL MUNDO COMO COAUTORA DE LOS CAMBIOS QUE NECESITAMOS..

¿CAMBIOS? ¡CAMBIE A REVLON Y VÉASE SOÑADA!

ASÍ, LA MUJER APARENTEMENTE LIBERADA, ES REDUCIDA POR LA MODA DE LA SOCIEDAD DE CONSUMO, A UNA MERA IMAGEN DEL PLACER PARA EL HOMBRE; CONVERTIDA EN UN OBJETO INOFENSIVO QUE PUEDE ADMIRARSE Y USARSE POR UNA MÓDICA SUMA..

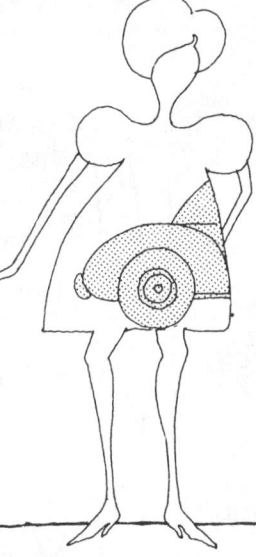

O SEA, UN VIL OBJETO DE CONSUMO..

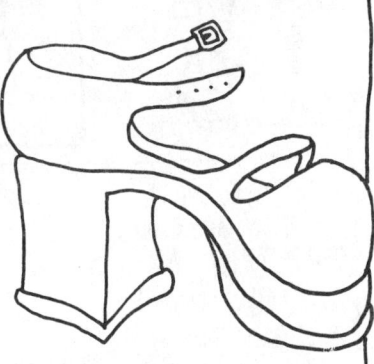

¿QUIEREN MEJOR EJEMPLO DEL MANEJO DE QUE ES OBJETO LA MUJER QUE LA IMPOSICIÓN DE ESA IDIOTEZ QUE SON LOS ZAPATOS DE PLATAFORMA?

PARECEN GALLINAS CON REUMA

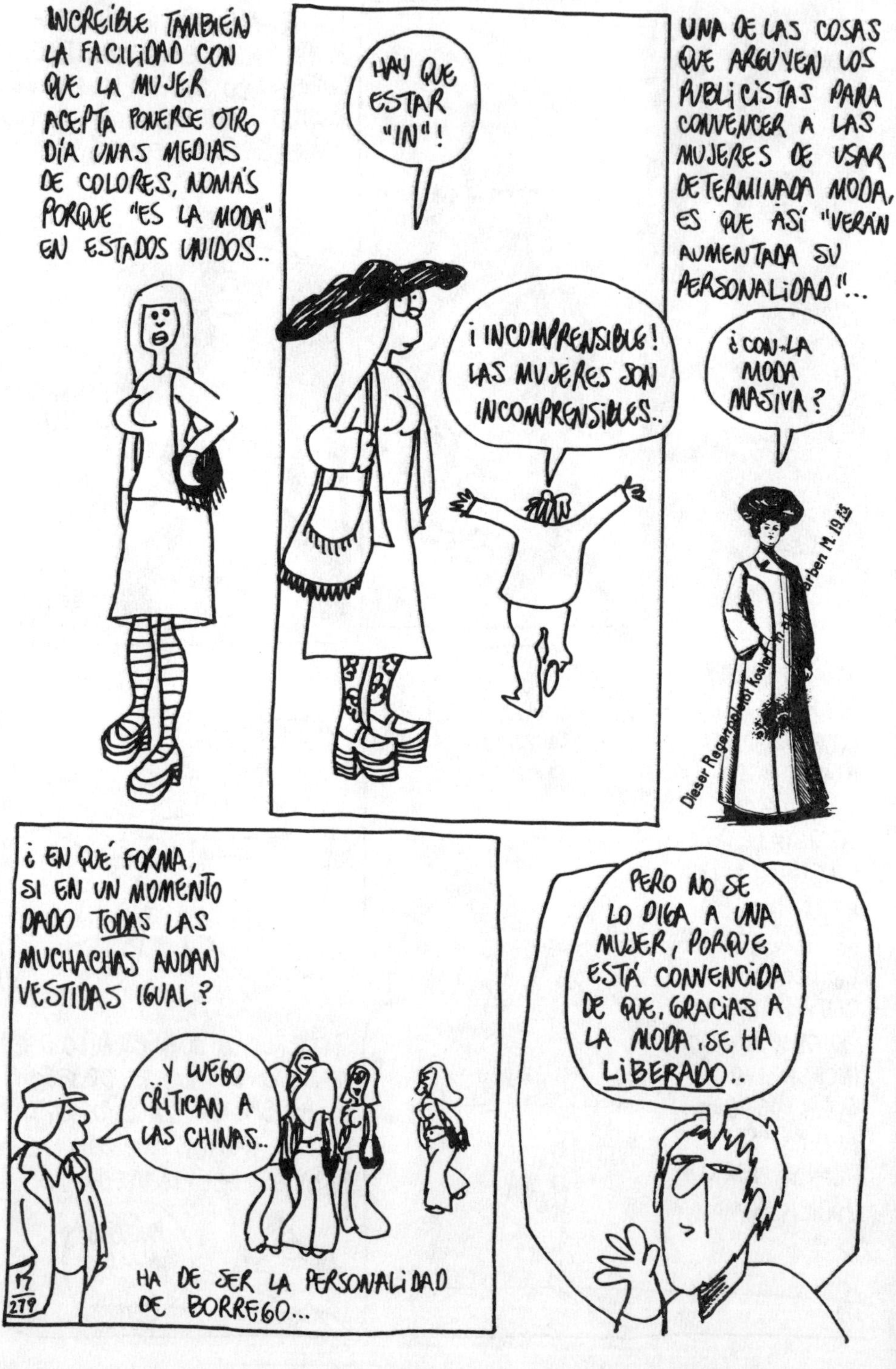
INCREÍBLE TAMBIÉN LA FACILIDAD CON QUE LA MUJER ACEPTA PONERSE OTRO DÍA UNAS MEDIAS DE COLORES, NOMÁS PORQUE "ES LA MODA" EN ESTADOS UNIDOS..
HAY QUE ESTAR "IN"!
¡INCOMPRENSIBLE! LAS MUJERES SON INCOMPRENSIBLES..
UNA DE LAS COSAS QUE ARGUYEN LOS PUBLICISTAS PARA CONVENCER A LAS MUJERES DE USAR DETERMINADA MODA, ES QUE ASÍ "VERÁN AUMENTADA SU PERSONALIDAD"...
¿CON LA MODA MASIVA?
¿EN QUÉ FORMA, SI EN UN MOMENTO DADO TODAS LAS MUCHACHAS ANDAN VESTIDAS IGUAL?
Y LUEGO CRITICAN A LAS CHINAS..
HA DE SER LA PERSONALIDAD DE BORREGO...
PERO NO SE LO DIGA A UNA MUJER, PORQUE ESTÁ CONVENCIDA DE QUE, GRACIAS A LA MODA, SE HA LIBERADO..
17
279

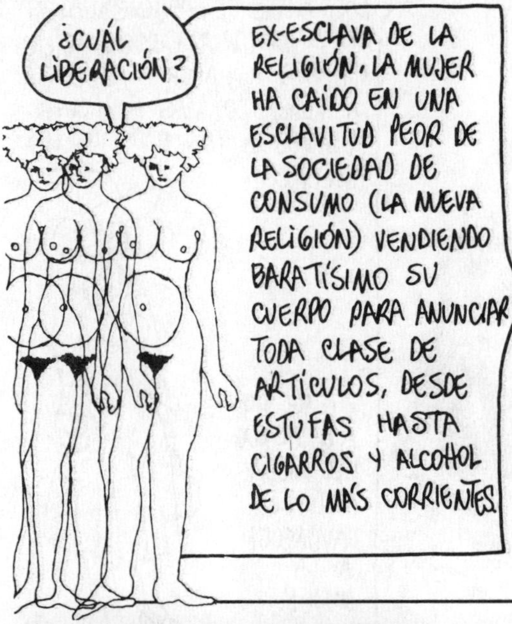
¿CUÁL LIBERACIÓN?
EX-ESCLAVA DE LA RELIGIÓN, LA MUJER HA CAÍDO EN UNA ESCLAVITUD PEOR DE LA SOCIEDAD DE CONSUMO (LA NUEVA RELIGIÓN) VENDIENDO BARATÍSIMO SU CUERPO PARA ANUNCIAR TODA CLASE DE ARTÍCULOS, DESDE ESTUFAS HASTA CIGARROS Y ALCOHOL DE LO MÁS CORRIENTES.

"LA BELLEZA ES MÁS BELLEZA CON BEAUTY"

De los pies a la cabeza. Que su ropita interior, que sus perfumitos, que su maquillaje, que su cabecita, estén bien equipadas. Súrtase en grande, la belleza es radiante, singular, provocativa. You'll be pretty. No se puede negar. No es posible: una mujer bella es un objeto made in USA. Con un poco de shimmer shadow entre unos buenos meidinform y rociadita con moon drops es verdaderamente hermosa.

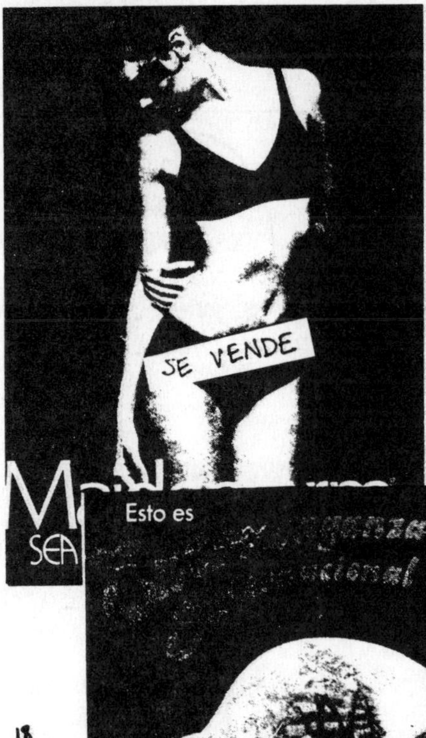
SE VENDE
SEA

YA NO SÓLO LA MUJER, SINO EL <u>CUERPO</u> DE LA MUJER SE HA CONVERTIDO EN OBJETO DE CONSUMO: LA MUJER AL SERVICIO DEL HOMBRE... Y DE LA SOCIEDAD DE CONSUMO...

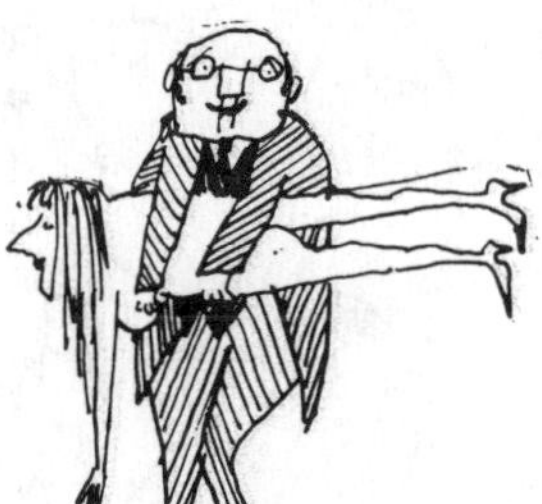

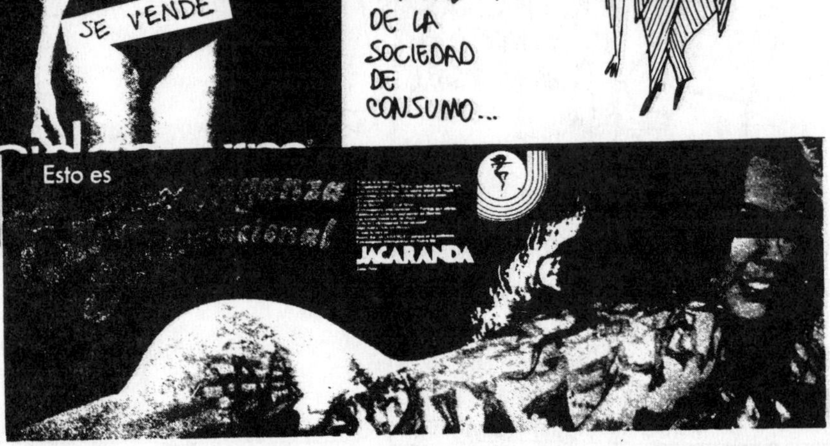
Esto es
JACARANDA

18/279

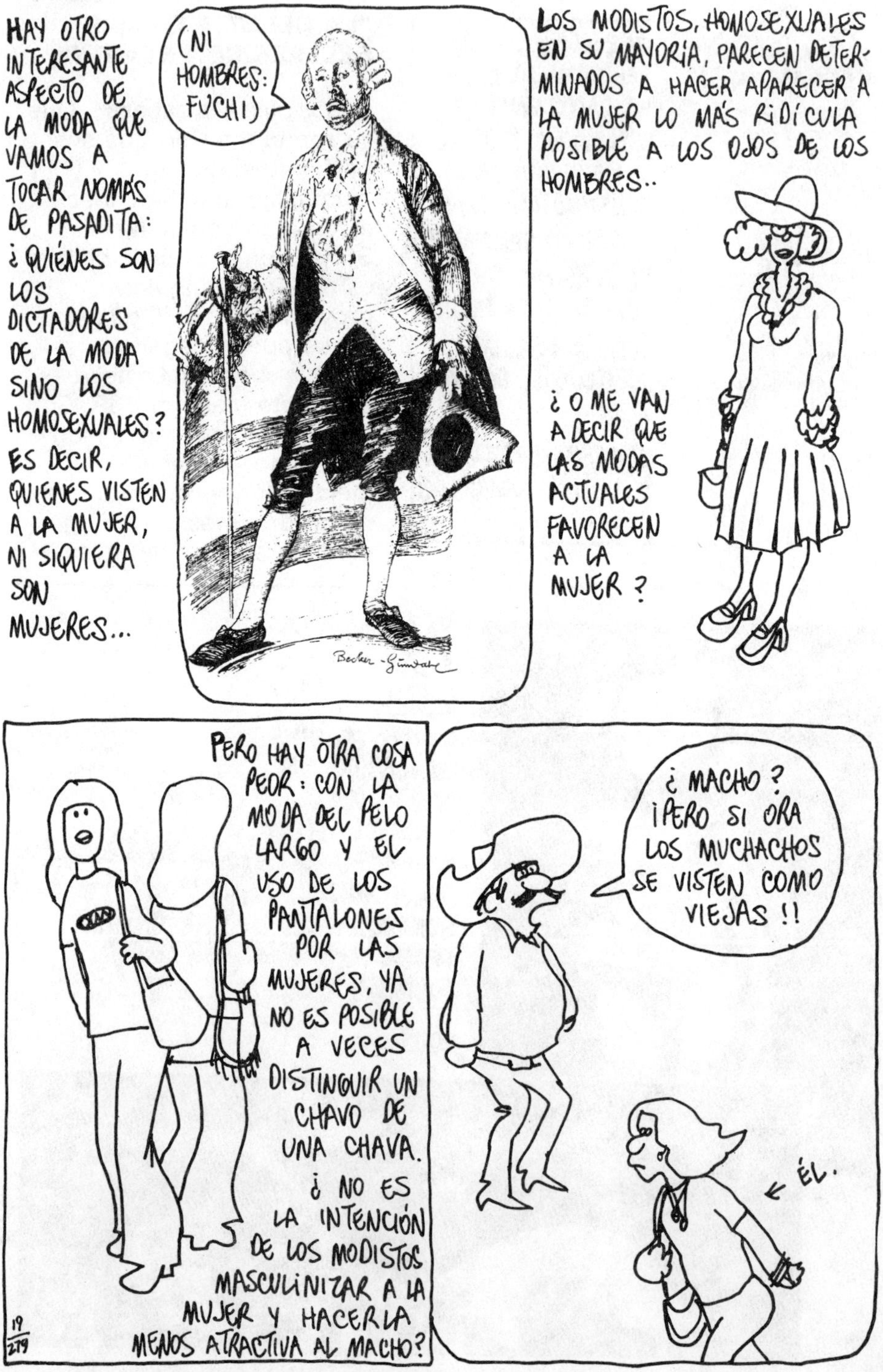
HAY OTRO INTERESANTE ASPECTO DE LA MODA QUE VAMOS A TOCAR NOMÁS DE PASADITA: ¿QUIÉNES SON LOS DICTADORES DE LA MODA SINO LOS HOMOSEXUALES? ES DECIR, QUIENES VISTEN A LA MUJER, NI SIQUIERA SON MUJERES...
(NI HOMBRES: FUCHI)
LOS MODISTOS, HOMOSEXUALES EN SU MAYORÍA, PARECEN DETERMINADOS A HACER APARECER A LA MUJER LO MÁS RIDÍCULA POSIBLE A LOS OJOS DE LOS HOMBRES..
¿O ME VAN A DECIR QUE LAS MODAS ACTUALES FAVORECEN A LA MUJER?
PERO HAY OTRA COSA PEOR: CON LA MODA DEL PELO LARGO Y EL USO DE LOS PANTALONES POR LAS MUJERES, YA NO ES POSIBLE A VECES DISTINGUIR UN CHAVO DE UNA CHAVA.
¿NO ES LA INTENCIÓN DE LOS MODISTOS MASCULINIZAR A LA MUJER Y HACERLA MENOS ATRACTIVA AL MACHO?
19/279
¿MACHO? ¡PERO SI ORA LOS MUCHACHOS SE VISTEN COMO VIEJAS!!
ÉL.

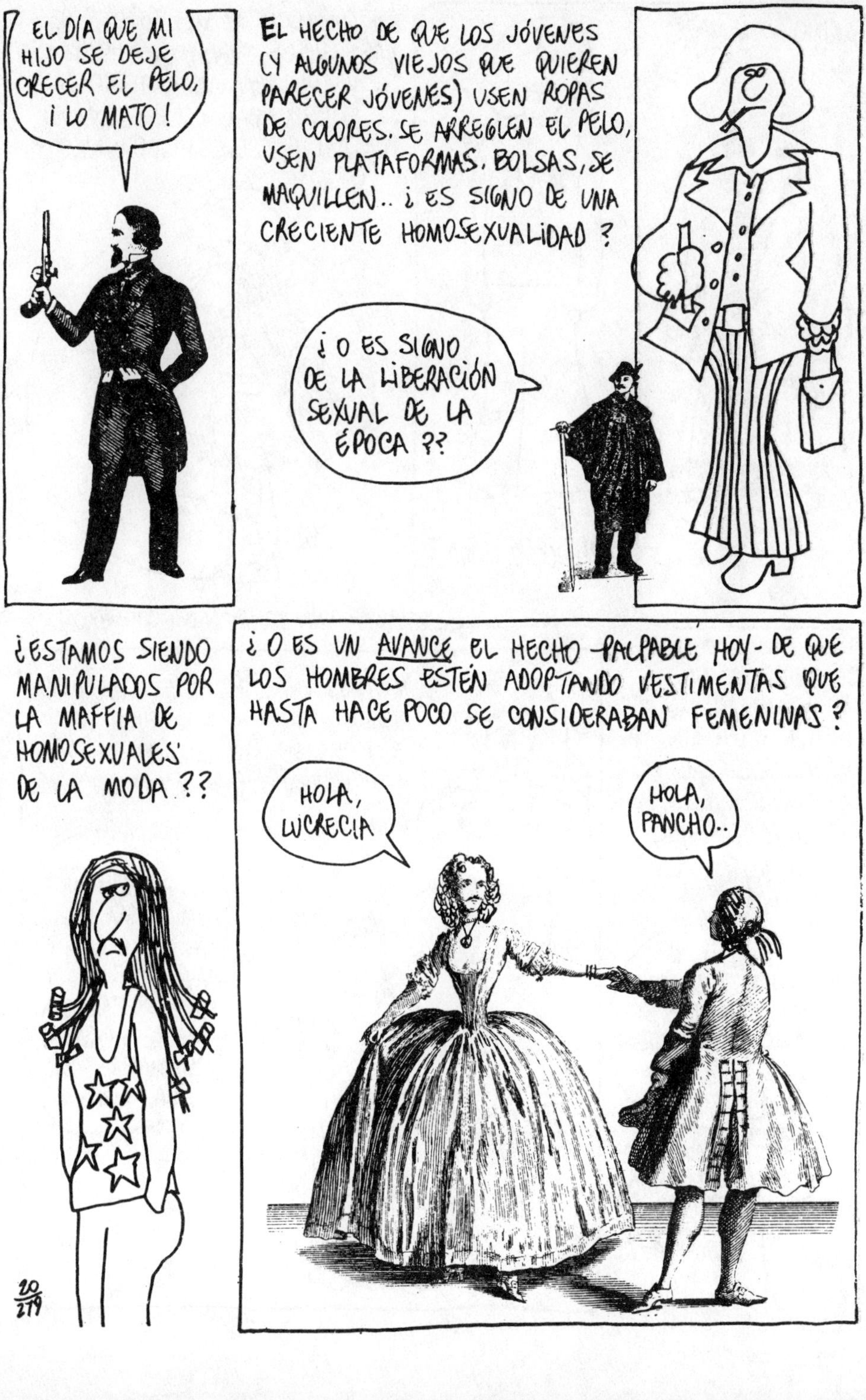
EL DÍA QUE MI HIJO SE DEJE CRECER EL PELO, ¡LO MATO!
EL HECHO DE QUE LOS JÓVENES (Y ALGUNOS VIEJOS QUE QUIEREN PARECER JÓVENES) USEN ROPAS DE COLORES. SE ARREGLEN EL PELO, USEN PLATAFORMAS. BOLSAS, SE MAQUILLEN.. ¿ES SIGNO DE UNA CRECIENTE HOMOSEXUALIDAD?
¿O ES SIGNO DE LA LIBERACIÓN SEXUAL DE LA ÉPOCA??
¿ESTAMOS SIENDO MANIPULADOS POR LA MAFFIA DE HOMOSEXUALES DE LA MODA??
¿O ES UN AVANCE EL HECHO -PALPABLE HOY- DE QUE LOS HOMBRES ESTÉN ADOPTANDO VESTIMENTAS QUE HASTA HACE POCO SE CONSIDERABAN FEMENINAS?
HOLA, LUCRECIA
HOLA, PANCHO..

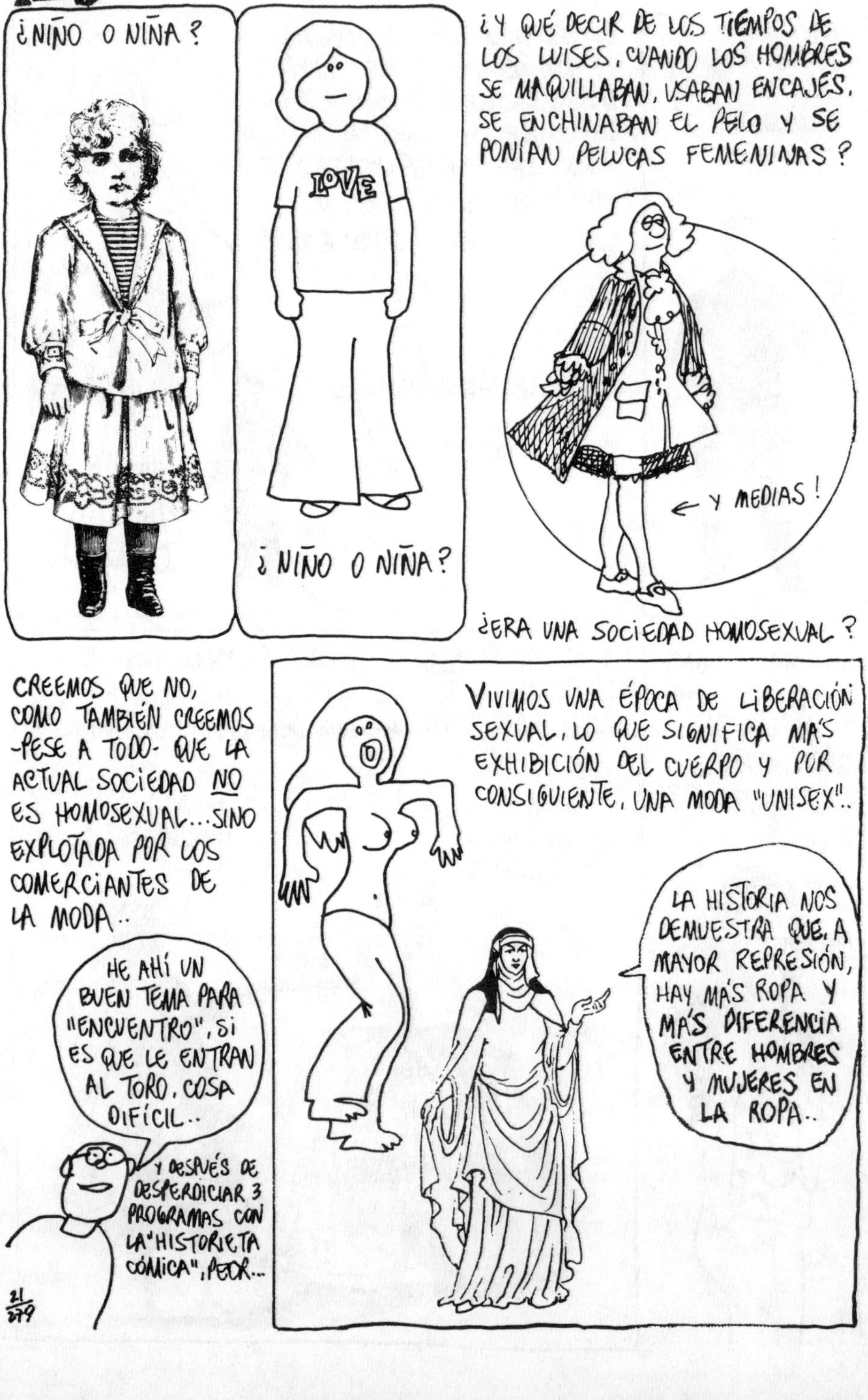
¿NIÑO O NIÑA?
LOVE
¿NIÑO O NIÑA?
¿Y QUÉ DECIR DE LOS TIEMPOS DE LOS LUISES, CUANDO LOS HOMBRES SE MAQUILLABAN, USABAN ENCAJES, SE ENCHINABAN EL PELO Y SE PONÍAN PELUCAS FEMENINAS?
← Y MEDIAS!
¿ERA UNA SOCIEDAD HOMOSEXUAL?
CREEMOS QUE NO, COMO TAMBIÉN CREEMOS -PESE A TODO- QUE LA ACTUAL SOCIEDAD NO ES HOMOSEXUAL... SINO EXPLOTADA POR LOS COMERCIANTES DE LA MODA..
VIVIMOS UNA ÉPOCA DE LIBERACIÓN SEXUAL, LO QUE SIGNIFICA MÁS EXHIBICIÓN DEL CUERPO Y POR CONSIGUIENTE, UNA MODA "UNISEX"..
LA HISTORIA NOS DEMUESTRA QUE, A MAYOR REPRESIÓN, HAY MÁS ROPA Y MÁS DIFERENCIA ENTRE HOMBRES Y MUJERES EN LA ROPA..
HE AHÍ UN BUEN TEMA PARA "ENCUENTRO", SI ES QUE LE ENTRAN AL TORO, COSA DIFÍCIL..
Y DESPUÉS DE DESPERDICIAR 3 PROGRAMAS CON LA "HISTORIETA CÓMICA", PEOR...

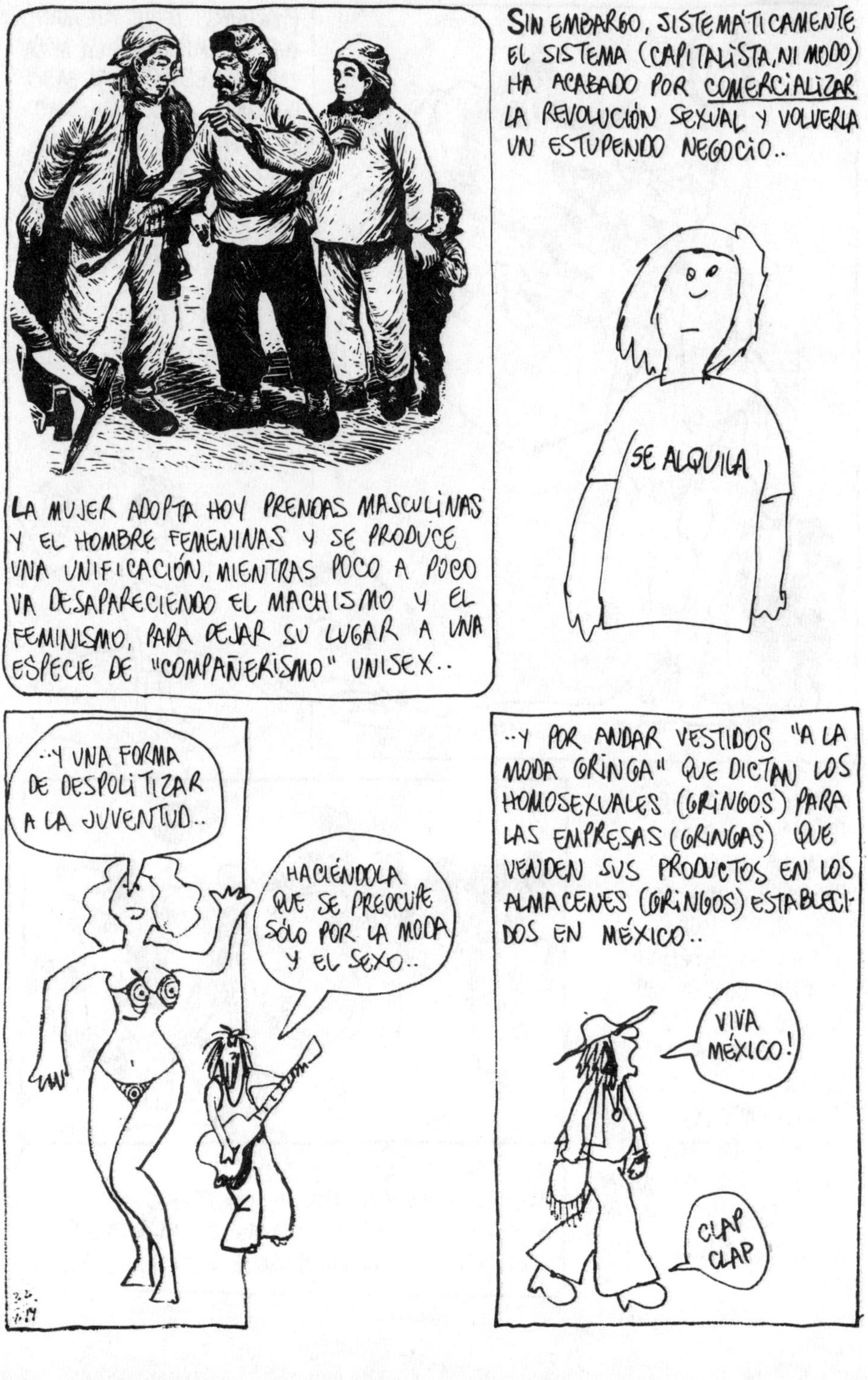
LA MUJER ADOPTA HOY PRENDAS MASCULINAS Y EL HOMBRE FEMENINAS Y SE PRODUCE UNA UNIFICACIÓN, MIENTRAS POCO A POCO VA DESAPARECIENDO EL MACHISMO Y EL FEMINISMO, PARA DEJAR SU LUGAR A UNA ESPECIE DE "COMPAÑERISMO" UNISEX..
SIN EMBARGO, SISTEMÁTICAMENTE EL SISTEMA (CAPITALISTA, NI MODO) HA ACABADO POR COMERCIALIZAR LA REVOLUCIÓN SEXUAL Y VOLVERLA UN ESTUPENDO NEGOCIO..
SE ALQUILA
..Y UNA FORMA DE DESPOLITIZAR A LA JUVENTUD..
HACIÉNDOLA QUE SE PREOCUPE SÓLO POR LA MODA Y EL SEXO..
..Y POR ANDAR VESTIDOS "A LA MODA GRINGA" QUE DICTAN LOS HOMOSEXUALES (GRINGOS) PARA LAS EMPRESAS (GRINGAS) QUE VENDEN SUS PRODUCTOS EN LOS ALMACENES (GRINGOS) ESTABLECIDOS EN MÉXICO..
VIVA MÉXICO!
CLAP CLAP

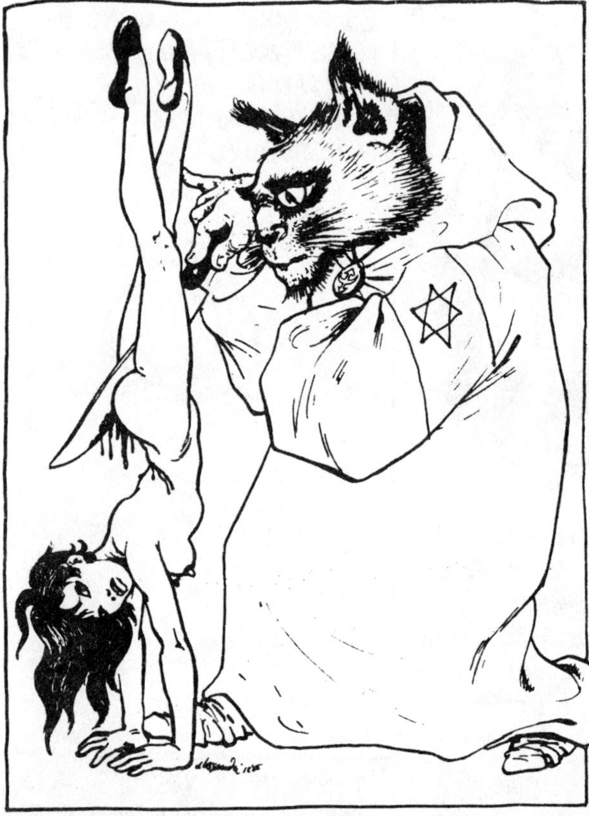

PODRÍAMOS DECIR ADEMÁS QUE EL IMPERIO DE LA MODA EN EL VESTIR, ESTÁ BAJO CONTROL DEL JUDAÍSMO INTERNACIONAL, PERO SE CORRERÍA EL GRAVÍSIMO RIESGO DE QUEDARNOS SIN TURISTAS JUDÍOS...(Y DE Q. ME ACUSARAN DE ANTI-SEMITA)

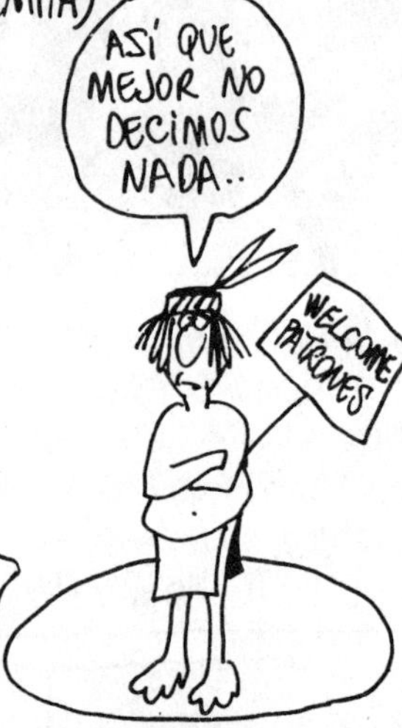
ASÍ QUE MEJOR NO DECIMOS NADA..
WELCOME PATRONES

DIREMOS SÓLO, PARA TERMINAR, QUE SI BIEN LA MODA DE VESTIRSE COMO SE VISTEN, ES UNA FORMA DE REBELIÓN JUVENIL CONTRA LOS ADULTOS, ELLO NO VA A CAMBIAR LAS COSAS.
FINALMENTE LA SOCIEDAD DE CONSUMO ABSORBE SIN DIFICULTAD, ESA REBELIÓN Y HASTA LA COMERCIALIZA...

23/279

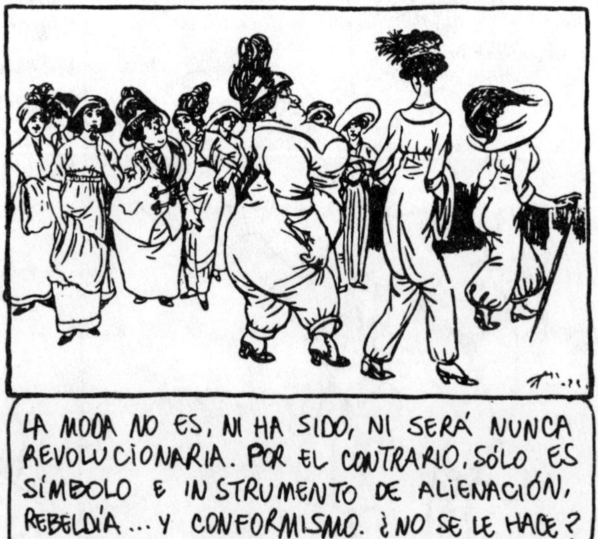

LA MODA NO ES, NI HA SIDO, NI SERÁ NUNCA REVOLUCIONARIA. POR EL CONTRARIO, SÓLO ES SÍMBOLO E INSTRUMENTO DE ALIENACIÓN, REBELDÍA ... Y CONFORMISMO. ¿NO SE LE HACE?

los agachados
de RIUS

123

LOS HOMOSEXUALES

281 / 3.50

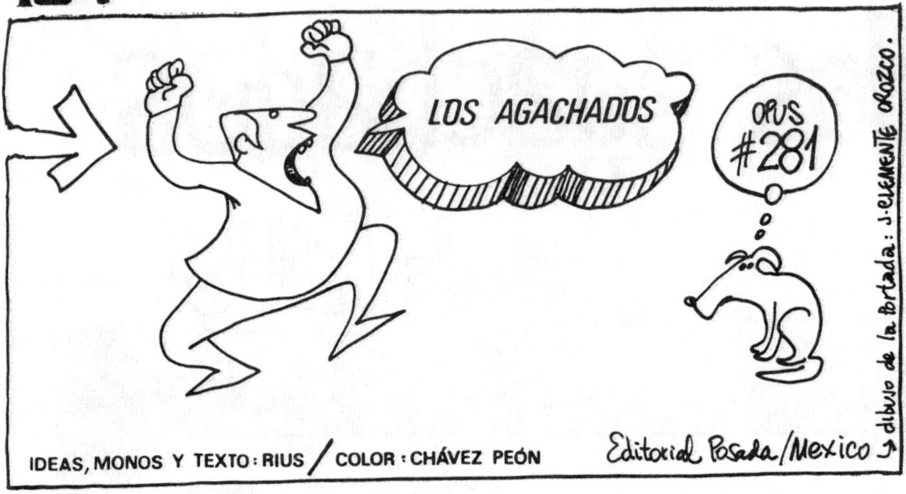
LOS AGACHADOS
OPUS #281
dibujo de la portada: J. CLEMENTE OROZCO.
IDEAS, MONOS Y TEXTO: RIUS / COLOR: CHÁVEZ PEÓN
Editorial Posada/Mexico

LA MAYORÍA DE LA GENTE TIENE UNA IDEA MUY LIMITADA SOBRE EL HOMOSEXUALISMO.

PARA ESA GRAN MAYORÍA, EL HOMOSEXUAL ES SIMPLEMENTE UN DEGENERADO, UN SER DESPRECIABLE, UN VICIOSO Y HASTA UN CRIMINAL...

CON LA IDEA DE HACER UN POCO DE LUZ (Y JUSTICIA) AL HOMOSEXUALISMO HEMOS PREPARADO ESTE PELIGROSO NÚMERO. NO LE SAQUE Y LÉALO...

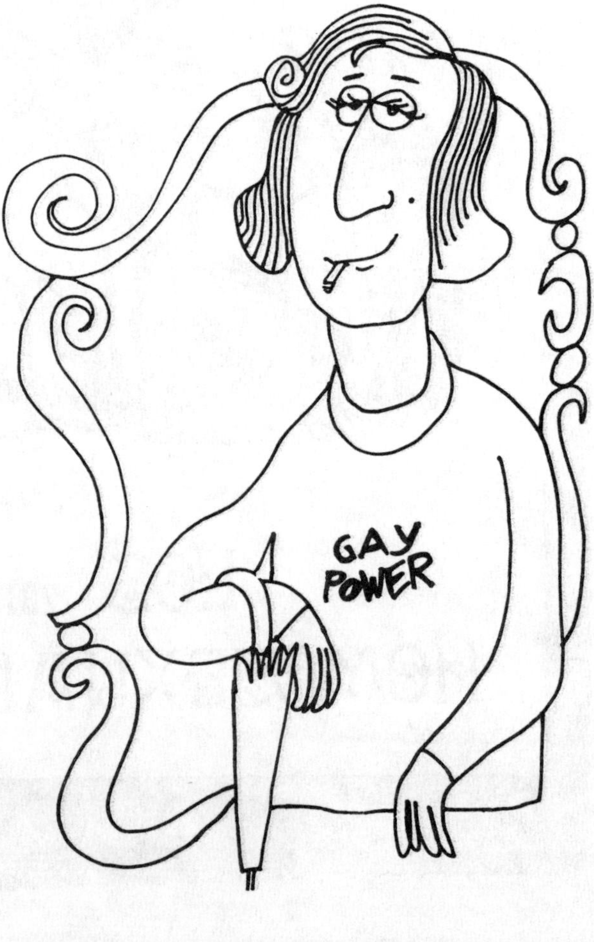
GAY POWER

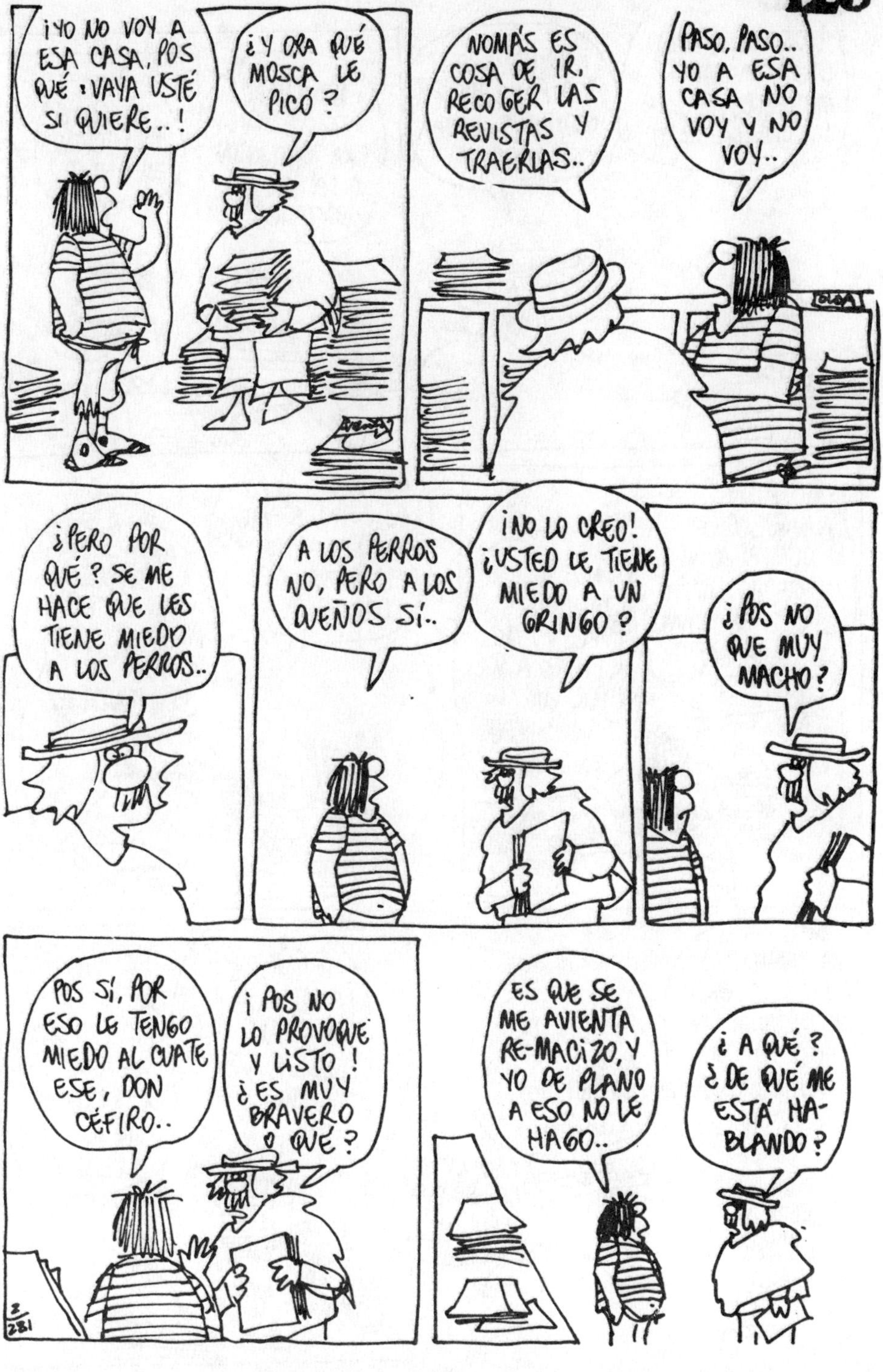
¡YO NO VOY A ESA CASA, POS QUÉ: VAYA USTÉ SI QUIERE..!
¿Y ORA QUÉ MOSCA LE PICÓ?
NOMÁS ES COSA DE IR, RECOGER LAS REVISTAS Y TRAERLAS..
PASO, PASO.. YO A ESA CASA NO VOY Y NO VOY..
¿PERO POR QUÉ? SE ME HACE QUE LES TIENE MIEDO A LOS PERROS..
A LOS PERROS NO, PERO A LOS DUEÑOS SÍ..
¡NO LO CREO! ¿USTED LE TIENE MIEDO A UN GRINGO?
¿POS NO QUE MUY MACHO?
POS SÍ, POR ESO LE TENGO MIEDO AL CUATE ESE, DON CÉFIRO..
¡POS NO LO PROVOQUE Y LISTO! ¿ES MUY BRAVERO O QUÉ?
ES QUE SE ME AVIENTA RE-MACIZO, Y YO DE PLANO A ESO NO LE HAGO..
¿A QUÉ? ¿DE QUÉ ME ESTÁ HABLANDO?
2 281

126

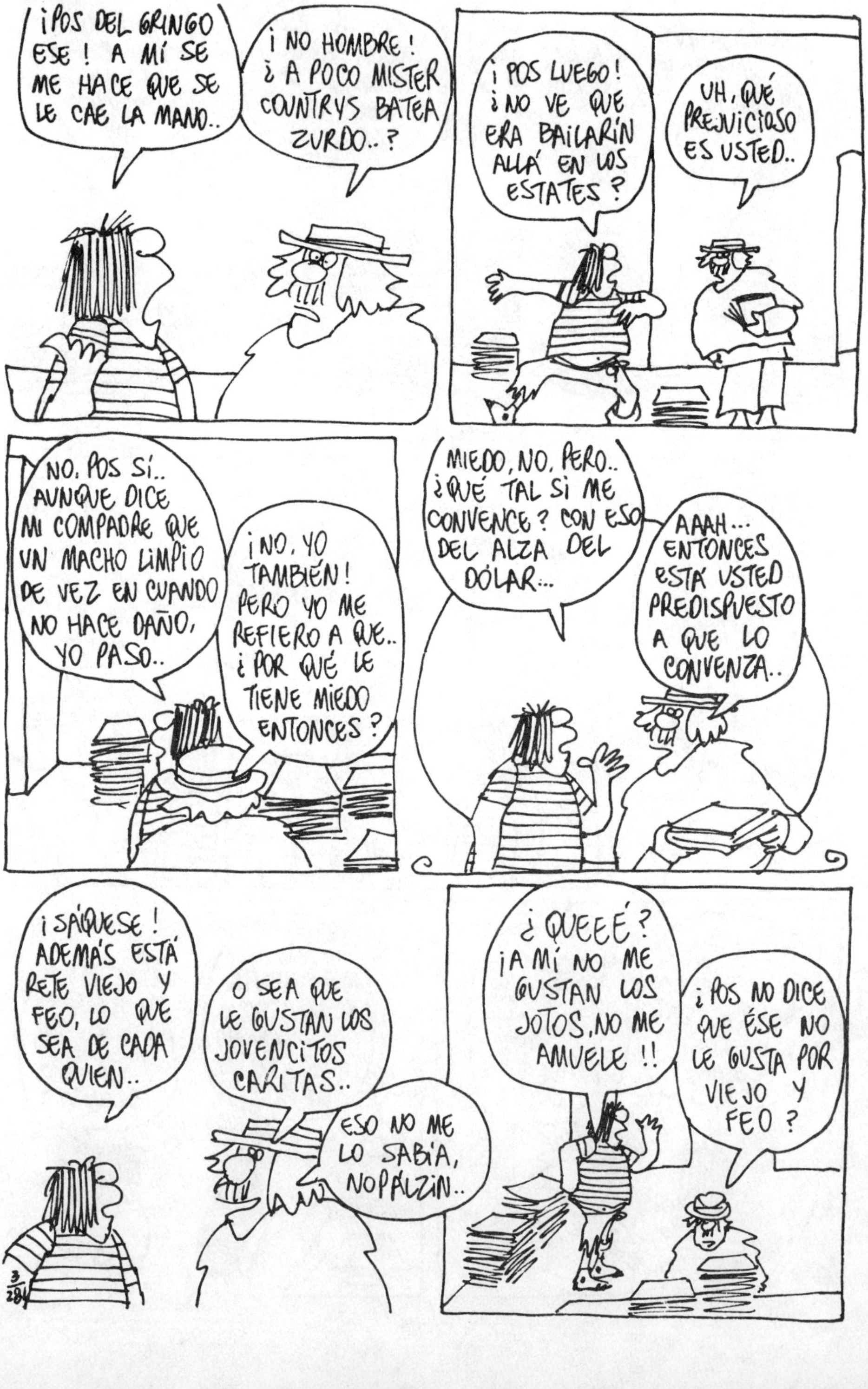
¡POS DEL GRINGO ESE! A MÍ SE ME HACE QUE SE LE CAE LA MANO..
¡NO HOMBRE! ¿A POCO MISTER COUNTRYS BATEA ZURDO..?
¡POS LUEGO! ¿NO VE QUE ERA BAILARÍN ALLÁ EN LOS ESTATES?
UH, QUÉ PREJUICIOSO ES USTED..
NO. POS SÍ.. AUNQUE DICE MI COMPADRE QUE UN MACHO LIMPIO DE VEZ EN CUANDO NO HACE DAÑO, YO PASO..
¡NO, YO TAMBIÉN! PERO YO ME REFIERO A QUE.. ¿POR QUÉ LE TIENE MIEDO ENTONCES?
MIEDO, NO. PERO.. ¿QUÉ TAL SI ME CONVENCE? CON ESO DEL ALZA DEL DÓLAR...
AAAH... ENTONCES ESTÁ USTED PREDISPUESTO A QUE LO CONVENZA..
¡SÁQUESE! ADEMÁS ESTÁ RETE VIEJO Y FEO, LO QUE SEA DE CADA QUIEN..
O SEA QUE LE GUSTAN LOS JOVENCITOS CARITAS..
ESO NO ME LO SABÍA, NOPALZIN..
¿QUEEEÉ? ¡A MÍ NO ME GUSTAN LOS JOTOS, NO ME AMUELE!!
¿POS NO DICE QUE ÉSE NO LE GUSTA POR VIEJO Y FEO?

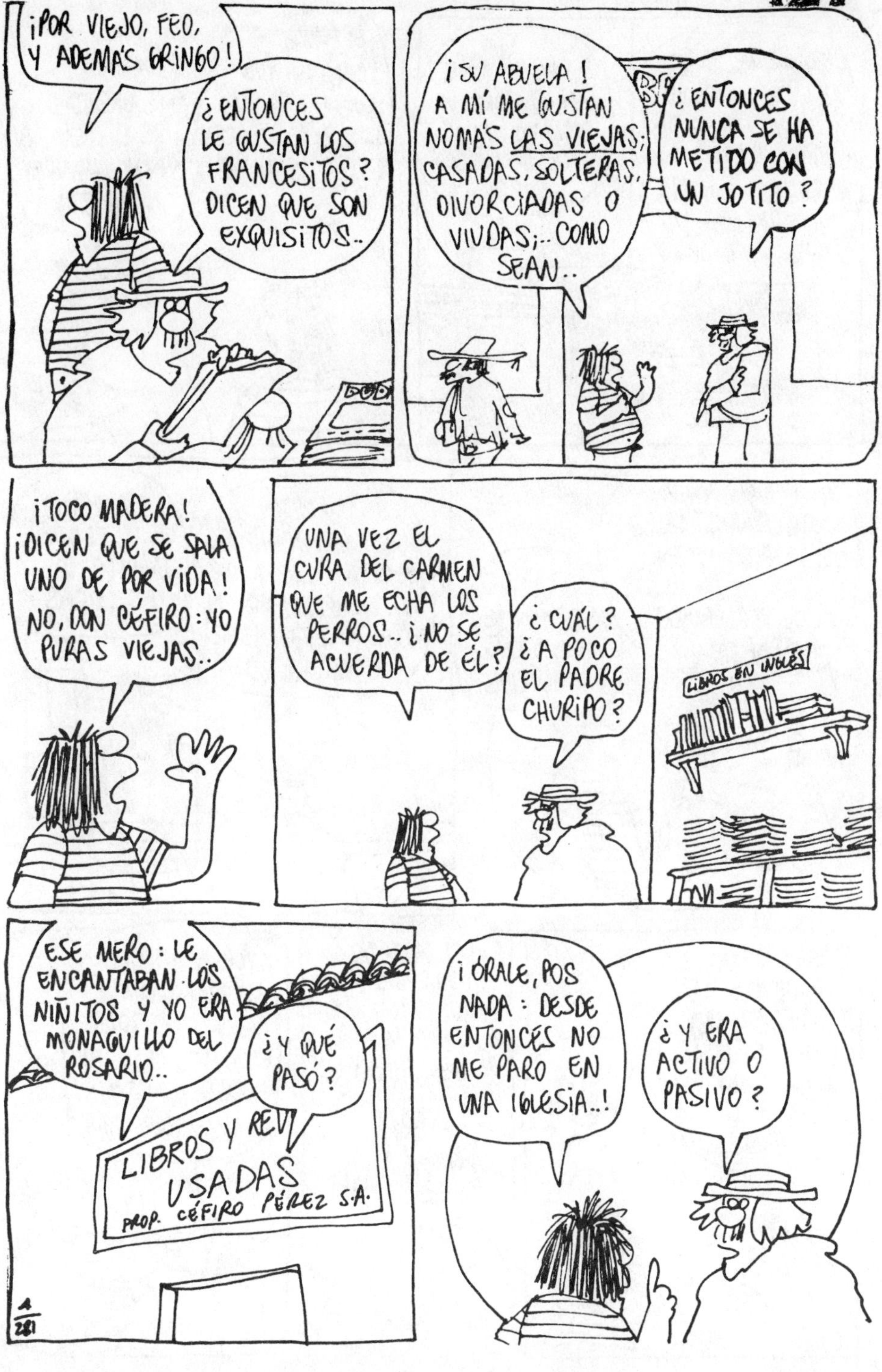
¡POR VIEJO, FEO, Y ADEMÁS GRINGO!
¿ENTONCES LE GUSTAN LOS FRANCESITOS? DICEN QUE SON EXQUISITOS..
¡SU ABUELA! A MÍ ME GUSTAN NOMÁS LAS VIEJAS; CASADAS, SOLTERAS, DIVORCIADAS O VIUDAS;.. COMO SEAN..
¿ENTONCES NUNCA SE HA METIDO CON UN JOTITO?
¡TOCO MADERA! ¡DICEN QUE SE SALA UNO DE POR VIDA! NO, DON CÉFIRO: YO PURAS VIEJAS..
UNA VEZ EL CURA DEL CARMEN QUE ME ECHA LOS PERROS.. ¿NO SE ACUERDA DE ÉL?
¿CUÁL? ¿A POCO EL PADRE CHURIPO?
LIBROS EN INGLÉS
ESE MERO: LE ENCANTABAN LOS NIÑITOS Y YO ERA MONAGUILLO DEL ROSARIO..
¿Y QUÉ PASÓ?
LIBROS Y REV
USADAS
PROP. CÉFIRO PÉREZ S.A.
¡ÓRALE, POS NADA: DESDE ENTONCES NO ME PARO EN UNA IGLESIA..!
¿Y ERA ACTIVO O PASIVO?

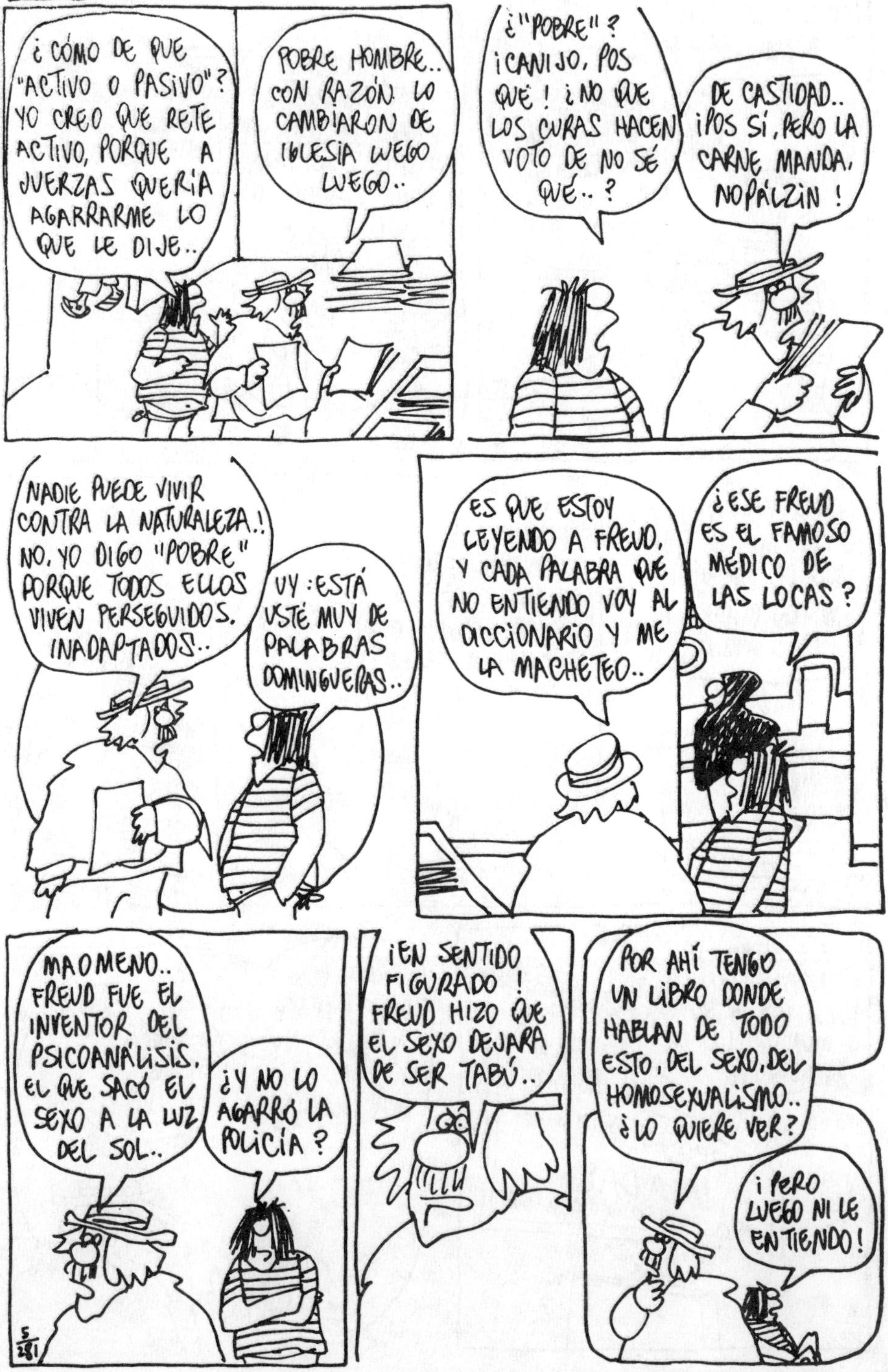
¿CÓMO DE QUE "ACTIVO O PASIVO"? YO CREO QUE RETE ACTIVO, PORQUE A JUERZAS QUERÍA AGARRARME LO QUE LE DIJE..
POBRE HOMBRE.. CON RAZÓN LO CAMBIARON DE IGLESIA LUEGO LUEGO..
¿"POBRE"? ¡CANIJO, POS QUÉ! ¿NO QUE LOS CURAS HACEN VOTO DE NO SÉ QUÉ..?
DE CASTIDAD.. ¡POS SÍ, PERO LA CARNE MANDA, NOPÁLZIN!
NADIE PUEDE VIVIR CONTRA LA NATURALEZA.! NO, YO DIGO "POBRE" PORQUE TODOS ELLOS VIVEN PERSEGUIDOS. INADAPTADOS..
UY: ESTÁ USTÉ MUY DE PALABRAS DOMINGUERAS..
ES QUE ESTOY LEYENDO A FREUD, Y CADA PALABRA QUE NO ENTIENDO VOY AL DICCIONARIO Y ME LA MACHETEO..
¿ESE FREUD ES EL FAMOSO MÉDICO DE LAS LOCAS?
MAOMENO.. FREUD FUE EL INVENTOR DEL PSICOANÁLISIS. EL QUE SACÓ EL SEXO A LA LUZ DEL SOL..
¿Y NO LO AGARRÓ LA POLICÍA?
¡EN SENTIDO FIGURADO! FREUD HIZO QUE EL SEXO DEJARA DE SER TABÚ..
POR AHÍ TENGO UN LIBRO DONDE HABLAN DE TODO ESTO, DEL SEXO, DEL HOMOSEXUALISMO.. ¿LO QUIERE VER?
¡PERO LUEGO NI LE ENTIENDO!
5/2/81

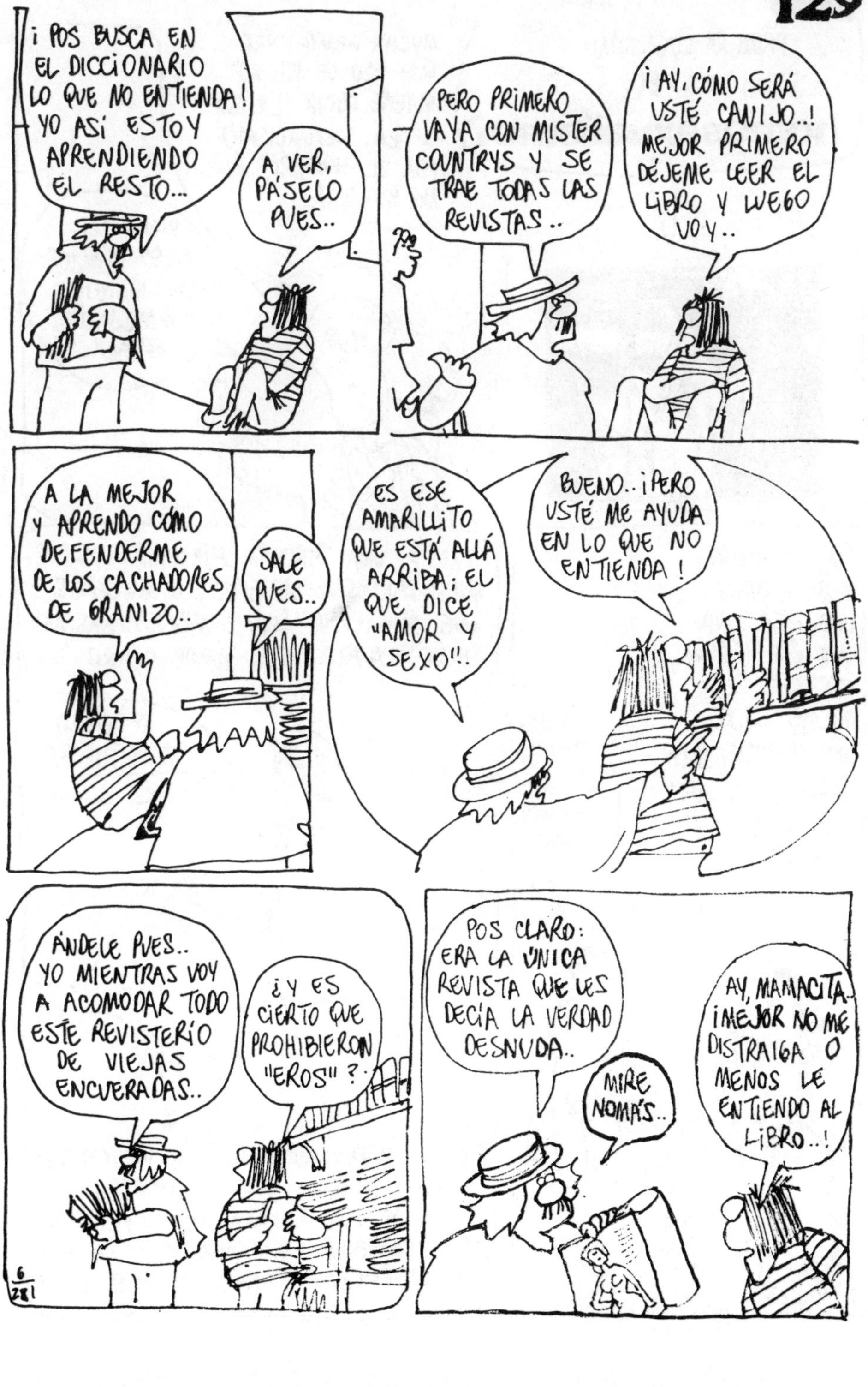
¡POS BUSCA EN EL DICCIONARIO LO QUE NO ENTIENDA! YO ASÍ ESTOY APRENDIENDO EL RESTO...
A VER, PÁSELO PUES..
PERO PRIMERO VAYA CON MISTER COUNTRYS Y SE TRAE TODAS LAS REVISTAS...
¡AY, CÓMO SERÁ USTÉ CANIJO..! MEJOR PRIMERO DÉJEME LEER EL LIBRO Y LUEGO VOY..
A LA MEJOR Y APRENDO CÓMO DEFENDERME DE LOS CACHADORES DE GRANIZO..
SALE PUES..
ES ESE AMARILLITO QUE ESTÁ ALLÁ ARRIBA: EL QUE DICE "AMOR Y SEXO"!..
BUENO.. ¡PERO USTÉ ME AYUDA EN LO QUE NO ENTIENDA!
ÁNDELE PUES.. YO MIENTRAS VOY A ACOMODAR TODO ESTE REVISTERÍO DE VIEJAS ENCUERADAS..
¿Y ES CIERTO QUE PROHIBIERON "EROS"?
6
281
POS CLARO: ERA LA ÚNICA REVISTA QUE LES DECÍA LA VERDAD DESNUDA..
MIRE NOMÁS..
AY, MAMACITA.. ¡MEJOR NO ME DISTRAIGA O MENOS LE ENTIENDO AL LIBRO..!

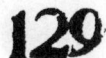

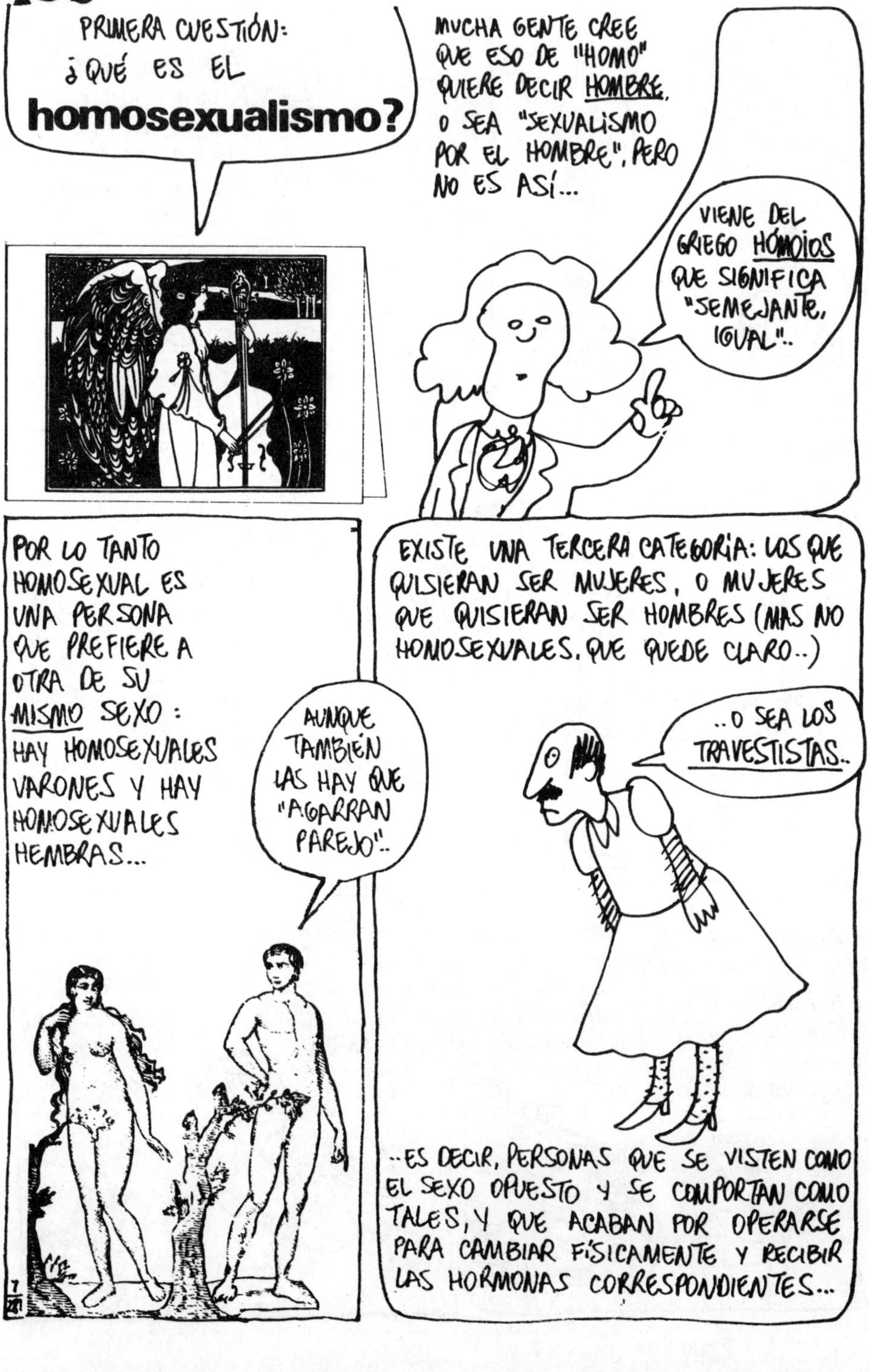
PRIMERA CUESTIÓN: ¿QUÉ ES EL homosexualismo?
MUCHA GENTE CREE QUE ESO DE "HOMO" QUIERE DECIR HOMBRE, O SEA "SEXUALISMO POR EL HOMBRE". PERO NO ES ASÍ...
VIENE DEL GRIEGO HÓMOIOS QUE SIGNIFICA "SEMEJANTE, IGUAL"..
POR LO TANTO HOMOSEXUAL ES UNA PERSONA QUE PREFIERE A OTRA DE SU MISMO SEXO: HAY HOMOSEXUALES VARONES Y HAY HOMOSEXUALES HEMBRAS...
AUNQUE TAMBIÉN LAS HAY QUE "AGARRAN PAREJO"..
EXISTE UNA TERCERA CATEGORÍA: LOS QUE QUISIERAN SER MUJERES, O MUJERES QUE QUISIERAN SER HOMBRES (MAS NO HOMOSEXUALES. QUE QUEDE CLARO..)
..O SEA LOS TRAVESTISTAS..
..ES DECIR, PERSONAS QUE SE VISTEN COMO EL SEXO OPUESTO Y SE COMPORTAN COMO TALES, Y QUE ACABAN POR OPERARSE PARA CAMBIAR FÍSICAMENTE Y RECIBIR LAS HORMONAS CORRESPONDIENTES...

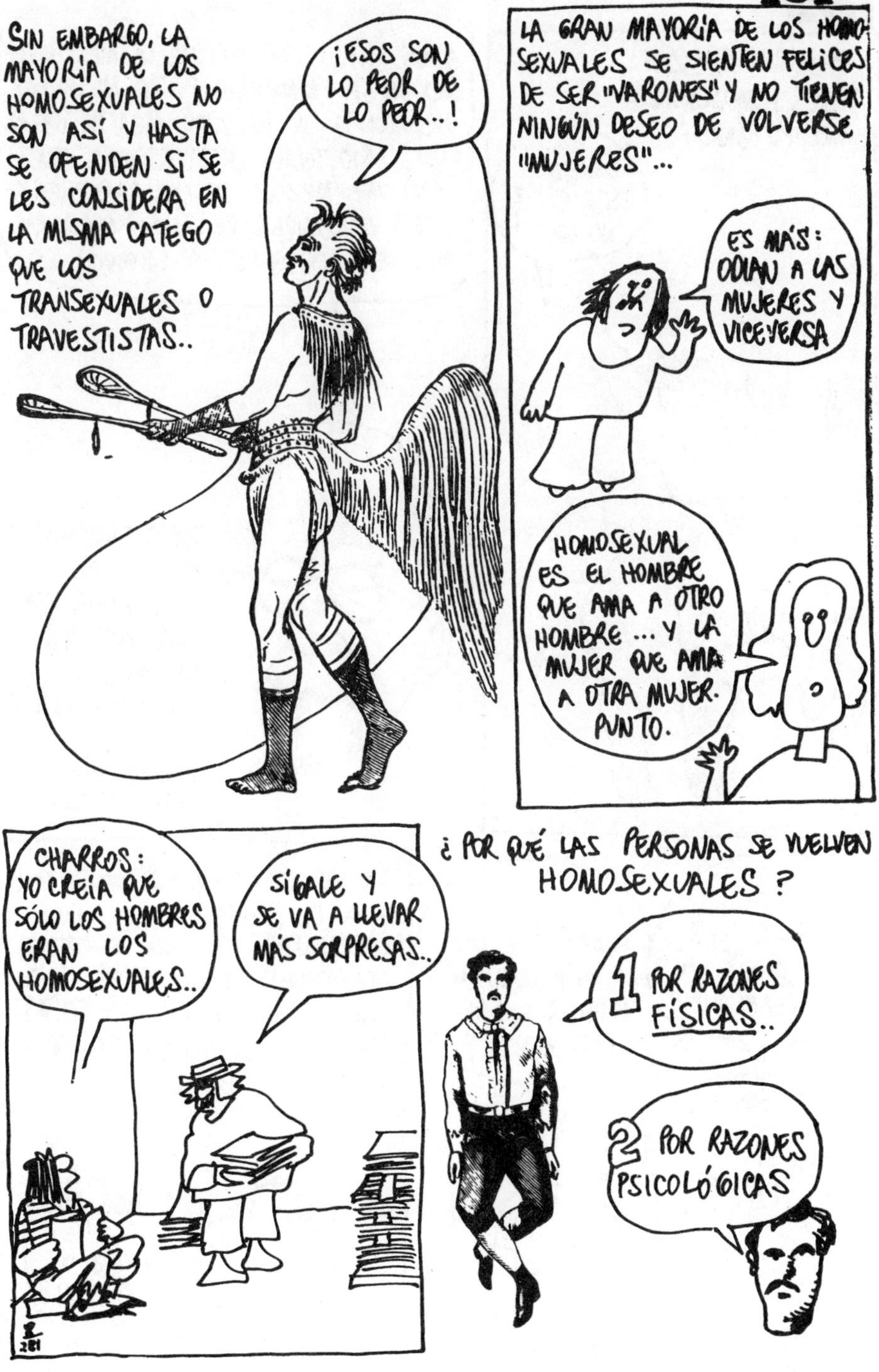
SIN EMBARGO, LA MAYORÍA DE LOS HOMOSEXUALES NO SON ASÍ Y HASTA SE OFENDEN SI SE LES CONSIDERA EN LA MISMA CATEGO QUE LOS TRANSEXUALES O TRAVESTISTAS..
¡ESOS SON LO PEOR DE LO PEOR..!
LA GRAN MAYORÍA DE LOS HOMOSEXUALES SE SIENTEN FELICES DE SER "VARONES" Y NO TIENEN NINGÚN DESEO DE VOLVERSE "MUJERES"...
ES MÁS: ODIAN A LAS MUJERES Y VICEVERSA
HOMOSEXUAL ES EL HOMBRE QUE AMA A OTRO HOMBRE ... Y LA MUJER QUE AMA A OTRA MUJER. PUNTO.
CHARROS: YO CREÍA QUE SÓLO LOS HOMBRES ERAN LOS HOMOSEXUALES..
SÍGALE Y SE VA A LLEVAR MÁS SORPRESAS..
¿POR QUÉ LAS PERSONAS SE VUELVEN HOMOSEXUALES?
1 POR RAZONES FÍSICAS..
2 POR RAZONES PSICOLÓGICAS

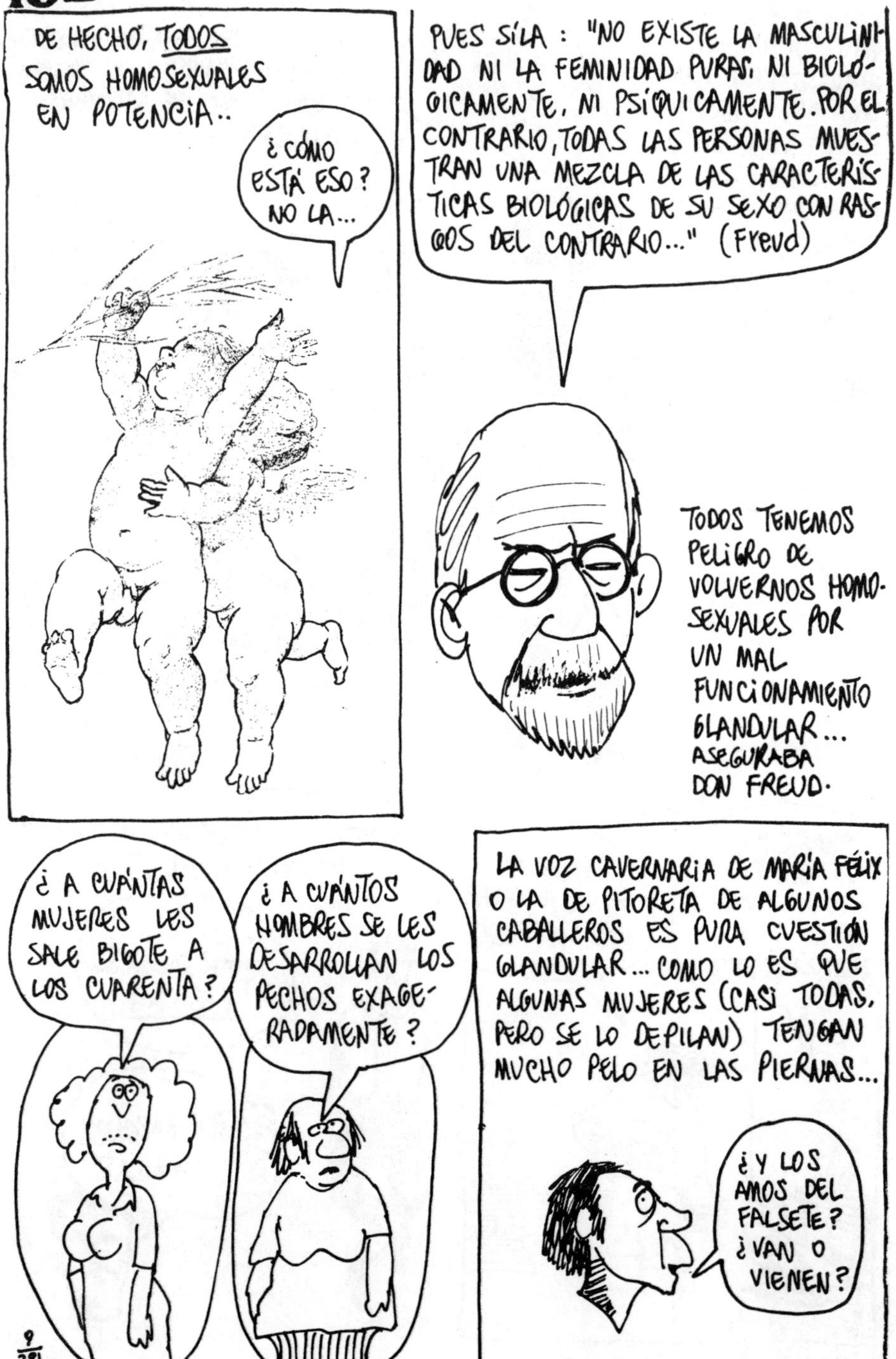
DE HECHO, TODOS SOMOS HOMOSEXUALES EN POTENCIA..
¿CÓMO ESTÁ ESO? NO LA...
PUES SÍ LA: "NO EXISTE LA MASCULINIDAD NI LA FEMINIDAD PURAS, NI BIOLÓGICAMENTE, NI PSÍQUICAMENTE. POR EL CONTRARIO, TODAS LAS PERSONAS MUESTRAN UNA MEZCLA DE LAS CARACTERÍSTICAS BIOLÓGICAS DE SU SEXO CON RASGOS DEL CONTRARIO..." (Freud)
TODOS TENEMOS PELIGRO DE VOLVERNOS HOMOSEXUALES POR UN MAL FUNCIONAMIENTO GLANDULAR... ASEGURABA DON FREUD.
¿A CUÁNTAS MUJERES LES SALE BIGOTE A LOS CUARENTA?
¿A CUÁNTOS HOMBRES SE LES DESARROLLAN LOS PECHOS EXAGERADAMENTE?
9/281
LA VOZ CAVERNARIA DE MARÍA FÉLIX O LA DE PITORETA DE ALGUNOS CABALLEROS ES PURA CUESTIÓN GLANDULAR... COMO LO ES QUE ALGUNAS MUJERES (CASI TODAS, PERO SE LO DEPILAN) TENGAN MUCHO PELO EN LAS PIERNAS...
¿Y LOS AMOS DEL FALSETE? ¿VAN O VIENEN?

ES EL CURSO DE SU DESARROLLO PSICOSEXUAL Y LA INFLUENCIA SOCIAL Y BIOLÓGICA LO QUE DA LUGAR A QUE EL INDIVIDUO, CON SU PREDISPOSICIÓN BISEXUAL, SE DESARROLLE EN UNA U OTRA DIRECCIÓN Y "SE DEFINA"...

NI IZQUIERDA NI DERECHA, SINO TODO LO CONTRARIO...

ESA INFLUENCIA SOCIAL PUEDE SER LA OTRA CAUSA DE VOLVERSE HOMOSEXUAL..

PUES YO EMPECÉ ASÍ: PREGUNTANDO..

EN MUCHOS CASOS EL PRINCIPIO ES EL NARCISISMO (AMOR DEL SUJETO A SU PROPIA PERSONA)...

(DEL NOMBRE DE NARCISO, PERSONAJE MITOLÓGICO GRIEGO QUE, AL VERSE EN UN ESTANQUE SE ENAMORÓ DE SU PROPIA IMAGEN. CARITA QUE ERA..)

EL NARCISISMO COMIENZA CUANDO EL NIÑO DESCUBRE SU PROPIO CUERPO Y GOZA SUS FUNCIONES ORGÁNICAS (HACER PIPÍ POR EJEMPLO), LO QUE CASI SIEMPRE DESEMBOCA EN LA MASTURBACIÓN, O SEA EL AUTOEROTISMO...

¡SOY UN RÍO!

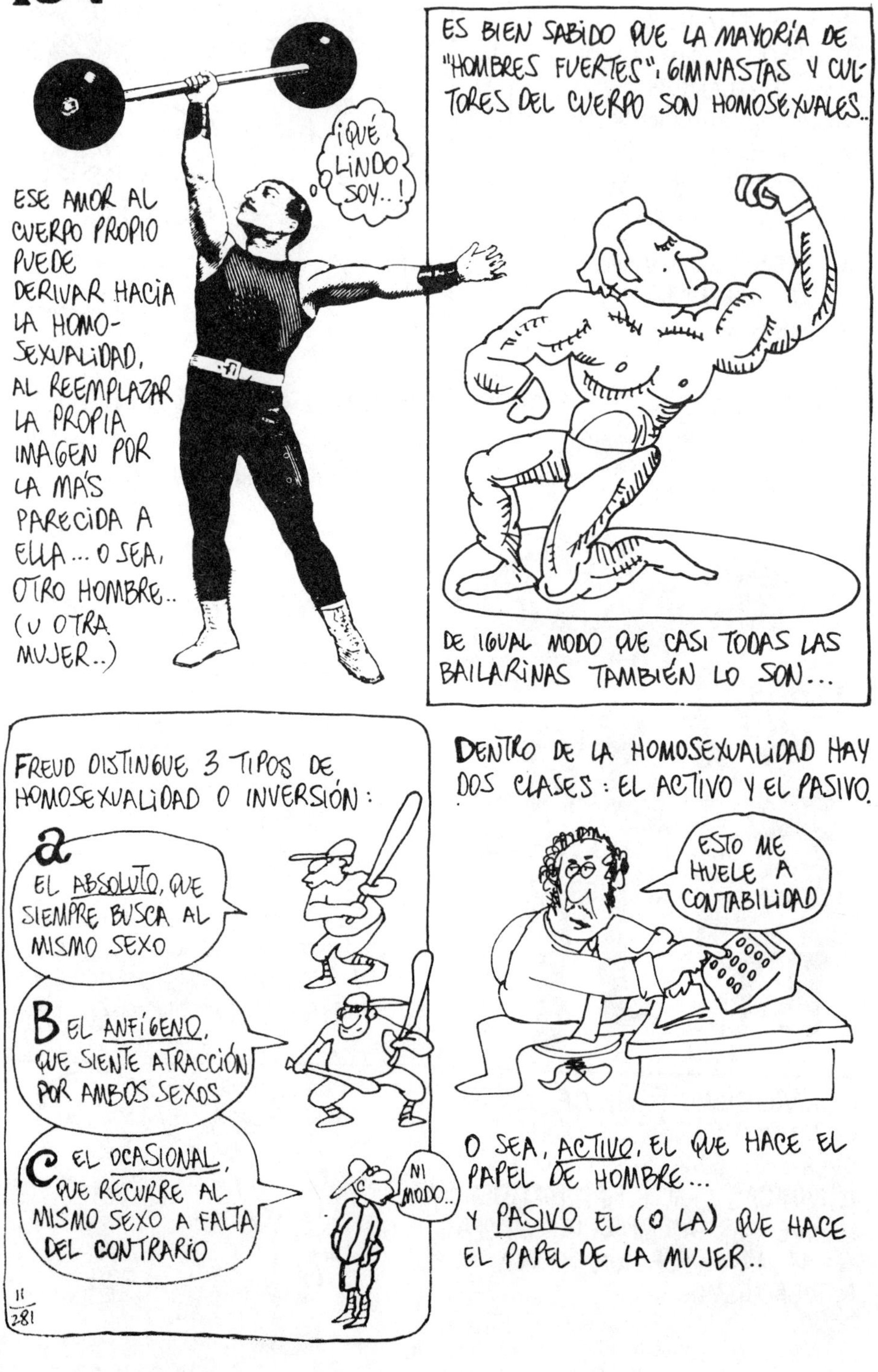

ESE AMOR AL CUERPO PROPIO PUEDE DERIVAR HACIA LA HOMO-SEXUALIDAD, AL REEMPLAZAR LA PROPIA IMAGEN POR LA MÁS PARECIDA A ELLA... O SEA, OTRO HOMBRE.. (U OTRA MUJER..)
¡QUÉ LINDO SOY..!
ES BIEN SABIDO QUE LA MAYORÍA DE "HOMBRES FUERTES", GIMNASTAS Y CULTORES DEL CUERPO SON HOMOSEXUALES..
DE IGUAL MODO QUE CASI TODAS LAS BAILARINAS TAMBIÉN LO SON...
FREUD DISTINGUE 3 TIPOS DE HOMOSEXUALIDAD O INVERSIÓN:
a EL ABSOLUTO, QUE SIEMPRE BUSCA AL MISMO SEXO
B EL ANFÍGENO, QUE SIENTE ATRACCIÓN POR AMBOS SEXOS
C EL OCASIONAL, QUE RECURRE AL MISMO SEXO A FALTA DEL CONTRARIO
NI MODO..
DENTRO DE LA HOMOSEXUALIDAD HAY DOS CLASES: EL ACTIVO Y EL PASIVO.
ESTO ME HUELE A CONTABILIDAD
O SEA, ACTIVO, EL QUE HACE EL PAPEL DE HOMBRE...
Y PASIVO EL (O LA) QUE HACE EL PAPEL DE LA MUJER..

135

No todos —activos o pasivos— se manifiestan públicamente como homosexuales; al contrario, la mayoría son homosexuales "IN THE CLOSET", como dicen en USA ellos mismos..

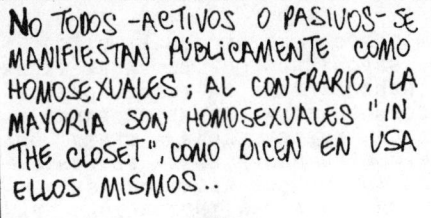

"IN THE CLOSET": EN EL CLOSET

Por ejemplo en una ciudad de Texas, de una población de 800 mil, 50 mil son homosexuales, pero sólo unos 600 son conocidos como tales.. ¿Por qué?

Por puro miedo..

La sociedad en que vivimos, no reconoce todavía más que DOS SEXOS bien definidos: un tercer sexo es, a sus ojos, una degeneración... y los hombres y mujeres homosexuales tienen que vivir perseguidos o en la clandestinidad..

Como si uno tuviera la culpa....

En contra de lo que decía Freud, la nueva siquiatría ha demostrado que una deficiencia hormonal NO es causa principal del homosexualismo..

¿O sea, los homosexuales NO NACEN..?

..sino que se hacen..

Es la sociedad y sus fallas, dice el neopsicoanálisis, la que HACE al homosexual: para demostrarlos daremos algunos ejemplos (del libro "Las mentiras acerca del sexo" Dr. Freeheart- DUDA)

PRIMER PASO: PADRE DÉBIL Y AGACHÓN.

LA INFLUENCIA MÁS PODEROSA QUE RECIBE EL NIÑO PROVIENE DEL HOGAR. SUPONIENDO QUE EL PADRE TIENE UN CARÁCTER DÉBIL, INEFICAZ PARA LA IMAGEN QUE DEBE TENER UN NIÑO SEGÚN SU IDEAL SOBRE EL PADRE, EN ESE CASO ESTA CRIATURA PUEDE LLEGAR A TENER UNA FIJACIÓN MUY FUERTE CON SU MADRE, HASTA EL PUNTO DE CONSIDERAR CUANDO ADULTO QUE RELACIONARSE SERIAMENTE CON UNA MUJER, SERÍA UNA INFIDELIDAD HACIA LA MADRE O INCLUSO CONSIDERAR QUE ESTARÍA COMETIENDO UN ACTO INCESTUOSO.

SEGUNDO CASO: PADRE "MUY MACHO".

EL CASO OPUESTO LO PRESENTA EL PADRE FUERTE, DEMASIADO RUDO Y EXCESIVAMENTE AGRESIVO; ESTA ACTITUD NO PERMITE QUE EL HIJO TENGA RELACIONES ESTRECHAS CON EL PADRE, ES DECIR NO PERMITE QUE EL NIÑO SE IDENTIFIQUE CON EL ROL MASCULINO. EL NIÑO NO TIENE CONFIANZA EN EL AMOR DE SU PADRE Y ESTO ORIGINA UN FUERTE TEMOR POR EL PAPEL MASCULINO Y RESULTA MÁS FACIL IDENTIFICARSE CON EL PAPEL FEMENINO.

OTROS CASOS:

EXISTEN OTROS FACTORES, COMO POR EJEMPLO QUE LOS PADRES HAYAN RECHAZADO DESDE EL COMIENZO EL SEXO DEL NIÑO PORQUE EN REALIDAD DESEABAN UNA NIÑA. TAMBIÉN PUEDE SUCEDER QUE LA EDUCACIÓN SEXUAL SEA TERRIBLEMENTE DEFECTUOSA Y CARGUEN DE CULPA AL NIÑO, O QUE LAS RELACIONES ENTRE LOS PADRES SEAN TAN MALAS QUE EL MUCHACHO(A) BUSQUE EVADIRSE, ENCONTRANDO EL ESCAPE EN LA HOMOSEXUALIDAD, O PUEDE DARSE QUE LAS RELACIONES DE UN ADOLESCENTE HAYAN SIDO TAN FRUSTRANTES O POCO SATISFACTORIAS, QUE SE SIENTA MEJOR ENTRE LOS DE SU PROPIO SEXO.

ES DECIR, TANTO EL HOGAR COMO LAS PRESIONES SOCIALES, TAN IMPORTANTES EN LA ADOLESCENCIA, PUEDEN LLEVAR A LA HOMOSEXUALIDAD

LA SOCIEDAD LOS CREA... Y LUEGO LOS RECHAZA..

OTRO FAMOSO SEXÓLOGO NORTEAMERICANO, EL DR. DAVID REUBEN, APUNTA EN SU LIBRO "CÓMO LOGRAR MÁS PLACER DEL SEXO" ALGUNAS NUEVAS VERDADES CONTRARIAS A LA IDEA GENERAL SOBRE LOS HOMOSEXUALES:

1 LA HOMOSEXUALIDAD NO ES HEREDITARIA. HACE 100 AÑOS LA CIENCIA MÉDICA EXPLICABA LAS MÁS COMPLICADAS CUESTIONES ECHÁNDOLE LA CULPA A LAS FALLAS GENÉTICAS DEL ABUELO Y LA ABUELA, QUE YA NO ESTABAN PRESENTES PARA DEFENDERSE. ACTUALMENTE SABEMOS LO SUFICIENTE SOBRE GENÉTICA PARA AFIRMAR QUE EL HOMOSEXUALISMO NO SE TRANSMITE DE PADRES A HIJOS.

2 LA HOMOSEXUALIDAD NO SE DEBE A UN PROBLEMA GLANDULAR U HORMONAL. ÉSA ERA UNA EXPLICACIÓN MUY POPULAR EN EL SIGLO DIECINUEVE. CUALQUIER COSA QUE DESCONCERTABA A LOS EXPERTOS ERA CALIFICADA COMO "GLANDULAR", PESE A QUE NADIE CONOCÍA MUCHO DE GLÁNDULAS. PESE A AÑOS DE PRACTICAR CON HOMBRES Y MUJERES A BASE DE HORMONAS, NO SE HA PODIDO EN NINGÚN CASO ACABAR O INICIAR EL COMPORTAMIENTO HOMOSEXUAL DE NADIE.

3 TAMPOCO ES CIERTO, POR OTRO LADO, COMO UN PEQUEÑO PERO ENTUSIASTA GRUPO DE DAMAS Y CABALLEROS INSISTE, QUE TODOS SOMOS ANTES QUE NADA HOMOSEXUALES Y QUE SÓLO AQUELLOS DE NOSOTROS QUE "NEGAMOS NUESTRA VERDADERA NATURALEZA" NOS VOLVEMOS HETEROSEXUALES. POR LAS MISMAS RAZONES QUE APORTAN, TODOS NOSOTROS SERÍAMOS CANÍBALES Y SOLO AQUELLOS QUE NEGAMOS NUESTRA VERDADERA NATURALEZA INSISTIMOS EN COMER HAMBURGUESAS Y HOT-DOGS EN VEZ DE COMERNOS LOS UNOS A LOS OTROS.

..O SEA QUE..

UNA PERSONA SE VUELVE HOMOSEXUAL POR OTRAS RAZONES NO FÍSICAS, SINO MENTALES:
a) PORQUE ASÍ LO PREFIERE POR EL PURO GUSTO SEXUAL O
b) POR RECHAZO AL SEXO CONTRARIO DEBIDO A PROBLEMAS SICOLÓGICOS..

MADRES DOMINANTES Y PADRES DÉBILES, POR LO GENERAL..

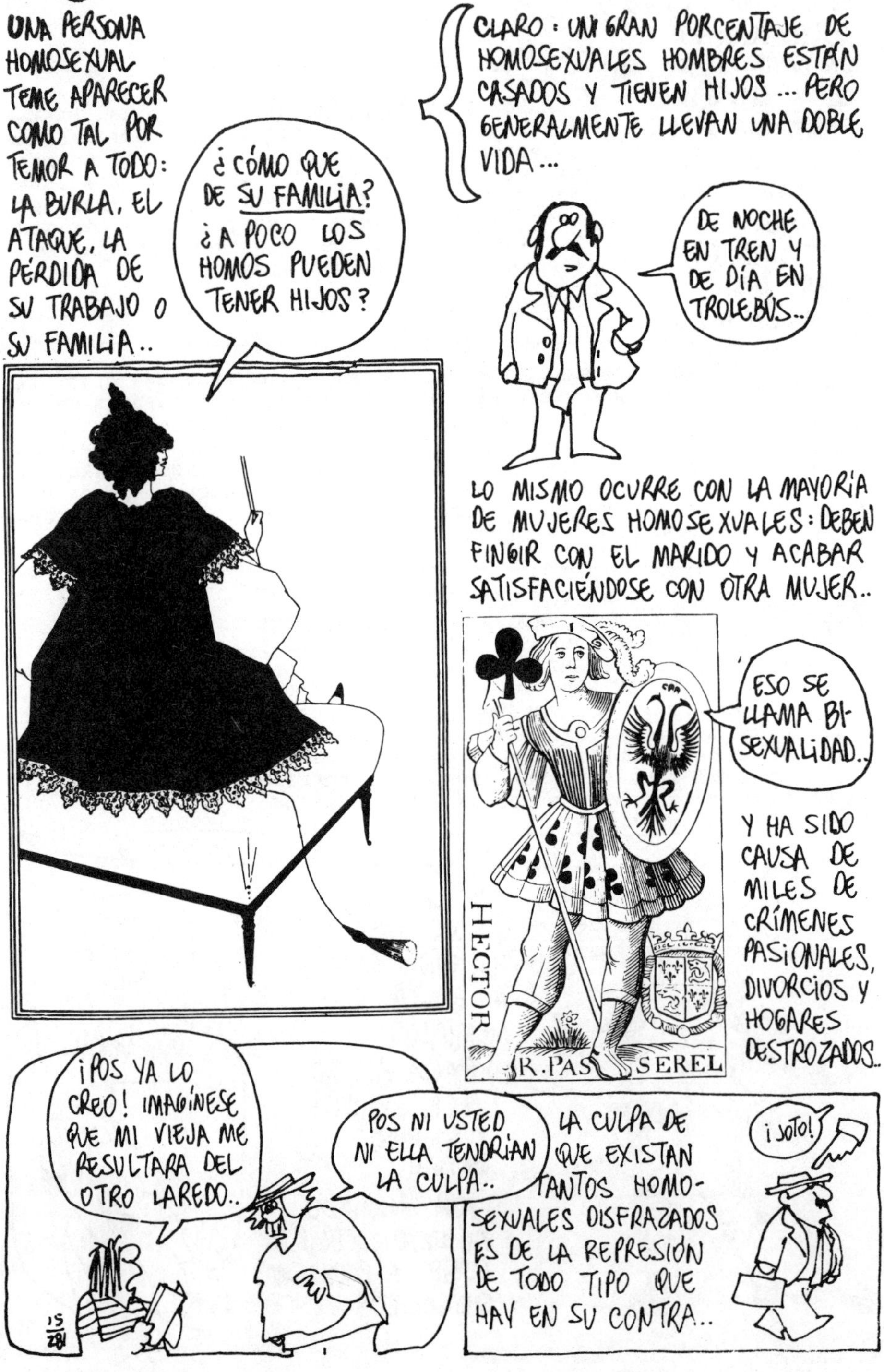
UNA PERSONA HOMOSEXUAL TEME APARECER COMO TAL POR TEMOR A TODO: LA BURLA, EL ATAQUE, LA PÉRDIDA DE SU TRABAJO O SU FAMILIA..
¿CÓMO QUE DE SU FAMILIA? ¿A POCO LOS HOMOS PUEDEN TENER HIJOS?
CLARO: UN GRAN PORCENTAJE DE HOMOSEXUALES HOMBRES ESTÁN CASADOS Y TIENEN HIJOS ... PERO GENERALMENTE LLEVAN UNA DOBLE VIDA ...
DE NOCHE EN TREN Y DE DÍA EN TROLEBÚS..
LO MISMO OCURRE CON LA MAYORÍA DE MUJERES HOMOSEXUALES: DEBEN FINGIR CON EL MARIDO Y ACABAR SATISFACIÉNDOSE CON OTRA MUJER..
HECTOR
R. PASSEREL
ESO SE LLAMA BISEXUALIDAD..
Y HA SIDO CAUSA DE MILES DE CRÍMENES PASIONALES, DIVORCIOS Y HOGARES DESTROZADOS..
¡POS YA LO CREO! IMAGÍNESE QUE MI VIEJA ME RESULTARA DEL OTRO LAREDO..
POS NI USTED NI ELLA TENDRÍAN LA CULPA..
LA CULPA DE QUE EXISTAN TANTOS HOMOSEXUALES DISFRAZADOS ES DE LA REPRESIÓN DE TODO TIPO QUE HAY EN SU CONTRA..
¡JOTO!

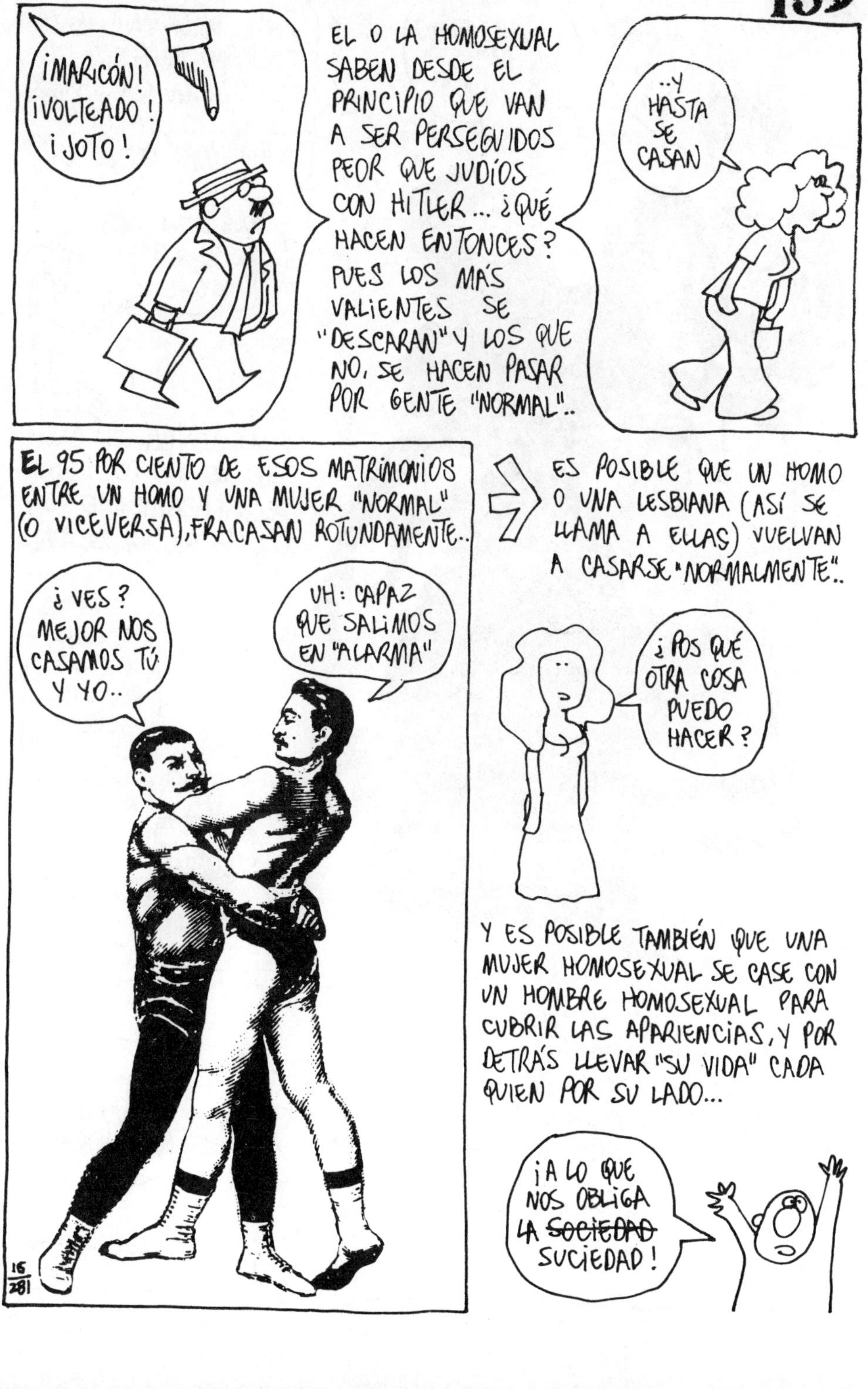
¡MARICÓN! ¡VOLTEADO! ¡JOTO!
EL O LA HOMOSEXUAL SABEN DESDE EL PRINCIPIO QUE VAN A SER PERSEGUIDOS PEOR QUE JUDÍOS CON HITLER... ¿QUÉ HACEN ENTONCES? PUES LOS MÁS VALIENTES SE "DESCARAN" Y LOS QUE NO, SE HACEN PASAR POR GENTE "NORMAL"..
..Y HASTA SE CASAN
EL 95 POR CIENTO DE ESOS MATRIMONIOS ENTRE UN HOMO Y UNA MUJER "NORMAL" (O VICEVERSA), FRACASAN ROTUNDAMENTE..
¿VES? MEJOR NOS CASAMOS TÚ Y YO..
UH: CAPAZ QUE SALIMOS EN "ALARMA"
ES POSIBLE QUE UN HOMO O UNA LESBIANA (ASÍ SE LLAMA A ELLAS) VUELVAN A CASARSE "NORMALMENTE"..
¿POS QUÉ OTRA COSA PUEDO HACER?
Y ES POSIBLE TAMBIÉN QUE UNA MUJER HOMOSEXUAL SE CASE CON UN HOMBRE HOMOSEXUAL PARA CUBRIR LAS APARIENCIAS, Y POR DETRÁS LLEVAR "SU VIDA" CADA QUIEN POR SU LADO...
¡A LO QUE NOS OBLIGA LA ~~SOCIEDAD~~ SUCIEDAD!

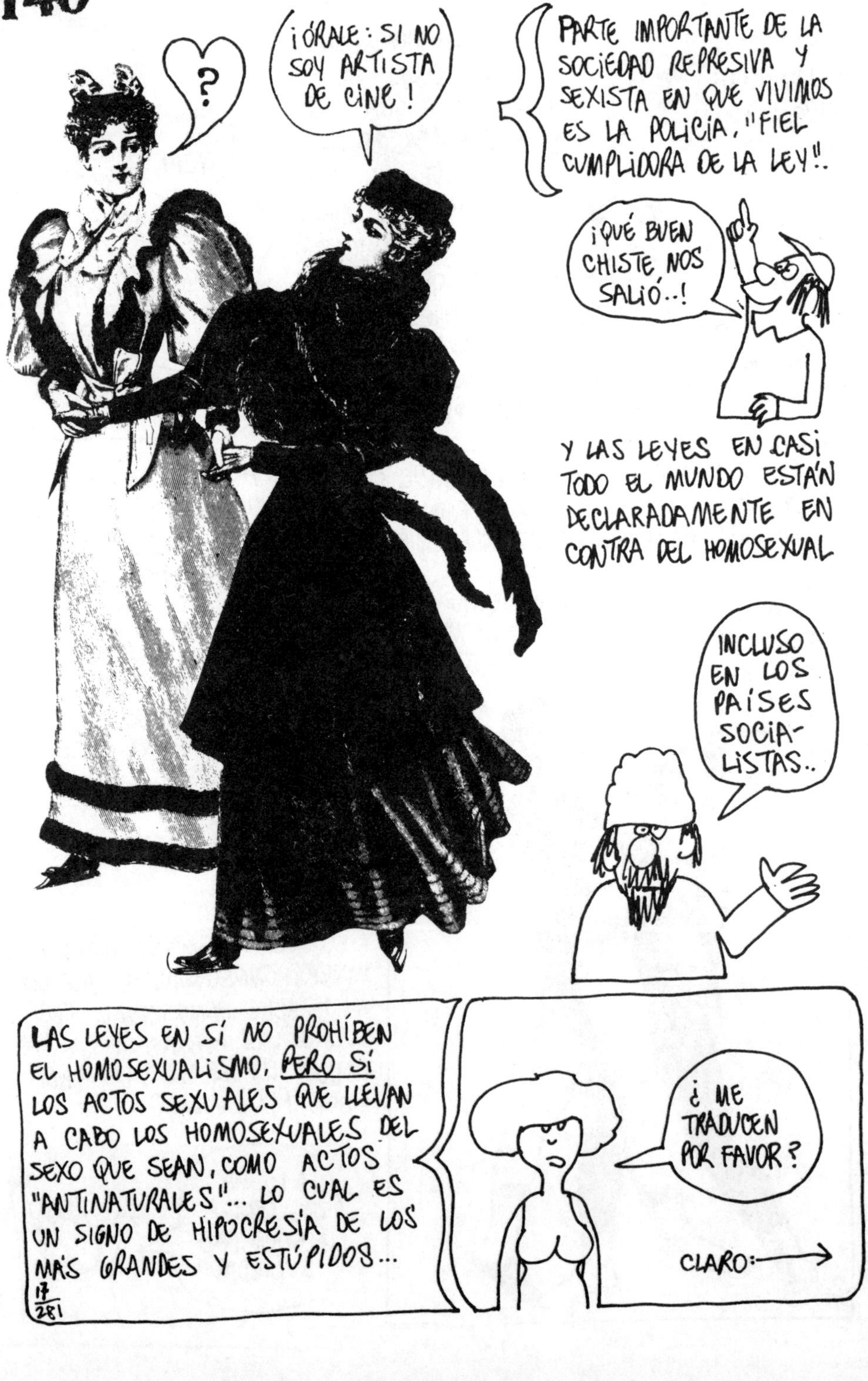
?
¡ÓRALE: SI NO SOY ARTISTA DE CINE!
PARTE IMPORTANTE DE LA SOCIEDAD REPRESIVA Y SEXISTA EN QUE VIVIMOS ES LA POLICÍA, "FIEL CUMPLIDORA DE LA LEY"!.
¡QUÉ BUEN CHISTE NOS SALIÓ..!
Y LAS LEYES EN CASI TODO EL MUNDO ESTÁN DECLARADAMENTE EN CONTRA DEL HOMOSEXUAL
INCLUSO EN LOS PAÍSES SOCIALISTAS..
LAS LEYES EN SÍ NO PROHÍBEN EL HOMOSEXUALISMO, PERO SÍ LOS ACTOS SEXUALES QUE LLEVAN A CABO LOS HOMOSEXUALES DEL SEXO QUE SEAN, COMO ACTOS "ANTINATURALES"... LO CUAL ES UN SIGNO DE HIPOCRESÍA DE LOS MÁS GRANDES Y ESTÚPIDOS...
17/281
¿ME TRADUCEN POR FAVOR?
CLARO: →

LA LEY, Y TODO MUNDO, SABE QUE EN LA INTIMIDAD DE LA ALCOBA, HOMBRE Y MUJER LLEVAN A CABO TODO TIPO DE ACTOS SEXUALES QUE ESTAN "PROHIBIDOS" POR LA LEY.. PERO SE TOLERAN POR LLEVARSE A CABO DENTRO DEL MATRIMONIO LEGALIZADO..

¿QUÉ YA QUIEREN COBRARNOS IMPUESTO POR ESTO?

SIN EMBARGO, CUANDO SE TRATA DE HOMOSEXUALES, SE LES PENA Y ENCIERRA POR PRACTICAR ESOS MISMOS ACTOS "TOLERADOS" DENTRO DEL MATRIMONIO..

Y ESO ES LO QUE ESTÁN PELEANDO LOS HOMOSEXUALES:

¿POR QUÉ ES TOLERADO PARA UNAS PERSONAS Y CASTIGADO PARA OTRAS?

ACTUALMENTE, INGLATERRA ES EL PRIMER PAÍS EN EL MUNDO QUE HA HECHO "LEGAL" EL HOMOSEXUALISMO, Y EN MUCHAS PARTES DE E. UNIDOS SE HA LOGRADO QUE CESE LA PERSECUCIÓN POLICIAL CONTRA LOS HOMOSEXUALES..

YA HAY REVISTAS HOMOSEXUALES, CLUBS Y BARES PARA HOMOSEXUALES Y HASTA IGLESIA PARA HOMOSEXUALES..

Y HASTA CASAS NON SANTAS HOMOSEXUALES...

DONDE, COMO EN LOS BURDELES TRADICIONALES, LA GENTE VA A HACER EL AMOR (O ALGO PARECIDO) CON GENTE DE SU MISMO SEXO..

CHIN: ESO YA ES EL DEGENERE EN TODO SU ESPLENDOR..

YO DIRÍA MEJOR, "LA DECADENCIA DEL IMPERIO ROMANO GRINGO"

EL NÚMERO DE HOMOSEXUALES EN ESTADOS UNIDOS (DE HOMOSEXUALES DECLARADOS) ES DE **OCHO** MILLONES, SEGÚN ESTADÍSTICAS OFICIALES. ELLOS CONTROLAN EL MUNDO DEL CINE, TEATRO, MÚSICA CLÁSICA, PINTURA, RADIO Y TELEVISIÓN, DANZA Y BALLET DESDE LUEGO, ÓRDENES RELIGIOSAS, EJÉRCITO, DISCOS, DECORACIÓN, DISEÑO DE MODAS Y COSAS POR EL ESTILO...

AUBREY BEARDSLEY

SON EL **GAY POWER** (EL "PODER ALEGRE")

(AUNQUE, COMO VAMOS A VER, NO TIENE NADA DE ALEGRE..)

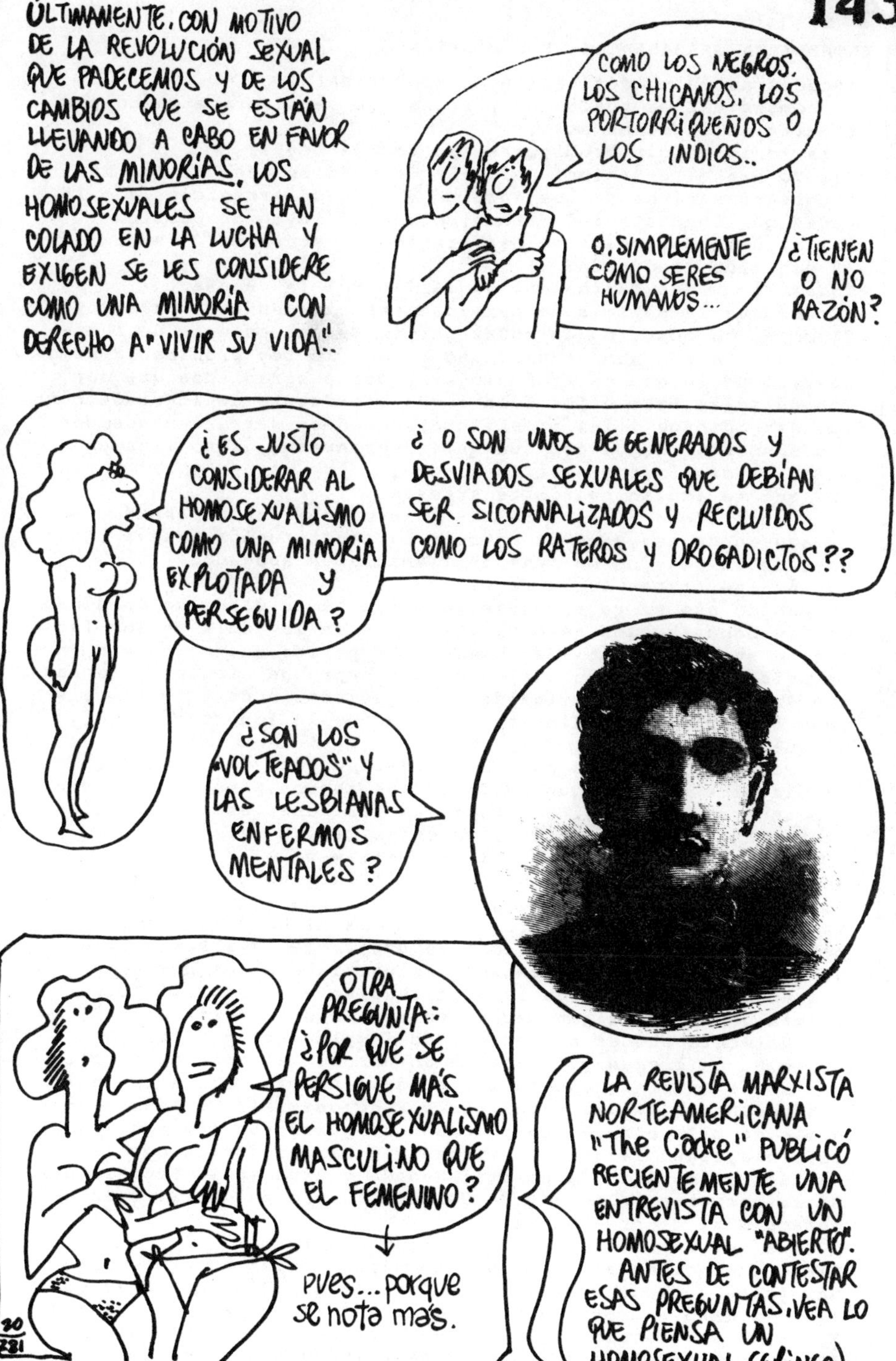
ÚLTIMAMENTE, CON MOTIVO DE LA REVOLUCIÓN SEXUAL QUE PADECEMOS Y DE LOS CAMBIOS QUE SE ESTÁN LLEVANDO A CABO EN FAVOR DE LAS MINORÍAS, LOS HOMOSEXUALES SE HAN COLADO EN LA LUCHA Y EXIGEN SE LES CONSIDERE COMO UNA MINORÍA CON DERECHO A "VIVIR SU VIDA"..
COMO LOS NEGROS, LOS CHICANOS, LOS PORTORRIQUEÑOS O LOS INDIOS..
O, SIMPLEMENTE COMO SERES HUMANOS...
¿TIENEN O NO RAZÓN?
¿ES JUSTO CONSIDERAR AL HOMOSEXUALISMO COMO UNA MINORÍA EXPLOTADA Y PERSEGUIDA?
¿O SON UNOS DEGENERADOS Y DESVIADOS SEXUALES QUE DEBÍAN SER SICOANALIZADOS Y RECLUIDOS COMO LOS RATEROS Y DROGADICTOS??
¿SON LOS "VOLTEADOS" Y LAS LESBIANAS ENFERMOS MENTALES?
OTRA PREGUNTA: ¿POR QUÉ SE PERSIGUE MÁS EL HOMOSEXUALISMO MASCULINO QUE EL FEMENINO?
pues... porque se nota más.
30/281
LA REVISTA MARXISTA NORTEAMERICANA "The Cadre" PUBLICÓ RECIENTEMENTE UNA ENTREVISTA CON UN HOMOSEXUAL "ABIERTO".
ANTES DE CONTESTAR ESAS PREGUNTAS, VEA LO QUE PIENSA UN HOMOSEXUAL (GRINGO):

ENTREVISTA GRABADA CON UN HOMOSEXUAL.

-¿Puedes darme tu definición de HOMOSEXUAL?
-Un homosexual es cualquier persona que se siente atraído por alguien de su mismo sexo.
-¿Has tenido algún problema serio con la Ley?
-Sí. Yo era el principal bailarín desnudo en tres de los más importantes clubs de Los Ángeles y he sido arrestado 14 o 15 veces por conducta indecorosa, corromper la moral pública y bailar desnudo. Inclusive han tratado de acusarme de sodomía.
-¿Y has sido condenado?
-Todas las veces. Tantas que ya casi perdí la cuenta..
-¿Crees que la policía te persigue especialmente por ser joto?
-Claro. Me ha ocurrido en todas partes. Es una especie de chantaje contra los homosexuales, no porque la Ley prohíba la homosexualidad, lo que es ridículo, sino por desgraciados que son los policías. Para ellos sólo somos una fuente de ingresos, como los drogadictos y las prostitutas. No somos seres humanos con los mismos derechos que cualquier ser humano, sino alguien a quién extorsionar y sacarle dinero.
-¿De qué te acusan cuando te arrestan?
-Pues pese a que siempre me han agarrado bailando desnudo, no me acusan de eso, sino de ejercer la prostitución. Estuve cinco días detenido y no me dejaron llamar a un abogado.
-¿Y cómo te tratan en la cárcel?
-Es sabido que si te arrestan, te ponen en la misma celda donde no hay homosexuales, es decir, te echan en la jaula de los leones, lo que es terrible. Yo siempre he pedido que me pongan en la celda de los homosexuales, pero siempre se niegan. Te echan con drogadictos y criminales para que abusen de ti y te golpeen e insulten verbalmente. Creo que no lo soportaré más...
-¿Y qué pasa luego?
-No, pues finalmente te ponen en libertad y te dan cualquier excusa. Dice el juez que perdones los abusos, pero que se cometió un error contigo. Si protestas por haber estado injustamente encerrado cinco días, entonces te dan seis...
-¿Crees que la homosexualidad es un crimen?
-No lo creo. Posiblemente parte de ello sea un crimen, como en todo. Por ejemplo, si un degenerado molesta a una niña de nueve años, eso es un crimen. Si un homosexual hace lo mismo y se mete con un niño, es un crimen. Es contra la ley. Pero hay cosas como el sexo oral que sólo se persigue a los homosexuales, aunque lo haga toda la gente. Eso no es justo. Si es un crimen, que lo persigan parejo, no nada más a nosotros.
-¿Actualmente puedes ser arrestado simplemente por ser joto?
-Bueno. Nunca llegan y te acusan de homosexual, sino de practicar actos inmorales, de corruptor, de conducta inmoral, de bailar desnudo. Nunca te dicen que por ser homosexual. Te acusan de sodomía, de mil cosas. Incluso acaban de pasar una ley aquí en California, según la cual es ilegal que bailen juntas dos personas del mismo sexo. Ya pasó al Senado y está en la Legislatura. Si la aprueban, yo me voy de California: no puedo vivir en un estado Nazi de pre-guerra.
-¿Crees que los homosexuales son gente enferma?
-Claro que no. Desde luego que hay homosexuales enfermos, como hay gente no homosxual enferma. Como el tipo ese de Texas que violó y mató a esos niñitos. Era un enfermo, igual que Richard Speck, el que asesinó a todas esas enfermeras en Chicago...
-¿Crees que interfieren en tu vida privada por el hecho de ser homosexual..?

—Yo no creo que se metan en mi vida privada,sino que limitan mi vida,mi libertad.Siendo homosexual,no puedo actuar libremente, se me cierran todas las puertas y debo limitarme a vivir únicamente en sitios donde hay homosexuales,aunque no ande buscando sexo..simplemente compañía. Una idea que tiene la gente de los homosexuales es que se acuestan con cualquier cosa con patas.Yo nunca voy a la cama con el primero que veo; yo busco a alguien con quién vivir el resto de mi vida,no soy una prostituta. Yo quisiera casarme con alguien a quien ame,como lo hace cualquier persona,pero no se nos permite eso.El matrimonio se nos tiene prohibido. Creo que nuestra privacía está amenazada,porque se nos detiene en la calle si vamos abrazados como los novios o si nos besamos públicamente. La gente que no es homosexual lo puede hacer; nosotros no.Las leyes deben cambiar.Quizás se tarden 30-40-50 años,quizás eso no lo veamos ,pero deben cambiar...
—¿Entonces crees que se deberían legalizar los matrimonios de homosexuales ?
—Sí,como cualquier otro matrimonio,bajo las mismas leyes y condiciones.Para gentes que no estén enfermas,como cualquier otro.
—¿Tú o alguno de tus amigos ha sido despedido de su trabajo al descubrirse que son homosexuales ?
—Naturalmente.Yo tenía un puesto secreto en la Armada.Iba a ser técnico electrónico en submarinos nucleares. Tan pronto como fuí arrestado la primera vez,yo no sé cómo se enteró la Armada,pero fui despedido.

¿POR QUE ES LA MISMA POLICÍA LA QUE COMETE ACTOS INMORALES CONTRA NOSOTROS?

MOMENTO, QUE LA ENTREVISTA SIGUE...

-¿Entonces crees injusto que discriminen al homosexual ?

-Desde luego. Yo creo que un homosexual puede servir a su país tan bien como cualquier persona.Incluso creo que las iglesias deberían admitir a los homosexuales abiertamente,nombrarlos ministros,que hubiera monjas homosexuales,clérigos,obispos. No sé por qué no lo hacen. Cualquier actividad creadora tiene a cantidad de homosexuales...

-¿La policía trata diferente a las lesbianas que al homosexual?

-No sé.Quizás las trate con más deferencia,pero yo nunca he sabido que arresten a dos lesbianas. A la gente no le gusta molestar a las mujeres;no se meten con ellas,aunque sean homosexuales.Dicen que allá ellas y las dejan en paz.

-¿Qué opinas de estas sociedades como la MATTACHINE,que están luchando por los derechos de los homosexuales ?

-He oído de ellos,pero no sé bien qué están haciendo. Por otro lado yo nunca he sabido que detengan o arresten a los homosexuales poderosos.Nunca.

-¿Conoces alguna organización que esté haciendo algo positivo a favor de los homosexuales?

-Sí. El GAY LIBERATION MOVEMENT y el METROPOLITAN COMMUNITY CHURCH. Lo hacen muy bien,y creo que la actitud de la gente cambiará si logran cambiar las leyes,de modo que no haya tanta diferencia en el trato que se da al homosexual y al que no lo es.En otros países las leyes no son tan duras como aquí,excepto quizás en Australia. En los Países Socialistas no sé.Pero sí sé que en Inglaterra,Holanda,Suecia y Noruega,no existen leyes contra la homosexualidad.En Estados Unidos todavía vivimos en la era Victoriana...

-¿La policía les cobra dinero a los homosexuales?

-Claro.En Chicago,en el bar donde trabajaba,todos los jueves a medianoche llegaba la patrulla y si no les daban 500 dólares, cerraban el local...

-¿Conoces las multas o penas por ser homosexual ?

-En Los Ángeles te pueden dar hasta 5000 dólares de multa y 5 años de prisión.En Alabama creo que hasta existe la pena de muerte para los jotos.Pero hay ciudades donde no se nos molesta.En ese sentido,San Francisco es el Paraíso de los jotos...

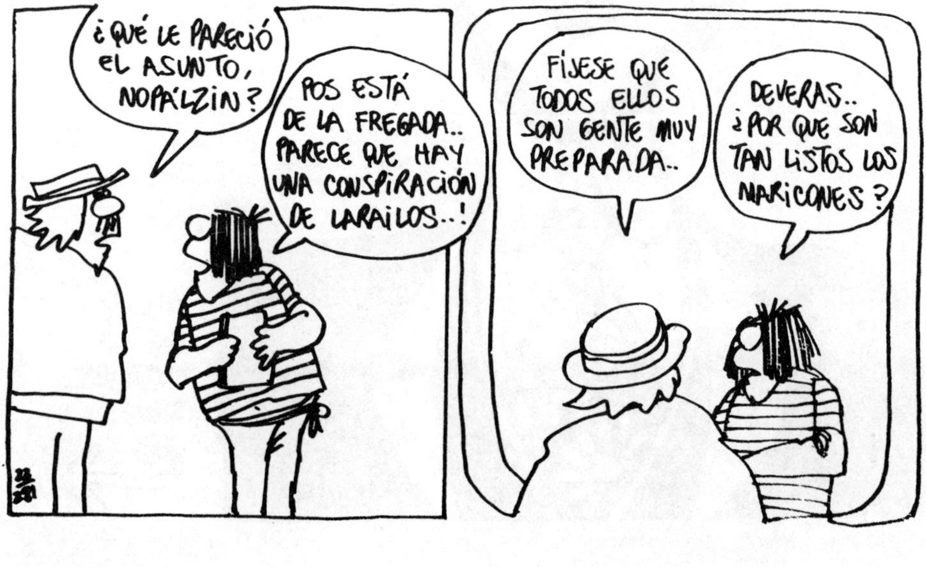
¿QUÉ LE PARECIÓ EL ASUNTO, NOPÁLZIN?
POS ESTÁ DE LA FREGADA.. PARECE QUE HAY UNA CONSPIRACIÓN DE LARAILOS..!
FÍJESE QUE TODOS ELLOS SON GENTE MUY PREPARADA..
DEVERAS.. ¿POR QUE SON TAN LISTOS LOS MARICONES?

LISTA INCOMPLETA DE FAMOSÍSIMOS HOMOSEXUALES: ⇨ SÓCRATES • JULIO CÉSAR • ÓSCAR WILDE • ANDRÉ GIDE • TCHAIKOWSKY • LEONARDO DA VINCI • SALVADOR NOVO • MIGUEL ANGEL • SOMERSET MAUGHAM • TORRES BODET • Y MEDIO HOLLYWOOD..

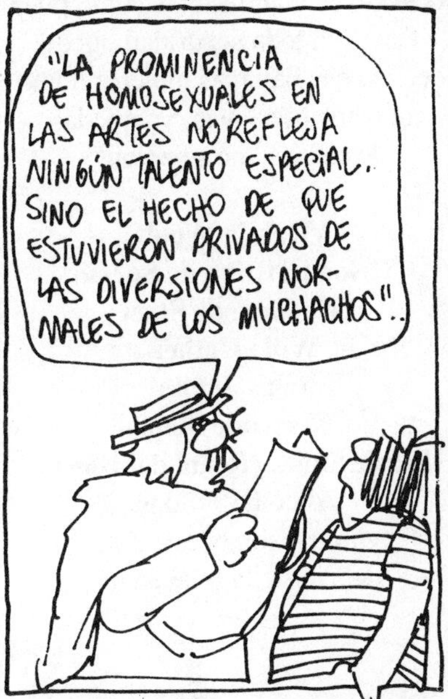
"LA PROMINENCIA DE HOMOSEXUALES EN LAS ARTES NO REFLEJA NINGÚN TALENTO ESPECIAL, SINO EL HECHO DE QUE ESTUVIERON PRIVADOS DE LAS DIVERSIONES NORMALES DE LOS MUCHACHOS"..

Y RECURRIERON A LAS ARTES PARA ALCANZAR ALGÚN PRESTIGIO"... (Dr. Freeheart) DESARROLLANDO ASÍ SUS APTITUDES MUSICALES, LITERARIAS, ARTÍSTICAS, ETC.

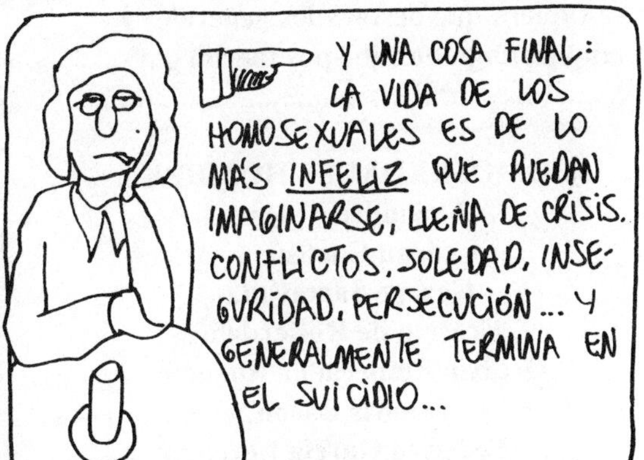
Y UNA COSA FINAL: LA VIDA DE LOS HOMOSEXUALES ES DE LO MÁS INFELIZ QUE PUEDAN IMAGINARSE, LLENA DE CRISIS, CONFLICTOS, SOLEDAD, INSEGURIDAD, PERSECUCIÓN... Y GENERALMENTE TERMINA EN EL SUICIDIO...

¿CUÁL ES LA SOLUCIÓN AL HOMOSEXUALISMO ??

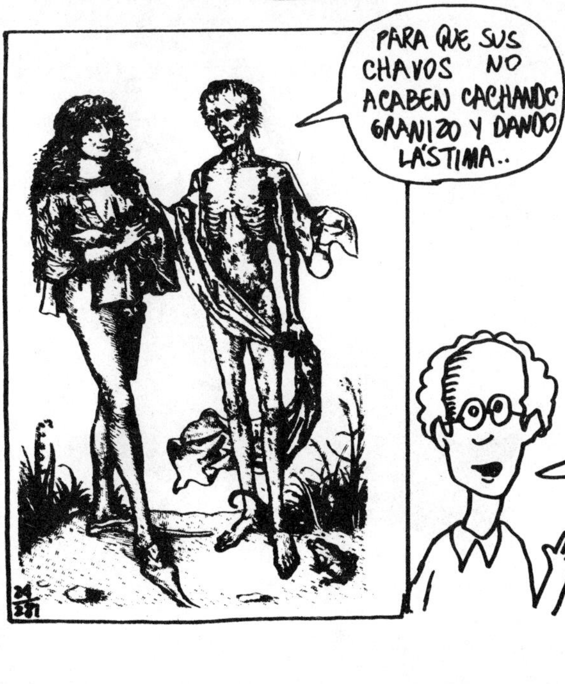
PARA QUE SUS CHAVOS NO ACABEN CACHANDO GRANIZO Y DANDO LÁSTIMA..

CREEMOS, CON LA MAYORÍA DE LOS SICÓLOGOS, QUE LA CAUSA PRINCIPAL DE QUE MUCHACHOS Y MUCHACHAS SE "DESVÍEN" ES POR MAL AMBIENTE FAMILIAR Y UNA EDUCACIÓN SEXUAL ERRÓNEA.

SE NECESITA, MÁS QUE NADA, QUE SEAMOS TOLERANTES Y RESPETEMOS SUS GUSTOS..!

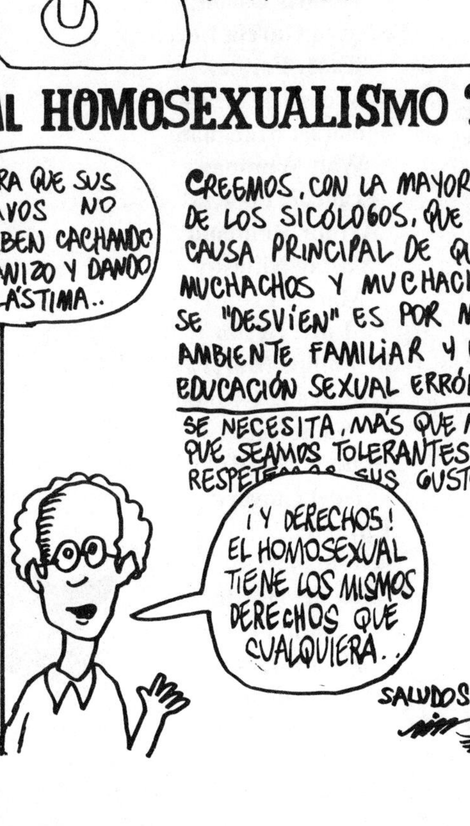
¡Y DERECHOS! EL HOMOSEXUAL TIENE LOS MISMOS DERECHOS QUE CUALQUIERA..

SALUDOS.

La lista de homosexuales famosos en la Historia, resulta interminable. Constan en ella *menos* de los que lo fueron, dado que apenas en los últimos años han podido salir del clóset. Muchos murieron sin que se supiera su tendencia sexual, y muchos más fueron protegidos en las instituciones (Iglesia o Ejército),donde servían, aunque es de sobra conocido que en esas dos instituciones abundan los homosexuales. Pero,claro, sería penoso que se supiera que destacados generales y muy distinguidos obispos fueron gays...

....

HOMOSEXUALES HOMBRES
Alejandro Magno
Jean Cocteau
George Santayana
Erasmo de Rotterdam
Octavio Emperador Romano
Francis Bacon
Federico García Lorca
E.M. Forster
Lawrence de Arabia
Somerset Maugham
Walt Whitman
Francois Poulenc
Arthur Rimbaud
Vaslav Nijinsky
Marcel Proust
Lord Byron
Sir Philipe Marlowe
Federico el Grande
Saint-Saens
Rainer Ma. Rilke
Noel Coward
J.Maynard Keynes
Herman Melville
Nathaniel Hawtorne
Constantino Cavafis
Henry James
Yukio Mishima
etc.

MUJERES HOMOSEXUALES
La lista de lesbianas resulta más difícil de elaborar, por la facilidad que se les da a las mujeres en nuestra sociedad de manifestarse como tales. Casi con toda seguridad puede decirse que hay más mujeres homo que hombres ídem, ya que las lesbianas "no se notan".

Virginia Woolf
Reina Cristina de Suecia
Madame de Stael
Willa Cather
Janis Joplin
Gertrude Stein
Bessie Smith (Reina del Blues)
Alice B. Toklas
y muchísimas estrellas
del cine y la televisión.

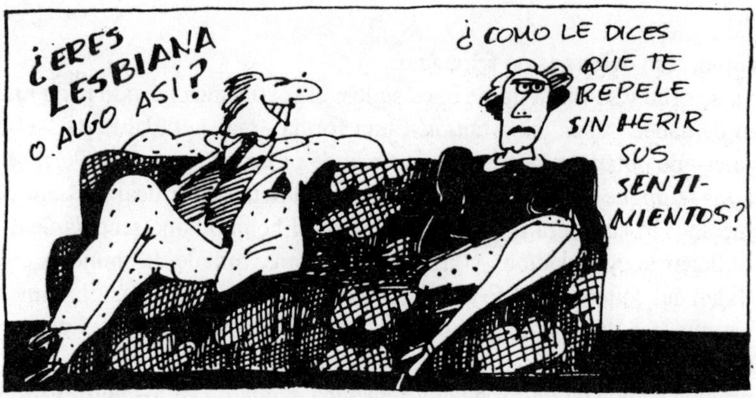
¿ERES LESBIANA O ALGO ASÍ?
¿COMO LE DICES QUE TE REPELE SIN HERIR SUS SENTI-MIENTOS?

. por qué atrae tanto el lesbianismo a algunas mujeres ?

La situación de la mayoría de las mujeres del siglo que está comenzando, parece ser uy prometedora. Al menos para las mujeres que viven en las grandes ciudades o simple-ente en medios urbanos. Ahora tienen más posibilidades de llevar la vida sexual que les iste, explorar la propia sexualidad sin las presiones religiosas o sociales de antes, expre-ırse, preguntar, ejercer el derecho a ser o no madres y sobre todo, ejercer su derecho al 'gasmo, cosa bastante difícil de obtener en tiempos pasados.

Y aunque algunos censores (muy ligados a la Iglesia,desde luego) siguen considerando ıe las "malas mujeres" son las causantes del herpes genital, ¡ y hasta del SIDA!, la socie-ıd ha terminado por aceptar que las mujeres tienen en la cama, los mismos derechos ıe el hombre. Sobre todo ***el derecho al goce sexual,***goce que los hombres creían ser de exclusividad. Cuando quedó demostrado que los virus malignos del último siglo NO an a causa de la promiscuidad femenina ni homosexual, sino simplemente de las relacio-s sexuales entre parejas "normales", las mujeres se vieron liberadas para experimentar tipo de relación que les había sido vetado: las relaciones homosexuales, el hacer el amor n otra mujer. Y con más posibilidades de tener así el orgasmo.

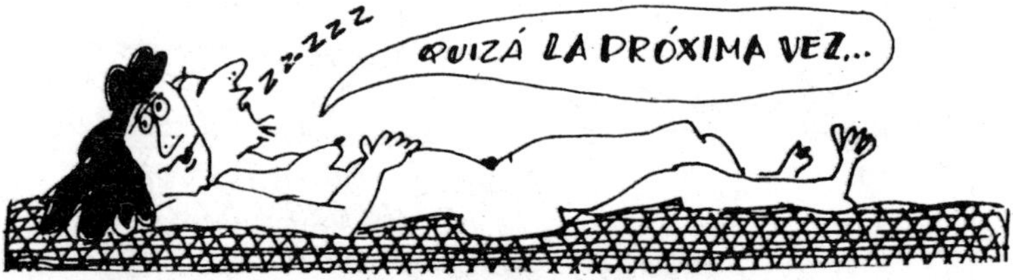
zzz-zzz
QUIZÁ LA PRÓXIMA VEZ...

orgasmo entre mujeres ? no manchen...

Las mujeres, por medio de esas organizaciones civiles feministas, han dado a conocer al ıundo entero sus necesidades sexuales. Y sus logros. En cuanto se les dio la palabra a las ıujeres y a partir de que muy preparadas señoras dijeron en libros lo que antes decían los reparados varones a su nombre, algunas cosas quedaron más claras para todos.

Por ejemplo, eso del orgasmo femenino.

Como ya se sabe y se sabía desde hace siglos, el sexo nunca ha sido nada más un simple mecanismo de hacer niños, sino también una forma –más agradable para el hombre que para la mujer– de obtener placer, de divertirse, de pasar un buen rato. Pero, también desde hace siglos –aunque no lo sabían los varones– el acto de fornicar NO era del completo agrado femenino. El coito era muy disfrutado por el hombre, que sencillamente "se venía" y gritaba al llegar la eyaculación, y la inmensísima mayoría de las mujeres creían que ésa era la finalidad del coito: SATISFACER AL HOMBRE. Y nada más: la inmensísima mayoría de las mujeres que participaban más o menos pasivamente en el asunto, NO SABÍAN que también ellas debían sentir algo parecido.

Los primeros signos de interrogación femenina se dieron en los años 30s, cuando en el Informe Mil Matrimonios (Dickinson y Bream), se llegaba a la conclusión de que para dos de cada tres mujeres encuestadas, el sexo era INSATISFACTORIO: Más para acá en los años 60s, Masters y Johnson concluyeron, tras entrevistar a fondo a miles de mujeres de todo Estados Unidos, que "se sentían peor durante el coito, que en el resto de la relación." Es decir,caballeros de la cama redonda, que la mayoría de las mujeres no estaban contentas con coger. La penetración no les aportaba casi nada a las mujeres, y sí mucho a los hombres. Un 30 % de las entrevistadas para el INFORME HITE,declararon que nunca llegaban al orgasmo con su macho durante el coito. Informes y estudios similares apuntaban lo mismo: muy pocas mujeres se sentían felices de coger.

No debe sorprendernos. Se ha encontrado que la vagina carece prácticamente de nervios y que el clítoris, *NO se estimula mediante la penetración del pene,* a pesar de que está lleno de nervios. La vieja idea de que las mujeres tendrían orgasmo gracias al movimiento del pene en la vagina, pasó a la historia. Y el roce momentáneo del pene en el clítoris NO era suficiente para lograrlo.

Entonces muchas mujeres se dijeron: ¿ y para qué diablos nos sirve entonces el hombre ?

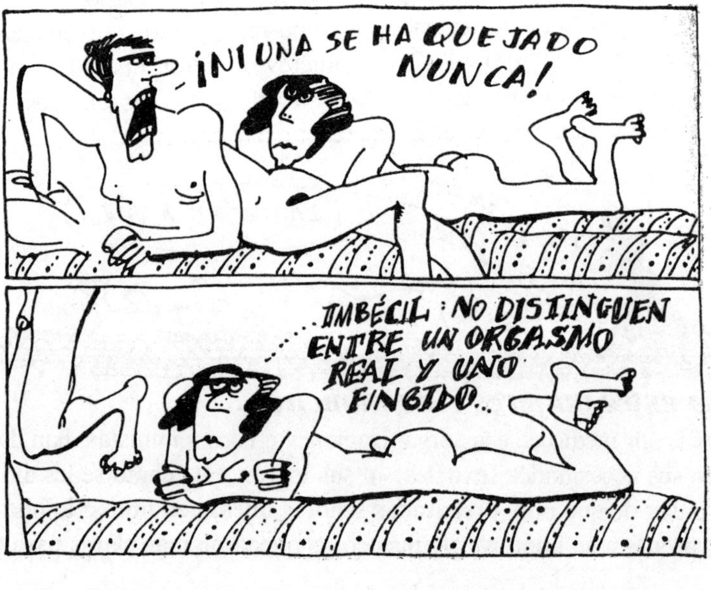
¡NI UNA SE HA QUEJADO NUNCA!
...IMBÉCIL: NO DISTINGUEN ENTRE UN ORGASMO REAL Y UNO FINGIDO...

En el libro *El mito del orgasmo vaginal (1970)* de Anne Koedt, se dice :
"Una de las características del chovinismo masculino es que los hombres no quieren o no pueden ver a las mujeres como seres humanos íntegros y diferentes...Los hombres han elegido definir a las mujeres sólo en términos de los beneficios que aporten a la existencia del hombre. Sexualmente, no se considera a la mujer como una persona que desea compartir en condiciones de igualdad el acto sexual, lo mismo que no se la consideró una persona con deseos propios cuando hacía cualquier otra cosa en la sociedad. Así, a los hombres les resulta fácil inventar los datos que les convienen sobre las mujeres...es decir, que frente a los "expertos" masculinos, las mujeres no pueden siquiera presentar una oposición verbal..."

Es decir, que si bien la repetidísima frase clásica de que "pene y vagina están hechos el uno para el otro", es sólo cierto PARA CREAR NUEVOS SERES HUMANOS, no lo es a la hora de lograr satisfacción sexual PARA AMBOS. Para lograr placer y satisfacciones sexuales, es mucho mejor el uso adecuado de manos, labios, lengua, clítoris y pene. Y eso, al decir de muchas mujeres, lo logran mejor las mujeres que los hombres. Si antes del coito –la penetración– No hay toda una larga sucesión de caricias, besos y estímulos sobre el aparato sexual femenino, (y sobre las zonas erógenas de la mujer), lo más probable es que la mujer quede insatisfecha, por muchos coitos que el hombre le lleve a cabo.

Muchísimos varones no han acabado de entender que el acto sexual NO es una competencia deportiva en la que triunfa el más rápido, el más grande o el más prolífico. Los que presumen de pene grande o de que se "echan" siete seguidos, están estúpidamente equivocados. Para una mujer normal, un hombre "bien dotado", es todo un problema. Las relaciones sexuales con uno de ésos, resulta de lo más incómoda para la mujer, y las que pueden lo evitan para no ser lastimadas.

De ahí la creciente popularidad del lesbianismo. Una mujer no puede penetrar a otra, pero la puede llevar al orgasmo más fácilmente que un hombre. Sobre todo si el hombre NO tiene idea de todo lo que aquí se ha dicho. Y, hay que decirlo, la inmensa mayoría de los hombres NO saben hacer el amor. Lo que se llama "hacer el amor". Saben coger, pero la mayoría de las veces, coger no es hacer el amor.

Con esa hermosa -y tremenda- frase, podemos cerrar este libro.

Atentamente :
el autor.
Tepoztlán, Mor.

bibliografía

HISTORIA ILUSTRADA DE LA SEXUALIDAD FEMENINA
Harriett Gilbert y Christine Roche (ilustradora) Grijalbo / 1989

EL SEGUNDO SEXO. Los hechos y los mitos
Simone de Beauvoir / Alianza Editorial Mexicana / 1989

THE JOY OF SEX. Guía ilustrada del amor
Alex Comfort, Ph.D. / Grijalbo / 1983

LA OTRA HISTORIA DE LA SEXUALIDAD
Chimo Fernández de Castro / Roca / 1990

HOMOSEXUALES EN LA HISTORIA
A.L. Rowse / Planeta 1981

PHALLIC WORSHIP. a history of sex and sexual rites
George Riley Scott / Senate-Random House / 1996

OBRAS COMPLETAS /
Sigmund Freud / Alianza Editorial España

REVISTA FEM

archivo rius.

OBRAS DE RIUS

ABCHé
Cómo dejar de comer (mal)
Con perdón de Doré (...y de la Biblia)
Cristo de carne y hueso
Cuba para principiantes
De aborto, sexo y otros pecados
Diccionario de la estupidez humana
Dominó para principiantes
Economía al alcance de todos
El amor en los tiempos del SIDA
El arte irrespetuoso
El cocinero vegetariano
El mito guadalupano
El mundo del fin del mundo
El supermercado de las sectas
Filatelia para cuerdos
Filosofía para principiantes
Hitler para masoquistas
Jesús, alias el Cristo
Kama nostra
La Biblia, esa linda tontería
La comida verde
La deuda y cómo no pagarla
La droga que refresca
La Iglesia y otros cuentos
La interminable conquista de México
La medicina verde
La panza es primero

La revolución femenina de las mujeres
La revolucioncita mexicana
La vida de cuadritos
Lástima de Cuba
Lenin para principiantes
Los críticos del imperio
Los judíos
Los panuchos
Manual del perfecto ateo
Mao en su tinta
Marihuana, cocaína y otros viajes
Marx para principiantes
Mis Supermachos
No consulte a su médico
Pequeño Rius ilustrado
Perestroika
Posada, el novio de la muerte
Puré de papas
Quetzalcóatl no era del PRI
Rius para principiantes
Su majestad el PRI
Toros sí, toreros no
Trukulenta historia del kapitalismo
Un siglo de caricatura en México
500 años fregados pero cristianos

Machismo,Feminismo y Homosexualismo, de Eduardo del Río (Rius)
se terminó de imprimir en Mayo de 2005
en los talleres de Programas Educativos, S. A. de C. V.
Calz. Chabacano No. 65, local A, Col. Asturias
C.P. 06850, México, D. F.

Empresa Certificada por el Instituto Mexicano de Normalización y
Certificación A. C. bajo las Normas ISO-9002: 1994 NMX-CC-004:1995
IMNC con el Núm. de Registro RSC-048 e ISO-14001:1996
NMX-SAA-001:1998 IMNC con el Núm. de Registro RSAA-003.